불륜의 왕실사

불륜의 왕실사

초판 1쇄 인쇄 | 2009년 6월 3일
초판 1쇄 발행 | 2009년 6월 10일
초판 2쇄 발행 | 2010년 3월 17일

지은이 | 이은식
펴낸이 | 최수자

주간 | 고수형
표지 · 본문 디자인 | 블룸
인쇄 | 대원 인쇄사
제본 | 경문제책

펴낸곳 | 도서출판 타오름
주소 | 서울 은평구 녹번동 38-12 2층
전화 | 02)383-4929
팩스 | 02)3157-4929
전자우편 | taoreum@naver.com
http:// blog.naver.com/taoreum

값 | 14,000원
ISBN 978-89-962008-5-7 03900

이은식 지음

타오름

차례

제2부

과거의 불륜을 넘어서 미래의 역사를 꿈꾸다

불륜不倫이라는 말을 사전에서 찾아보면 '사람으로서 마땅히 지켜야 할 도리에서 벗어나 있음' 이라고 되어 있다. 그러고 보면 사람이 도리를 지키지 못하여 개인의 삶이나 우리의 역사에 오점을 남긴 예는 일일이 열거하기 어려울 정도이다.

흔히들 우리나라를 '불륜 왕국' 이라고 지칭할 정도로 현대의 윤리 의식은 비참한 수준에 처해져 있다. 예나 지금이나 비뚤어진 욕망으로 인하여 성적 일탈을 일삼고, 개인적 욕심을 다스리지 못하고 부당한 치부와 부정부패를 저지른 사람들이 얼마나 많은가.

흔히 역사는 반복된다고 말한다. 당연한 말이다. 사람이 중심이 되어 만들어 가는 역사는 하나의 순환 고리로 연결된 그 무엇처럼 계속해서 반복된다. 필자는 옛사람과 현대인 사이에 일치되는 공통점을 발견할 때마다 인간의 본능 혹은 성품이라는 것은 큰 차이가 없다는 것을 다시금 깨닫게 된다.

역사가 이처럼 사람의 본성을 바탕으로 하고 있기에 필연적으로 반복될 수밖에 없다 하더라도, 굴곡진 역사의 반복만은 반드시 막아야 할 것이다. 일그러진 역사의 고리를 끊음으로써 현실 삶의 발전을 꾀하는 것이야말로 역사를 거울삼을 줄 아는 지혜의 소치일 것이기 때문이다.

'불륜' 의 기록을 테마로 하고 있는 『불륜의 한국사』와 『불륜의 왕실사』는 모두 어찌 보면 과거와 현재를 꿰뚫는 일그러진 우리의 자화상이다. 우리 모두 역사라는 이름의 거울을 응시하기로 하자. 거기에 때로는 자랑스럽고 때로는 부끄러운 선인들과 그와 꼭 닮은 우리 자신의 모습이 있다. 불륜에 취한 채 흔들리는 우리의 자화상을 가감 없이 그대로 보고함으로써 우리 사회에 반성과 희망의 불씨를 지펴 보자는 것이 필자의 소박한 바람이다.

2009년 5월

신선이 노닐던 동네, 삼선동에서

제1부 욕망에 휩쓸린 고려

고려를 뒤흔든 불륜 사건 | **천추 태후** |

절세미인, 왕을 미혹케 하다 | **숙창 원비** |

윗물이 흐리니 아랫물도 흐리도다 | **충숙왕** |

그들이 일반 백성이었다면 문제 될 일이 없었을지도 모르나 천추 태후와 헌정 왕후는 왕의 부인이지 않았는가.

자신들의 사랑이 사랑으로만 끝나지 않는다는 사실.

즉 자신들의 행동이 정치적으로 미칠 막대한 영향력에 대해 생각해 보지 않았다는 것은 핑계 있는 무덤에 불과할 뿐이다.

이제부터 그들의 성적 일탈로 말미암아 파생된 고려조의 얼룩진 역사를 본격적으로 공개해 보기로 하겠다.

글을 읽기 전에

옛 궁궐로 한번 들어가 보자. 임금을 정점으로 하여 수많은 신하들이 아침에 입궐했다가 저녁에 퇴궐하고, 궁궐을 수비하는 군사들과 일직 관료들은 제자리를 묵묵히 지키며 업무를 수행한다. 그런가 하면 왕이 활동하는 대전과 왕비의 활동 공간인 중궁전이 중앙에 자리하고 있고, 내전과 외전 좌우에 세자가 기거하는 동궁이 있어 수많은 궁녀와 내시들이 분주하게 오간다.

궁궐에 거주하는 궁녀들은 임금 외에는 그 누구도 건드릴 수 없는 여자들이었고, 운 좋게 임금의 은총을 입어 후궁 자리에 오르면 왕의 여자가 되어 평생을 살아갔다. 한편 내시는 남자가 아닌 남자로서 본연의 임무에만 충실해야 할 책임이 있었다. 그들은 결코 궁중 여인들의 성적 대상이 될 수 없었고, 되어서도 안 되는 존재였다.

궁녀와 내시, 대소 신료와 세자 및 세자빈, 그리고 왕비와 후궁들은 소위 궁중 법도라는 것을 목숨처럼 지키며 살아가야 했고, 그것이 깨졌을 때는 궁궐에 피바람이 몰아치기도 하였다.

이번 장에서 다룰 내용은 궁중 법도를 어긴 자들의 이야기이다. 외척에게 몸을 내맡김으로써 역성혁명의 위기를 초래한 천추 태후와 아버지에 이어 그 아들에게마저 몸을 내맡기고 만 숙창 원비 그리고 아버지에 이은 아들의 정치적 파행과 불륜으로 인해 나라를 혼란스럽게 만든 충숙왕과 아들 충혜왕이 바로 그들이다.

다소 자극적일 수 있는 이야기들이지만 단순한 불륜의 연계고리만을 다루고자 함이 아니다. 시대에 따라 사회 기준 또한 달라지기에 일방통행식 호불호를 말할 수는 없지만 현실적 정치 관계를 바탕으로 펼쳐지는 인간사와 그 내면에 담긴 삶의 이치를 한번쯤 되짚어보는 계기로 삼고자 한다.

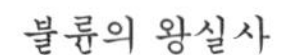

고려를 뒤흔든 불륜 사건

천추 태후

왕실 근친혼의 역사가 시작되다

신라 말 고려 초는 지방 호족들의 할거割據 시대라 해도 과언이 아니었다. 중앙 정부의 힘이 미약하여 지방에까지 영향력을 행사하지 못함에 따라 각 지역에 웅거한 채 힘을 키워온 호족들이 자신의 지역을 호령하게 되었던 것이다.

이처럼 신라 말에 세력이 왕성해진 호족들의 힘은 뭐니 뭐니 해도 그들이 소유하고 있는 대토지, 즉 경제력에 있었다. 호족들은 귀족과 관료들이 차지하고 있던 식읍이나 녹읍을 사유지로 편입하였으며, 신라 귀족의 전장田莊도 차지해 버렸다. 그 결과 호족들의 경제력은 비약적으로 상승했다.

호족들은 이렇게 강력한 경제력을 바탕으로 사병을 양성하기에 이르렀으며, 관부 조직을 마련하여 지역 백성을 통치하기까지 하였다. 즉 중앙의 관부와 마찬가지로 병부兵部·창부倉部·학원學院·집사낭중執事郎中 따위의 부서를 갖추고 백성 위에 군림했던 것이다. 그런가 하면 어떤 곳에서는 학원을 운영하면서 그 자제들로 하여금 수학할 특권을 누리게 하기도 하였다.

이처럼 막강한 경제력과 군사력에 더하여 문화를 독점적으로 향유하기도 한 지방 호족들은 후삼국을 막 통일하고 정치 기반을 마련해 가고자 고심하던 고려 태조 왕건에게 크나큰 부담을 안겨주고 있었다.

그즈음 태조는 삼한 통일을 완수하고 왕권 중심의 통치 체계를 갖추고픈 꿈에 부풀어 있었다. 그러나 지방 호족들이 워낙 강성한 데다 초기 고려의 형편상 그들을 제어할 힘을 갖추지 못했기에 태조는 이러지도 저러지도 못하고 눈치만 살피는 형국이었다. 이때 만일 태조가 섣불리 지방 호족들을 제압하고자 무력을 동원했다면 후삼국 시대를 방불케 하는 전쟁이 펼쳐졌을 것은 불을 보듯 훤한 노릇이었다. 그러한 상황이 벌어진다면 지방 호족들이 연합하여 중앙정부에 맞서는 형국이 벌어질 수도 있는 상황이었으니, 만일 그리되었다면 고려의 후일은 누구도 장담할 수 없었을 터였다.

이러한 사정을 누구보다 잘 아는 태조 왕건은 고려 중앙 정치에 안정을 꾀하고 지방 호족들의 발호를 막을 수 있는 차선책 마련에 고심한 끝에 결혼정책에 눈을 돌리게 되었다.

사실 태조는 고려 왕으로 즉위하기 전에 이미 3명의 부인과 혼인한 상태였다. 제1비 신혜 왕후神惠王后 유씨는 삼중대광三重大匡 유천궁柳天弓의 딸로 태조가 궁예 휘하에 장군으로 있을 때 정주 지방을 지나다가 유씨의 바른 몸가짐과 덕기 있는 모습을 보고 아내로 맞이하였다. 이어서 맞이한 장화 왕후莊和王后 오씨는 부돈富伅의 손녀이자 다린군多憐君의 딸로서, 914년에 태조가 견훤을 공격하고자 나주에 이르렀을 때 혼인하였다. 이들 두 왕비는 호족을 자기편으로 끌어들이고자 하는 이해타산에 의해서가 아니라 순수한 마음에서 맞아들인 부인들이었다.

그러나 제3비 신명순성 왕태후神明順成王太后부터는 사정이 완전히 달라졌다. 태후의 아버지는 충주忠州 유씨柳氏로서 태사 내사령太師內史令에 추증된 유긍달柳兢達이었다. 충주는 신라와 후백제로 연결되는 교통의 요지일 뿐 아니라 신라 5소경 중 하나인 중원경中原京 지역으로 원래부터 신라 귀족이 많이 사는 지역이었다. 유긍달은 충주 지역의 가장 유력한 호족이었는데 이러한 집안의 딸을 비로 맞아들임으로써 태조는 신라 출신 귀족 및 호족들을 자기편으로 끌어들이는 데 유리한 고지를 선점할 수 있었다.

이처럼 신명순성 왕태후와의 결혼을 통해 호족 세력의 힘을 자기 쪽으로 끌어들이면서 그들을 적절히 제어한 경험이 있었기에 태조는 즉위 후에 지방 호족들에 대한 통제책으로서 혼인 정책을 선택한 것이다.

태조가 즉위 후 첫 번째로 맞아들인 왕비는 신정 왕태후神靜王太后이다. 태후는 황주黃州 황보씨皇甫氏로서 신라에서 시중을 지낸 바 있는 제공悌恭의 딸이었다. 그런데 여기서 눈 여겨 살펴보아야 할 점은 대동강 아래쪽에 위치한 황주의 지리적 여건이다. 황주는 신라 국경 수비를 위해 육군이 집중되어 있는 군사적 요충지였고 이러한 지역 호족의 딸을 아내로 맞이함으로써 태조의 입지는 더 넓고 견고해졌던 것이다.

태조의 제5비 신성 왕태후는 경주 김씨 집안 김억렴金億廉의 딸이다. 935년에 이르러 경순왕(김부金傅)은 나라를 고려 태조에게 넘겨주었는데, 이때 태조는 신라 지역 사람들의 마음을 얻고자 경순왕에게 신라 왕실과의 혼인을 청하였다. 이는 신라 왕실과의 결합을 통해 혈통의 고귀함을 인정받고, 신라 출신 호족들을 자신의 세력권 안에 묶어놓겠다는 의도가 담겨 있는 것이었다.

태조에게 혼인 제안을 받은 경순왕은 자신의 큰아버지이기도 한 김억렴의 딸 김씨를 천거하여 혼인시켰다. 이가 곧 신성 왕태후였는데 훗날 안종安宗 욱郁을 낳았다. 이율배반적이지만 신성 왕태후가 왕태후로 추시追諡된 것은 안종 욱의 불륜 덕분이었다. 안종 욱이 헌정 왕후獻貞王后와 불륜을 저질러 낳은 자식 왕순王詢이 고려 제8대 왕 현종顯宗이 되었으니 말이다.

태조는 이후로도 지방 호족들을 달래고 포섭하기 위한 결혼 정책을 멈추지 않았다. 그 결과 29명의 부인을 두었으며 30명이 넘는 자식을 얻었다.

이처럼 고려 왕실과 혼인 관계로 맺어진 지방 호족들은 중앙 정치에 호의적 입장을 취하면서 중앙 정계로의 진출을 호시탐탐 노렸다. 그들이 궁극적으로 꿈꾼 것은 대권, 즉 태조의 피를 이어받은 외손으로 하여금 다음 왕위를 물려받게 함으로써 가문의 입지를 확고하게

다지려는 것이었다. 태조가 살아 있을 때는 그러한 욕심이나 욕망을 겉으로 드러내지 않은 채 왕실에 대해 호의적 입장을 변함없이 견지하던 호족들도, 태조 사후부터는 본격적으로 왕권 쟁탈에 뛰어들기 시작한다.

이 과정에서 왕비를 배출한 집안들이 서로 혼인 관계를 맺음으로써 세를 불리는 일도 불사했다. 태조의 아들 중 왕위에 오른 이는 모두 3명으로 제2대 혜종과 제3대 정종, 제4대 광종이 바로 그들이었다. 이들 중 혜종과 정종은 일반적인 결혼을 하였으나 광종은 근친혼을 통해 경종을 낳음으로써 신명순성 왕후 유씨계와 신정 왕후 황보씨계 집안을 왕실 역사의 중심에 올려놓았다. 광종의 근친혼은 두 집안의 위치를 공고하게 다져 놓았다는 의미도 있지만 그보다 더 중요한 사실은 이때부터 고려 왕실에 근친혼의 전통이 세워지게 되었다는 점이다.

이를 좀 더 구체적으로 설명하자면, 신명순성 왕후 유씨의 셋째 아들 광종은 신정왕후 황보씨의 딸 대목 왕후를 제1비로 맞아들였고, 이어서 제2대 혜종의 딸 경화궁 부인 임씨(태조 제2비 장화 왕후 오씨의 손녀)를 두 번째 비로 맞아들였다. 광종은 결국 이복 누이들과 혼인을 한 셈이었다.

그런데 모계 쪽 집안이 한미했던 경화궁 부인 임씨는 광종의 자식을 세상에 남기지 못했고, 대동강 인근 패강진을 근거지로 하여 세력을 떨치던 황주 황보씨 집안의 딸 대목 왕후는 고려 제5대 임금 경종 등 다섯 명의 자식을 낳음으로써 집안의 위세를 한껏 떨쳤다. 모계 쪽 집안의 가세가 부부간의 애정에도 상당한 영향을 끼쳤음을 알 수 있는 대목이다.

어쨌든 광종 대에 시작된 고려 왕실의 근친혼은 이후 왕족의 순수 혈통을 이어가기 위함이라고 미화되어 하나의 전통으로 자리 잡았다.

고려 왕족들의 성 윤리는 현대인의 시각에서 판단한다면 패륜으로 보일 수도 있겠지만, 고려 사회의 전반적인 분위기상 근친혼은 그다지 부도덕한 일이 아니었다.

그렇다면 이렇게 근친혼이 자연스러웠던 사회 분위기 속에서 성장한 천추 태후의 일생이 어떠했는지 지금부터 하나하나 살펴보도록 하자.

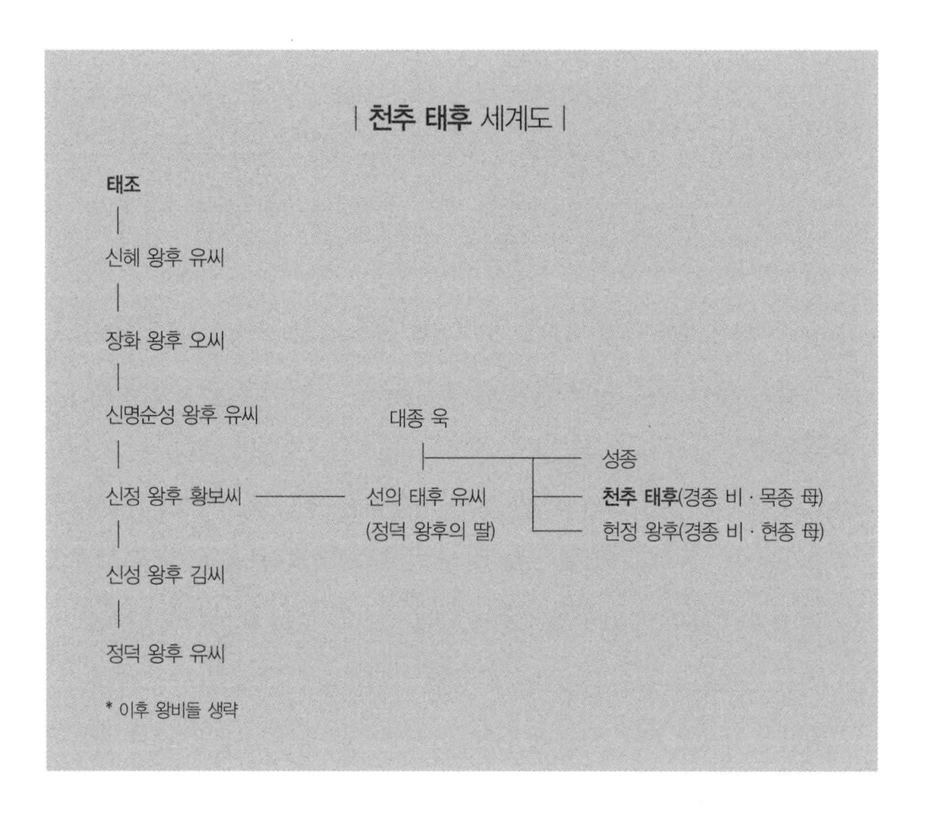

천추 태후는 누구인가

먼저 태조 왕건에서 천추 태후에 이르는 간단한 세계世系의 역사를 알아보고 넘어가기로 하자.

앞에서 이미 이야기했듯 태조는 29명의 부인을 두었는데 그중 네 번째 왕비가 천추 태후의 할머니 신정 왕후 황보씨였다. 신정 왕후는 황주 호족 제공의 딸로 왕건과의 사이에 두 자녀를 두었는데 바로 대종戴宗 욱旭과 훗날 광종의 비가 된 대목 왕후였다.

태조 왕건과 신정 왕후의 아들 대종 욱이 장성하여 혼인할 때 맞아들인 부인은 왕건의 여섯 번째 비 정덕 왕후 유씨가 낳은 딸 선의 왕후였다. 이복 누이와 혼인한 대종 욱은 이후 세 명의 자녀를 얻었다. 고려 제6대 임금이 된 성종과 천추 태후, 헌정 왕후였다.

이제부터 설명할 성종과 천추 태후, 헌정 왕후의 혼인 관계. 고려 정계를 뜨겁게 달군 이들의 애정 편력 관계는 매우 복잡하다.

먼저 성종은 모두 3명의 부인을 두었는데 첫 번째 부인 문덕 왕후 유씨는 경종 임금의 딸이었다. 그런데 문제는 문덕 왕후의 어머니가 바로 대목 왕후라는 사실이다. 대목 왕후는 성종의 아버지 대종 욱과 오누이 사이이므로 성종에게는 고모가 되는 셈이다.

게다가 성종의 두 번째 비 문화 왕후 김씨의 소생 원정 왕후와 세 번째 비 연창궁 부인 최씨의 소생 원화 왕후를 훗날 현종 임금에게 나란히 시집을 보냈다. 즉 현종은 성종의 동생 헌정 왕후가 낳은 아들이므로 결국 사촌끼리 혼인한 것이다.

한편 이보다 앞서 천추 태후는 고모 대목 왕후 황보씨와 고모부 광종 임금 사이에서 태어난 아들 경종에게 시집을 가 왕비가 되었고 그로부터 오래지 않아 천추 태후의 동생 헌정 왕후마저 경종 임금의 비가 되었다. 현대인의 성윤리 측면에서는 납득하기 어려운 일이지만, 같은 배에서 난 자매가 한 남자의 부인이 되는 일이 당시 고려 왕실에서는 가능한 일이었던 것이다.

경종은 천추 태후와 헌정 왕후 외에도 세 명의 부인을 더 두었는데 천추 태후의 소생 목종 외에는 자식을 얻지 못하였다. 왕자를 낳은 유일한 왕비였기에 천추 태후는 다섯 명의 왕비들 중에서도 특히 경종의 총애를 받으며 행복한 궁중 생활을 이어갔다. 그러나 남부러울 것 없어 보이던 삶을 누리던 그녀에게 곧 불행이 닥친다. 경종이 재위 6년 만에 병으로 세상을 떠나버린 것이다. 당시 경종은 26세, 천추 태후는 18세였다. 천추 태후라는 호칭은 목종 임금이 즉위하고 나서 얻은 이름으로 이때는 헌애 왕후라고 불리고 있을 때였다.

어린 나이에 과부가 된 천추 태후였으나 경종에 이어 고려의 왕이 된 성종의 배려로 궁에는 계속 머물 수 있었다. 경종의 아들 목종을 낳은 친모라는 점 때문이었다. 이에 비해 헌정 왕후는 소생을 얻지 못한 까닭에 송악산 왕륜사王輪寺 남쪽 사제私第로 나가 살게 되었다.

천추 태후와 헌정 왕후. 남편을 잃고 졸지에 과부가 된 어린 자매는 이후 궁궐과 사가에서 각각 불륜 행각을 벌이며 고려 사회를 요란하게 흔들어 놓았다. 고려가 제 아무리 성이 개방된 사회였다고 해도 사회적으로 모범적인 행실을 보여야 할 전왕 부인들의 불륜까지 대수롭지 않게 받아들여지는 것은 어려웠을 것이다. 그러나 천추 태후와 헌정 왕후는 족친과의 불륜이라는 엄청난 사건에 휘말려 들었고, 이에 따라 그 파장은 일파만파로 번져갔다.

핑계 없는 무덤 없다는 말이 있듯이 천추 태후와 헌정 왕후의 개인사를 가만히 살펴보면 동정의 여지가 전혀 없는 것은 아니다. 그들은 10대 후반에 불과한 젊디 젊은 몸인 데다가 근친혼이 성행하는 왕실의 분위기 속에서 줄곧 성장해 왔기 때문이다. 그들이 일반 백성이었다면 문제 될 일이 없었을지도 모르나 천추 태후와 헌정 왕후는 왕의 부인이지 않았는가.

자신들의 사랑이 사랑으로만 끝나지 않는다는 사실, 즉 자신들의 행동이 정치적으로 미칠 막대한 영향력에 대해 생각해 보지 않았다는 것은 핑계 있는 무덤에 불과할 뿐이다. 이제부터 그들의 성적 일탈로 말미암아 파생된 고려조의 얼룩진 역사를 본격적으로 공개해 보기로 하겠다.

흔들리는 여심

천추궁千秋宮에 살랑살랑 봄바람이 일고 있었다.

그즈음 천추 태후는 천추궁에 거주하며 무료하기 이를 데 없는 나날을 보내고 있었다. 자신보다 4살 많은 친오빠 성종이 즉위하여 나라를 다스리고 있으니 비록 전왕의 비라고는 하나 그 위세가 조금도 줄

어들지 않았고, 자신의 아들 목종 또한 성종의 각별한 보살핌을 받으며 양육되는 터라 걱정 근심 하나 없는 나날이었다.

자고로 몸과 마음이 분주해야 엉뚱한 생각이 찾아들지 않는다고 했던가. 영양이 풍부한 기름진 음식과 안락한 잠자리, 좋은 옷에 휘감긴 채 무료하게 시간을 보내는 사이 천추 태후의 몸은 아름답게 무르익었고, 그럴수록 마음 한편으로 찾아드는 외로움을 견디기 어려워 숱한 밤을 뜬눈으로 지새웠다. 비록 나이는 어리지만 남편을 만나 운우지정을 여러 차례 나눈 바 있는 성숙한 여인이었기에 천추 태후는 듬직한 남성의 품이 그리웠던 것이다.

이러한 때에 천추 태후의 애타는 속내를 정확하게 꿰뚫어 본 인물이 있었으니 바로 김치양金致陽이었다. 본향이 서흥瑞興인 김치양은 천추 태후의 외척으로서 간교한 성품을 지닌 사람이었다. 일찍이 머리를 깎고 중 행세를 하고 다녔으나 김치양은 속세의 현실적인 욕구 즉 출세욕과 물욕, 성욕이 아주 강한 인물이었다.

특히 여자의 속내를 간파하여 간지러운 곳을 살살 긁어 주며 수작을 부리는 데 능숙했던 김치양은 경종이 죽고 난 때부터 줄곧 천추 태후를 눈여겨 지켜봤다.

> "이제야 남성을 알 만한 나이가 되었는데 독수공방으로 허구한 날을 보내니 태후의 마음에 바람이 그득하게 들어찼으렷다!"

어느 날 김치양은 회심의 미소를 지으며 천추궁으로 발걸음을 옮겼다.

"왕후 마마, 그간 평안하셨소?"

김치양은 능글맞은 웃음을 날리며 천추 태후 앞으로 나아갔다. 실로 오랜만에 남정네와 방안에 마주 앉아 있으려니 천추 태후의 가슴은 자신도 모르게 들떠 올랐다.

"어서 오시오. 보시다시피 이 내 몸은 평안하지 못하다오."

"평안하지 못하다니요? 안락한 궁궐 생활에 안색마저 꽃처럼 활짝 피셨는데 평안하지 못할 까닭이 어디 있단 말입니까?"

김치양은 두 눈을 교활하게 빛내며 태후의 얼굴과 난숙한 육체를 쓱 훑어보고는 미소를 머금었다. 태후는 김치양을 바라보며 깊은 한숨을 베어 물었다.

"깊디깊은 구중궁궐에 갇혀 하릴없이 시간만 보내니 문제지요. 이 내 몸은 낙이 없다오."

"허어, 별 말씀을 다하십니다. 왕후 마마가 뭐가 부족해서요? 또 낙이 없으면 찾아 나서시면 될 일이지요."

김치양의 목소리는 은근하기 그지없었다. 그 은근한 목소리에 취하기라도 한 것일까. 천추 태후는 얼굴이 발그레하게 변해 승복 차림의 김치양을 바라보고 있었다.

"스님, 오랜만에 만났는데 약주 한 잔 하시렵니까? 올해는 이상하게 배꽃이 일찍 피어 이화주를 담가 놓았답니다. 아무도 찾지 않는 과부의 처소에 그 누가 와서 이화주를 마셔줄까 한숨 쉬었는데 스님이 마침 와 주셨구려."

"이화주 좋지요!"

김치양은 가슴이 끓었다. 이제 갓 스물이 된 태후의 살결은 그야말로 만개한 배꽃처럼 하얗고 탐스러워 신음이 절로 새어나올 정도였다.

이윽고 천추궁 궁녀 하나가 조촐하게 차린 술상을 내왔다. 김치양은 천추 태후와 마주 앉아 그날 밤이 이슥하도록 술을 마셨다. 태후는 취기가 오르자 온몸이 허물어질 듯 아슬아슬한 모습을 자꾸 보였다. 이럴 때 가만히 손을 뻗으면 태후가 제풀에 김치양의 품속으로 무너져 내릴 터였다. 그러나 여자를 다루는 데 이골이 난 김치양은 짐짓 뜸을 들이고 있었다. 참다못한 태후가 넋두리를 늘어놓기 시작했다.

"아아, 이 내 몸은 팔자가 기구하여 휑한 연못 속에 홀로 핀 연꽃처럼 시들어 가고 있다오."

"넓은 연못에 홀로 핀 연꽃이라니 왕후 마마의 아름다움에 딱 들어맞는 표현이구려. 왕후 마마, 기다리면 휘영청 밝은 달이 떠올라 몽롱한 빛을 연꽃 위에 비춰 주리다."

얼핏 듣기에는 춘심에 젖은 두 남녀의 농 같지만 속내를 알고 보면

난잡하기 이를 데 없는 수작이었다. 외로움에 찌든 연꽃 위에 살포시 내려앉을 달빛이란 김치양 자신의 몸뚱이를 이르는 말일 터였다.

김치양의 음흉한 속내를 아는지 모르는지 술에 취하고, 끓는 피에서 번져 오른 열기에 취한 천추 태후는 이렇다 저렇다 말도 없이 술상을 멀찌감치 치워 버렸다.

천추 태후와 김치양의 비행은 세상에 알려지고

실로 꿈만 같은 하루였다. 스무 살 남짓한 나이였지만 경험이 많은 김치양의 능숙함에 천추 태후는 간밤 극락과 지옥 사이를 오가며 온몸이 녹아드는 듯한 황홀감을 맛보았다. 그러나 이곳은 임금이 거처하는 궁궐 한편에 자리한 천추궁 아니던가. 상왕의 비妃였던 여자가 지엄한 궁궐에서 이런 짓을 저질러서는 아니 된다는 것을 천추 태후는 너무도 잘 알고 있었다. 그러나 젊은 여인으로서 갖는 외로움은 어찌할 수가 없었다.

이튿날은 봄비가 촉촉하게 내렸다. 잠에서 깨어난 천추 태후는 곁에 김치양이 없는 것을 보고 잠시 낙망했다. 그러나 간밤의 뜨거웠던 순간들을 떠올리자 얼굴이 화끈 달아올랐다.

"이이가 언제 또 찾아와 주려나?"

천추 태후는 살며시 문을 열었다. 천추궁 뜰에는 봄비가 소리 없이 내리고 있었다. 빗물을 머금고 묵직해진 배꽃들이 우수수 떨어져 천추궁 뜰을 하얗게 물들이고 있었다.

"간밤 내린 비에 꽃이 모두 졌구나."

천추 태후는 자신도 모르게 한숨을 내쉬었다. 그녀는 갈증을 느끼고 있었다. 기나긴 독수공방 끝에 김치양을 만나 하룻밤을 보냈으나 들끓는 욕망을 모두 가라앉히기엔 턱없이 부족했던 것이다. 연정에 사로잡힌 천추 태후는 촉촉하게 젖은 천추궁 뜰을 내다보며 오전 시간을 하릴없이 보냈다.

그 시각 처소로 돌아간 김치양은 득의양양해서 웃음을 감출 수가 없었다. 점괘를 아무리 뽑아 보아도 현재의 임금 성종에게는 후사後嗣가 없었다. 그렇다면 천추 태후의 어린 아들이 왕위를 이을 가능성이 농후하다는 이야기 아닌가.

"드디어 대운이 나에게 돌아온 게야."

김치양은 다시 한 번 껄껄 웃으며 천추 태후를 생각했다.

그날 이후 김치양은 틈날 때마다 천추궁으로 찾아들어 태후와 은밀한 시간을 보냈다. 태후만 꽉 틀어쥐고 있으면 고려의 모든 권력이 장차 자신 앞으로 굴러 들어오리라는 것이 김치양의 계산이었다.

그러나 세상일은 뜻한 바대로 풀려나가는 예가 극히 드문 법이다. 어찌 보면 궁궐을 무대로 파렴치한 불륜 행각을 벌인 것부터가 무모한 짓이었다고 보아야 할 터였다. 가깝게는 천추궁 궁녀들로부터 멀게는 궁궐을 드나드는 관료들에 이르기까지 김치양의 행동을 수상하게 여기지 않는 자가 없을 정도였다.

결국 이러한 이야기는 성종의 귀에까지 들어가게 되었다. 성종은 일의 진상을 낱낱이 조사하여 아뢰라고 좌우에 명령하였고 곧 천추 태후와 김치양의 부적절한 관계는 백일하에 드러났다. 전왕의 부인이자 자신의 친동생이기도 한 천추 태후를 은밀히 유혹해 불의를 저지르게 만든 김치양의 죄과는 참형으로 다스린다 해도 분이 풀리지 않을 정도였다. 그러나 성종으로서는 천추 태후를 배려하지 않을 수 없는 상황이었기 때문에 김치양을 장형으로 다스린 후에 멀리 귀양 보내는 것으로 일을 마무리 지었다.

이로써 천추 태후와 김치양의 은밀하면서도 뜨거웠던 관계는 끝이 났다. 그러나 김치양은 유배 길에 오르면서도 실망하지 않았다. 오래지 않아 성종이 죽고 천추 태후의 아들 목종이 즉위하면 자신에게 다시 운이 돌아오리라는 사실을 알고 있었던 것이다.

언니와 같은 길로 들어선 동생

천추 태후와 김치양의 일로 왕실과 궁궐에서 한 차례 소동이 일어났지만 주변을 가만히 둘러보면 이 같은 일은 태후와 김치양에게만 국한된 것이 아니었다. 애정관에 있어 개방적이었던 고려 사회는 이혼과 이혼 후 여인들의 재가에까지 선입견이 없을 정도로 자유분방한 분위기를 지니고 있었기 때문이다.

하지만 처음에 언급했듯 이들은 왕족이었다. 게다가 천추 태후는 전왕의 비로서 자신의 사랑이 개인의 사생활로 끝나지 않고 매우 혼란스런 정치적인 결과를 가져 온다는 사실을 모르지 않았을 것이다. 김치양 또한 천추 태후에 대한 애정보다는 자신의 권력욕에 대한 계산이 분명히 깔려 있었을 것이다.

천추 태후의 친동생인 헌정 왕후 또한 사정이 크게 다르지 않았다. 자매가 경종에게로 출가하였으나 나이 스물이 되기 전에 모두 혼자몸이 되었다. 하지만 왕손을 낳아 궁중에서 지내고 있는 언니와는 달리 후사가 없어 왕륜사 남쪽 자신의 사저로 이사하여 살아가고 있는 헌정 왕후의 처지는 더욱 딱한 것이었다. 쓸쓸한 회포를 위로해 줄 만한 사람은 늙은 궁녀 두어 사람뿐이었고, 남자가 없는 집이라 그런지 방문 틈으로 새어드는 바람마저 적막하게 느껴졌다.

그러던 어느 날이었다. 왕후가 늙은 궁녀들에게 전날의 꿈 이야기를 하고 있었다.

> "어젯밤 꿈에 송악산松岳山에 올라가 보았는데 흰 구름이 뭉게뭉게 올라오더니 나중에는 그것이 전부 물로 변하지 뭔가. 그래, 나는 물속에서 한참 헤매다가 겨우 깨어났네."

궁녀들은 아주 좋은 꿈이라며 웃음부터 활짝 지었다.

"높은 데 올라가서 물을 많이 잡수셨으니 큰 부자가 되실 꿈입니다."

좋은 말을 들었는데도 왕후는 그다지 기쁘지 않았다. 오히려 사가에 홀로 나와 외롭게 살아가는 삶이 기구하여 한숨만 나올 뿐이었다.

'부자는 되어 무엇하나. 물을 많이 먹었으니 물에 빠져 죽을 수인게야.'

홀로 청춘을 이기고 사느니 얼른 죽는 것이 나을 수도 있겠다는 생각마저 들었다.

바로 그때 옆집에 사는 사람으로 왕후에게 숙부가 되는 남자가 찾아왔다. 태조 왕건의 다섯 번째 부인인 신성 왕후 김씨가 낳은 아들 왕욱王郁이었다. 앞에서 살펴보았듯 목종에 이어 왕위에 오를 현종의 아버지가 바로 왕욱이었다. 그는 헌정 왕후와 관계하여 낳은 아들 왕순(제8대 현종)이 훗날 즉위하자마자 안종安宗으로 추존되었다.

그런데 공교롭게도 천추 태후와 헌정 왕후의 아버지 또한 이름이 왕욱王旭으로, 태조의 네 번째 부인 신정 왕후 황보씨가 낳은 사람이었는데 현종의 아버지 왕욱과 한자만 다를 뿐이었다.

현종의 아버지 왕욱은 신라 출신 김억렴金億廉의 외손으로 망국의 외손이라 하여 고려 왕족들은 그를 탐탁지 않게 여겼다. 그래서 왕욱은 태조 왕건의 아들로서 재주가 비상하고 글을 잘하였음에도 고려 왕족들과는 어울리지 못하고 홀로 지내는 일이 많았다.

왕후는 숙부 왕욱을 반가이 맞이했다.

"숙叔씨, 어서 들어오시오"

"왕비 마마 만수무강 하십시오."

허전하고 적막하던 참에 왕욱을 맞은 헌정 왕후는 반가움을 감추지 못하며 방으로 안내하고는 궁녀에게 음식 장만을 시켰다. 이윽고 음식상이 들어오자 왕비는 왕욱 앞에 앉으며 말을 건냈다.

"사실은 지금 궁녀들에게 간밤에 꾼 꿈 이야기를 들려주는 중이었답니다."

왕욱은 온화한 미소를 지으며 왕후의 이야기에 귀를 기울였다. 그런데 어느 순간 왕욱의 얼굴이 굳어지기 시작했다. 아무리 생각해도 꿈이 예사롭지 않았던 것이다.

"왕비 마마, 실로 좋은 꿈이옵니다. 만약 아들을 낳으시면 그 아들이 임금이 되실 꿈으로 보입니다."

곰곰 생각에 잠겼던 왕욱은 이렇게 소리치며 무릎을 탁 쳤다. 그때 왕욱은 몰랐을 것이다. 자신의 꿈풀이가 먼 훗날 그대로 들어맞게 되리라는 사실을 말이다.

왕욱의 말에 무슨 생각이 들었는지 왕비가 얼굴을 붉혔다.

"망측해라. 과부가 어떻게 아이를 낳을 수 있단 말입니까. 쓸데 없는 말씀은 그만두고 어서 음식이나 드시오."

"물이 온 세상을 덮는다는 것은 임금의 공덕을 뜻하는 아주 좋은 꿈이옵니다."

왕욱은 다시 한 번 꿈풀이를 해 주었다.

"안 될 말씀이오."

왕후는 여전히 얼굴을 붉히고 앉아 있었다. 아직 이십대인 왕후의 몸과 마음에는 청춘의 싱싱함이 그대로 남아 있었다. 풍류남아인 왕욱은 이미 오십에 가까운 나이였지만 왕후의 아름다움은 더욱 깊게 느낄 수 있었다.

왕욱은 꿈 해몽을 잘 해 주었다는 이유로 밤이 늦도록 왕후의 처소에서 융숭한 대접을 받았다. 그리고 그날의 일이 인연이 되어 서로 왕래가 잦아졌다.

그러던 어느 날, 왕욱이 밤늦게 술을 마셔 붉어진 얼굴로 왕후의 처소로 들어섰다. 쓸쓸한 나날을 보내던 중 왕욱과 가까워지면서 얼마간이나마 마음의 위안을 얻게 된 왕후는 그날도 진심으로 반가워하며 왕욱을 맞았다.

"왕후 마마, 내일은 왕륜사에서 제祭가 있다 하는데 함께 가보시겠습니까?"

"미망인이 그런 데는 가서 무엇하겠습니까. 홀로 있는 것이 좋겠소."

"울적한 심회도 풀 겸 거동해 보시지요."

성격이 차분하고 내성적인 왕후는 밖으로 나다니는 것을 그다지 좋아하지 않았지만 그래도 왕욱이 자꾸 권하는 바람에 함께 가기로 하였다. 다음 날 왕후는 숙부 왕욱을 따라 왕륜사로 가서 하루를 지냈다. 집안에만 있다가 바깥 구경을 하니 울적하던 마음도 상쾌해지는 것 같았다.

절에서는 재를 올리느라고 승려들이 부지런히 돌아다니고 있었다. 왕후는 부처님 앞에 엎드려 불공을 드리고 전왕의 명복을 빌었다. 좌우에는 궁녀들도 없이 왕욱 한 사람만 있을 뿐이었다.

승려들은 왕비의 단독 거동을 보호하여 좌우에 시립해 있었다. 왕후는 승려들이 귀찮기도 하여 홀로 집으로 돌아가려 하는데 왕욱이 다가와 넌지시 말하는 것이었다.

"왕후 마마, 잠시 더 구경하고 가시지요. 혹 큰 왕후께서 나오실지도 모르옵니다."

큰 왕후는 바로 친언니인 천추 태후를 말하는 것이었다. 만나 본 지 여러 해가 되어 친자매에 대한 그리움을 이기지 못한 왕후는 집으로 가려던 마음을 되돌리고는 기다리기 시작했다. 그러나 온다던 큰 왕후는 좀처럼 나타나지 않았다.

결국 두 사람은 왕륜사를 나서고 말았다. 왕욱은 자신의 집으로 가지 않고 왕후의 처소로 갔다. 두 사람은 마주앉아 오늘 구경한 것들에 대해 이야기를 나누었다. 왕후는 쓸쓸한 이곳에 평소 성격이 부드럽고 다정다감한 왕욱이 가끔이라도 찾아와서 이야기 상대를 해주니 얼마나 고마운지 몰랐다.

숙부이기 전에 남자였다

남녀가 필요 이상으로 가까이 지내다 보면 문제가 생기기 마련이다. 몇 달쯤 지났을 때 왕후는 문득 몸에 이상이 생긴 것을 알았다. 혼자서 번민하던 왕후는 어느 날 조용히 왕욱에게 말을 꺼냈다.

"세상의 이목이 부끄럽습니다. 이 일을 어쩌면 좋겠소?"

"글쎄, 좋은 생각이 나지 않는구려. 좀 두고 보기로 합시다."

왕후는 크게 걱정하는 눈치를 보이지 않는 왕욱의 말이 못마땅하였다. 이대로 있다가는 무슨 일이 생길 것만 같았다. 얼굴이 수척해져 어찌할 줄 모르는 왕후의 모습을 지켜보던 왕욱이 입을 열었다.

"염려 마시오. 내 몸 하나만 없어지면 되는 것이니……."

그러나 왕욱의 말은 아무런 위로도 되지 못했다. 왕후는 불안하고 또 불안할 뿐이었다.

'차라리 한 목숨 던져버려 이 고통을 이겨 볼까?'

이런 생각까지 들었으나 스스로 목숨을 끊는 일만은 차마 할 수가 없었다. 어머니의 마음을 아는지 모르는지 죄의 씨는 뱃속에서 더욱 요동치고 있었다.

악몽 같은 시간은 멈추지 않고 흘러갔다. 어느덧 열 달이 되어 아이가 언제 나올지 모르는 상황이 된 것이다. 안절부절못하던 왕후는 마침내 무언가를 결심한 듯 왕욱의 집을 다시 찾았다.

"숙씨, 나를 없애주오. 괴로워 못 살겠소. 나를 나뭇더미 위에 올려놓고 불이라도 질러주오. 더는 이 수치스러운 괴로움을 참을 수 없소."

그러나 왕욱은 머리를 세차게 흔들었다. 자신의 아이를 가진 여인을 죽음 속으로 밀어 넣을 수는 없는 일이었다.

"모든 것은 신의 불찰이니 왕후는 안정하시오. 내가 죄를 지고 멀리 귀양이라도 가겠소. 죄 없는 왕후는 아무 일 없을 것이니 부디 걱정 마오."

왕후는 왕욱의 말이 들리지 않았다. 그저 죽고 싶을 따름이었다. 뱃속에 든 어린 생명의 꿈틀거림은 더욱 심해지고, 몸 풀 시간은 점점 다가오고 있었다.

'무슨 면목으로 아이를 낳는단 말인가!'

왕후는 드디어 나뭇더미에 불을 놓고 뛰어들겠다고 야단을 쳤다. 왕욱은 다급하게 왕후를 붙들었으나 왕후는 그의 손에서 빠져나와 집 앞에 쌓아 둔 나뭇더미에 불을 질렀다. 화염이 활활 솟자 왕후는 불속으로 뛰어들려 하였다. 놀라 뛰쳐나온 사람들이 달려와 왕후를 붙잡지 않았다면 돌이킬 수 없는 일이 벌어지고 말았을 터였다. 사람들에게 붙잡힌 왕후는 빠져나가려고 몸부림치며 하염없이 눈물만 흘렸다.

밤의 화광火光은 멀리까지 퍼져 갔다. 왕후와 왕욱의 처소는 궁중에서 아주 가까운 곳에 있었고, 결국 궁중에서도 피어오르는 불길을 모두 보게 되었다.

성종은 난데없는 불길을 발견하고는 놀라서 물었다.

"왕륜사 앞에 화광이 웬일이냐?"

여러 신하들 또한 영문을 모른 채 뛰어가 보았다.

한편 왕후는 사람들에게 붙잡힌 채 눈물을 흘리던 중 산통이 엄습해 오자 몹시 당황하였다. 궁녀들은 다급히 왕후를 돌려 세우고는 좌우에서 부축하고 집 앞까지 도달했다. 이때 왕후는 더 이상 참지 못하고 눈앞에 보이는 버드나무 가지를 꽉 움켜잡았다.

아기가 "으앙!" 소리를 내면서 세상에 나왔다. 궁녀들은 일변 아기를 받아 안고, 또 일변 왕후를 부축하며 집안으로 들어갔다.

방에 드러누운 왕후는 정신없이 앓기 시작했다. 불에 뛰어들려고 하던 것까지는 생각이 났지만 그 후 어떻게 되었는지 아무런 기억이 없었다. 치마폭이 타고 머리까지 그슬려 누린내가 났지만 그래도 아이는 무사하여 강보에 싸인 채 잠들어 있었다.

한순간 왕후의 고운 얼굴이 백지 같이 하얗게 변해서는 끙끙 앓는 소리만이 간단없이 새어나왔다.

"마마, 정신을 차리시옵소서."

"옥동자를 낳으셨습니다."

궁녀들이 돌아가며 몸을 흔들며 말을 걸어도 왕후에게서는 아무 대답이 없었다. 궁녀 하나가 혹시나 하고 왕후의 머리를 만져보니 여름인 데도 얼음장처럼 차가웠다. 급한 마음에 궁녀 하나가 황급히 왕륜사로 사람을 부르러 뛰어갔다.

"왕후의 병환이 위급하옵니다. 어서 나라에 기별하여 주시옵소서."

왕후는 여전히 눈을 감고 있었다. 이제는 앓는 소리도 내지 않았다. 궁녀가 다시 왕후를 흔들어대자 얼마 만인지 왕후의 의식이 엷게 돌아 왔다.

"아들이냐?"

핏기 가신 왕후의 입술이 겨우 열리며 가느다란 한마디가 새어 나왔다. 이때 마침 궁중에서 시의侍醫가 나왔으나 왕후는 이미 이 세상 사람이 아니었다.

헌정 왕후를 죽음에 이르도록 만든 죄

왕후의 죽음을 전해 들은 성종은 친동생을 잃은 슬픔을 감추지 못했다. 부르르 치를 떨며 눈을 부릅뜬 성종은 당장 왕욱을 불러들이라고 명하였다.

고려의 제6대 왕인 성종은 왕욱王旭의 조카였지만 성종에게는 당연히 친동생인 헌정 왕후가 훨씬 가까웠으니 여동생을 잃은 슬픔과 분노는 이루 말할 수 없었다. 그러나 막상 왕욱이 당도하자 성종은 차마 화를 낼 수가 없었다. 이러니저러니 해도 숙부는 숙부 아니던가. 성종은 솟구치는 화를 꾹꾹 눌러 참으며 왕욱의 얼굴을 가만히 들여다보았다.

상왕의 여자를 범한 왕욱의 죄는 실로 무거운 것이었지만 당시의 왕실 상황을 살펴보면 왕족이 아무도 없어 사직을 보전해야 한다는 절박한 사정이 있었다. 이 때문에 성종은 왕욱의 죄는 미웠지만 그를 함부로 내칠 수만은 없는 상황이었다.

그리하여 성종은 다음과 같은 결정을 내리게 된다.

> "숙은 신하로서 왕후를 범하여 죽게 하였으니 대의를 범하였소. 저 멀리 남쪽 사수현泗水縣(현 경남 사천군)으로 귀양 보내니 너무 초심焦心 말고 다녀오도록 하시오."

왕욱은 아무 말 없이 조카인 성종 임금에게 절하고 물러나왔다.

다음 날 왕은 내시 알자內侍謁者 고현高玄을 불러 왕욱을 압송하라 명하였다. 왕욱은 어명대로 고현과 같이 남쪽을 향해 떠났다. 여러 날 만에 사수현에 도착한 왕욱은 앞에 펼쳐진 넓은 바다를 바라보며 꿈같이 지나간 옛날을 회상하였다.

왕욱은 본래 글에 뛰어난 재주를 타고 났기에 착잡한 심경을 시를 지어 달래었다. 며칠 체류한 고현이 떠날 때 왕욱은 후회스러운 심경을 노래하였는데, 오늘날까지 그 시가 전해지고 있다.

與君同日出皇畿　홍군동일출황기

君已先歸我未歸　군기선귀아미귀

旅檻自嗟猿似鏁　여함자차원이쇄

離亭還羨馬如飛　이정환이마여비

帝城春色魂交夢　제성춘색혼교몽

海國風光淚滿衣　해국풍광누만의

聖主一言應不改　성주일언응불개

可能終使老漁磯　가능종사노어기

그대와 같이 황성(서문)을 떠났건만

그대 먼저 돌아가고 나는 못가네.

나그네 몸 철창 속에 든 원숭이 같은 심정

떠나는 그대 부러운 마음 그지없네.

황성(개성)의 봄빛은 꿈에나 볼 것이고

바다의 풍경에 눈물이 옷깃을 적시네.

임금의 한 말씀 고칠 수 없어

이 바닷가에서 늙게 되리.

한편 헌정 황후가 아이의 얼굴도 보지 못한 채 세상을 떠난 까닭에 어린아이는 즉시 궁중으로 들어가 유모의 손에서 자랐다. 부모가 없어도 아이는 잘 자라 어느덧 두 살이 되었다. 어느 날 성종은 아이를 보러 와서 어여쁜 마음에 무릎 위에 올려놓았다.

"아버지, 아버지."

아이가 자신을 쳐다보며 뜻밖의 말을 옹알거리자 조카를 바라보는 성종은 애처로운 마음에 가슴이 메어 왔다.

"이 아이가 아버지를 몹시 찾는구나."

성종은 아이를 무릎에서 내려놓았으나 아이는 여전히 성종의 옷을 잡아당기며 아버지라 부르고 있었다.

"오냐. 너의 아버지한테 보내 주마. 천륜은 어쩔 수 없는 것이 아니더냐."

그리하여 성종은 곧 멀리서 유배 생활을 하는 왕욱에게 어린 아들을 보내 주었다.

불륜 뒤에 남은 것들

우리는 지금까지 천추 태후와 헌정 왕후 자매의 불륜을 지켜보았다. 같은 부모에게서 태어난 자매로서 함께 전왕 경종의 비가 되고, 비슷한 시기에 성격이 유사한 불륜 사건을 저질렀다는 점은 참으로 특기할 만하다.

천추 태후와 김치양의 불륜은 김치양이 장형을 받고 쫓겨남으로써 일단락되는 것처럼 보였다. 그러나 이것은 잠시였을 뿐 오래지 않아 엄청난 후폭풍을 몰고 올 터였기에 이들의 불륜은 여전히 진행되고 있는 미완의 사건이었다.

그렇다면 헌정 왕후와 안종 욱의 불륜 사건은 어떤가. 이들이 일으킨 사건 또한 완결된 것이 아니라 여전히 진행되고 있었다. 헌정 왕후와 안종 욱은 가슴 아픈 최후를 맞이하는 것으로 결말을 지었지만, 그들이 세상에 남긴 불륜의 씨앗은 무럭무럭 자라고 있었기 때문이다.

천추 태후와 헌정 왕후의 불륜은 제각각 일어났지만 훗날 이 두 가지 사건이 밀접한 관련을 맺으며 고려 역사에 커다란 얼룩을 남기게 된다. 고려 제7대 임금 목종 즉위 후에 다시 불붙기 시작한 천추 태후와 김치양의 불륜이 헌정 왕후와 안종 욱의 불륜과 만나 커다란 혼란을 고려 사회에 던져 주게 되는 것이다. 우선 목종 임금 즉위 후에 벌어진 소용돌이치는 역사를 되짚어 보자.

17년 만에 찾아온 왕위

목종은 고려 제5대 왕 경종과 천추 태후 사이에서 980년(경종 5) 축복 속에 태어난 왕자였다. 아버지 경종은 955년(광종 6)에 탄생하여 981년(경종 6)까지 27년간 세상을 살았는데 이 중 재위 기간은 975년부터 981년까지로 7년에 불과하였다.

당시 1살에 불과했던 목종은 왕위를 이을 수가 없었고, 이에 경종은 목종의 숙부 성종에게 왕위를 넘겨주었다. 왕의 적자로 태어났지만 이로써 목종은 왕위에서 영원히 멀어지는가 싶었다.

그러나 997년 재위 17년째를 맞이하던 성종은 병 때문에 생명이 위독해지자 내천왕사로 거처를 옮긴 뒤 조카 목종에게 왕위를 넘겨주었다. 성종에게 후사가 없었기에 가능한 일이었다.

당시 목종은 17세였는데 본성이 어질고 강직했으며 신하와 백성들의 고충과 원성을 해소하였음은 물론 국경을 튼튼히 하여 거란과 대적할 수 있도록 강병 정책을 고수하였다.

천추 태후 전에 다시 나타난 불행의 씨앗

이 세상에 존재하는 모든 생명체는 종족 번식의 본능을 가지고 있는데 인간에게 있어 때로 그것은 의무처럼 강요되기도 한다. 특히 왕조 국가의 다음 대통을 이어갈 세자의 출생은 국운이 걸린 일이니만큼 매우 중요시 되어 온 것이 사실이다.

공교롭게도 목종은 성종과 마찬가지로 후사를 얻지 못하였고, 사정이 이렇게 되자 고려 왕실에는 권력을 쟁취하려는 무리들이 득실거리기 시작했다.

그 즈음 임금의 어머니 천추 태후는 왕권을 강화 유지시킨다는 명분하에 아들인 목종보다 깊숙한 곳에까지 권력의 손길을 뻗치고 있었다. 동서고금을 통하여 볼 때 권력의 맛을 한번 본 사람은 절대로 그 세계에서 쉽게 헤어 나오지 못하는 법이다. 그러나 권력의 달콤한 맛을 보기도 전에 비싼 대가를 톡톡히 치르며 세상을 하직하는 경우가 더 많은 것도 바로 권력의 세계가 아니던가.

경종이 즉위 6년 만에 세상을 떠나자 천추 태후는 청상의 몸이 되어 깊고 깊은 궁중에서, 헌정 왕후는 사가에서 무료하고 쓸쓸한 생활을 하고 있었다.

김치양과 한 차례 불륜 사건을 저지름으로써 왕실과 고려 사회를 뒤흔들어 놓은 적도 있었지만, 그날 이후 천추 태후는 성종 재위 16년간 아무 일도 하지 못한 채 음지에서 무료히 생활을 해 나가고 있었다. 이러했던 천추 태후가 왕실 표면에 본격적으로 얼굴을 내밀기 시작한 것은 자신의 소생인 목종이 즉위한 다음부터였다.

목종은 이때 어머니를 천추 태후로 승격시키면서 천추전에서 마음편히 기거하게 배려해 주었다. 천추 태후는 16년간의 과부 생활에 지칠 대로 지쳤으나 아직 나이는 34세밖에 되지 않았으며, 궁중에서 호의호식하며 지내다 보니 난숙한 육체는 더욱 아름다워졌다.

그러던 어느 날, 태후의 전각인 천추전에 그 옛날 불륜 사건이 일어나던 날처럼 삭발한 노승 한 사람이 찾아들었다. 겉보기에는 늙은 스님 같았지만 대삿갓 아래로 보이는 얼굴은 쉰 살 안팎의 중년이 분명했다. 천추전 문밖에 도착한 승려는 안쪽을 바라보며 큰소리로 말했다.

"소승 문안드리옵니다. 태후 마마는 무강하시옵니까?"

이 소리를 듣고 천추전에서 심부름하는 궁녀가 나왔다.

"어느 절에서 오신 스님이시오?"
"예, 동주洞州(현 황해도 서흥군)에서 온 승이올시다. 태후 마마의 외종이라고 아뢰어 주오."

외종이라는 말에 고개를 갸웃거리며 천추전 안으로 들어간 궁녀가 태후에게 연통하자 태후는 즉시 나와 노승을 반가이 맞았다. 이미 예상하고 있었겠지만 노승은 바로 김치양이었다.

"오래간만에 오시는구려."
"소승은 세상에 뜻이 없어 입산수도 하고 돌아다니는 중이옵니다."
"그동안 묵은 회포라도 풀어볼까 하여 찾아왔습니다. 우선 들어오시지요."

태후는 친히 스님을 안내하여 같이 들어섰다.

때마침 목종 임금은 10도의 하나인 중원부(현 충주 · 청주)로 행행行幸하여 궁중은 비어 있었다. 김치양은 이제 새로 임금이 섰으니 그 전에 마음먹었던 일을 다시 해 보고자 찾아온 것이 분명했다. 천추전으로 들어가 마주 앉은 두 사람은 상식국尙食局에서 가져온 음식을 맛있게 먹으며 두런두런 그동안의 밀린 이야기들을 주고받았다.

서서히 드러나는 김치양의 본심

"천추 태후 마마도 여러 해 못 뵈옵다가 이제 뵈오니 매우 늙어 보이시옵니다."

김치양의 간사한 마음이 태후의 심기를 자극하고 있었다.

"뭘 벌써 늙었다고 하오? 아직 내 나이 마흔도 되기 전인데 공연한 말씀을 하시는구려. 그래, 그동안 주유천하하면서 무엇을 얻고 사셨소?"

"고향 동주洞州에 내려가 조그마한 암자를 만들어 놓고 지냈사옵니다."

"그래, 승려 생활은 오래 하실 작정이오?"

"아닙니다. 이제 다시 환속하여 세상맛을 보고자 하옵니다."

음탕한 김치양이 태후에게 은밀한 미소를 보내었고 두 사람은 농익은 눈빛을 주고받았다. 태후는 어느덧 오랫동안 혼자 살던 생각을 잊었다. 김치양이야말로 천추 태후의 정인情人이 아니던가.

태후의 속내를 누구보다 잘 알고 있는 김치양은 밤이 깊어가는 데도 천추전에서 물러갈 줄을 몰랐다.

"그래, 새로 송도에 들어오셨으니 지금부터는 어디로 가실 작정이오?"

"갈 곳도 없습니다. 오직 태후 마마의 말씀만 좇고자 하옵니다."

"그럼, 우선 이곳에 며칠 계시다가 임금이 환궁하면 송도에서 살아보도록 하오. 나도 적적한데 잘 되었소. 요즘 신하들이 강성해 도무지 누를 수가 없구려."

"태후 마마께서도 뒤가 튼튼해야만 나라 일을 마음대로 하실 수 있지 않겠사옵니까."

"흠…, 어쨌든 환속도 하셨으니 술이나 드시면서 회포나 풀어봅시다."

이윽고 술상이 벌어졌다. 호젓한 궁중 깊은 곳에서 김치양과 태후가 벌이는 짓을 아는 사람은 아무도 없었다. 태후 방에서 이따금 소곤거리는 소리가 새어나올 따름이었다.

능글능글한 김치양이 다시 아무렇지도 않은 듯 태후에게 술잔을 넘겨주며 권했다.

"태후 마마, 회포를 푸는 데는 역시 술이 가장 좋은 것이라 하옵니다."

이런 걸 두고 이심전심이라 하던가. 태후는 기다렸다는 듯 술을 받아 마셨다. 뱃속이 찌르르하며 맥이 빠지는 듯하였으나 태후는 그래도 체통을 차리느라고 여전히 꼿꼿하게 앉아 김치양에게 술을 권했다.

"소승은 이 티끌세상塵世의 연분이 아직도 남아 궁중에까지 들어오게 되었습니다."

김치양은 술을 받아 마시며 너털웃음을 웃었다. 태후도 따라 웃었다. 오가는 웃음 속에서 두 사람의 정감도 깊어만 갔다. 그리고 어느 순간이었을까. 태후의 방을 훤히 밝히던 불이 조용히 꺼져버렸다.

이후부터 그 옛날 그랬던 것처럼 김치양은 천추전에 무시로 드나들기 시작했다.

신은 인간의 비밀을 지켜주지 않는다

시중侍中 한언공韓彦恭은 강직하고 지혜로운 신하였다. 그는 태후 궁에서 좋지 못한 소문이 퍼지는 것을 알고 제일 먼저 달려가 어전에 아뢰었다.

"근자 태후 전에 김치양이 거의 무상출입한다는 소문이 있사온데 이는 불가한 일인 줄로 아뢰옵니다. 자고로 구중궁궐 깊은 곳에는 일가친척이라 하여도 드나들지 못하는 법이옵니다. 더구나 김치양은 선왕(성종)으로부터 내쫓김을 받았던 자이오니 무엄하게 궁중에 출입하는 것을 막으셔야 할 줄로 아옵니다."

그러나 목종은 나약하게 아무런 힘도 쓰지 못한 채 어머니가 하는 일에 대해 무기력한 모습을 보일 뿐이었다. 뿐만 아니라 태후의 권고를 뿌리치지 못하고 김치양에게 합문사인閤門舍人의 벼슬마저 주어 그 힘이 더욱 커지도록 만들어 주고 말았다.

세월이 흘러 시중 한언공이 죽자 김치양의 벼슬은 더욱 높아져 국가 재정에 관한 권한 또한 틀어쥐게 되었고, 일이 이리되자 이제는 백관들이 김치양의 문하로 몰려들어 간사스러운 말을 마구 쏟기에 이르렀다. 그때나 지금이나 사람 사는 모습은 다르지 않아 권력을 쥔 자에게 아부하는 무리, 본인의 보신을 위하여 하루하루 살아가는 위정자들은 차고 넘쳤다.

이때 김치양의 부하로는 전중감殿中監 이주정李周禎, 유충정劉忠正, 합문사인 유행간庾行簡 등 30여 명이 넘었다. 간신들의 아부에 기고만장한 김치양은 3백여 간이나 되는 집을 지어놓고 왕처럼 지내고 있었다. 그가 거처하는 여성전麗星殿은 왕궁의 전각보다 더 웅장하였다. 침실 좌우에는 작은 방을 여러 개 만들어 미모가 출중한 여성 10여 명과 상시로 뒤엉켜 놀며 자신의 지위를 만끽하는가 하면, 후원에는 작고 아담한 산정을 여러 군데 지어놓고 때때로 나와 놀았다. 또한 산정 가운데에는 큰 연못을 만들어 놓고 그곳에 작은 배를 띄워 한가할 때마다 강호江湖 사이를 방랑하듯 즐기며 지냈다.

김치양의 넘치는 권력욕은 여기서 그치지 않고 고향 동주 농민 수천 명을 동원하여 자기의 원찰 성숙사星宿寺를 크게 짓도록 하고, 궁성 밖 서북쪽에도 십왕사十王寺를 지어 이 역시 자신의 원찰로 삼았다.

그러던 어느 날, 미리 연락도 없이 천추 태후가 김치양의 여성전으로 급하게 행차하였다. 김치양은 서둘러 가사장삼을 떨쳐입고 손에 염주를 들고는 입으로는 불경을 외는 등 자못 승려 행세를 하면서 태후를 맞아들였다.

"태후 마마, 이리 행차해 주시니 황공하옵나이다."

김치양이 합장 배례하자 태후가 점잖게 말을 건넸다.

"스님, 국사에 얼마나 분주하오."

"어서 여성전으로 드시지요."

이윽고 김치양의 주변에 그림자처럼 늘어서 있던 시녀들이 물러가자, 태후는 자기 친정에나 온 것 같이 허물없는 모습으로 자리에 앉았다. 화려하게 치장을 한 여성전 내부에 김치양과 천추 태후 둘 만이 남았다.

역모의 그림자

"스님 나의 몸에 이상이 생기었소."

태후가 말하는 뜻을 금방 알아차린 김치양은 얼굴 가득 웃음을 머금었다.

"서방정토에서 비치는 서광이로소이다. 불제자가 나올 징조이옵니다."
"그보다 세상의 이목이 더 부끄럽구려. 과부가 아이를 낳았다 하면 세상 사람들이 어떻게 생각하겠소?"
"그야 세상 사람들이 모르는 탓이지요. 부처님의 은혜로 만들어지는 후손이오니 잘 기르셔야 하옵니다."

성종 재위 시절, 천추 태후와 정을 쌓기 시작했을 때부터 김치양은 이미 이런 날을 머릿속에서는 수차례 그려 보았을 것이다. 천추 태후가 낳을 자식이니 대권에 도전한다 해도 큰 무리는 없으리란 것이 김치양의 뻔뻔하고도 대담한 생각이었다.

두 사람은 깊은 이야기가 끝나자 함께 십왕사로 구경을 나섰다. 김치양은 승려의 복색 그대로였다. 십왕사는 바로 김치양의 집과 거의 연달아서 지은 절로서 산문을 들어서니 좌우에 인왕상仁王像이 있고 정전인 십왕전에도 기괴한 모양의 부처를 만들어 세워 놓았다. 태후는 김치양의 안내를 받으며 전각 안으로 들어섰다.

"앗!"

태후는 전각 안에 있는 불상을 보고 자기도 모르게 깜짝 놀랐다. 이를 본 김치양은 정색을 하면서 설명했다.

"환희불歡喜佛이로소이다."

황금색이 찬란한 불상이었다. 그런데 한 사람이 아니라 남녀 한 쌍씩의 부처님을 한데 조각한 것이었다.

"어디서 이런 것을 구해 오셨소?"
"저번에 거란 사람들을 불러다가 만든 것이오."

태후는 물끄러미 환희불을 쳐다보았다. 한 쌍의 환희에 찬 얼굴을 살피는 사이 태후는 가슴이 뛰고 온몸이 달아올랐다. 김치양이 슬그머니 태후의 손을 잡았다.

"서방정토 극락세계로 가면 이런 부처님이 많이 계십니까?"
"사람은 언제나 환희를 바라고 있는 것입니다. 태후 마마도 잘 알아들으셔야 하옵니다."

십왕사에는 기괴한 모양의 부처상이 수없이 많이 조각되어 있었다. 두 사람은 한 바퀴 두루 돌아본 후 다시 여성전으로 돌아왔다. 태후는 조금 전에 본 기괴한 부처님의 모양이 자꾸만 머리에 떠올랐다.

밤이 되어 사면이 고요한 여성전에 태후와 김치양이 나란히 앉았다.

"스님, 이 아이를 어찌하면 좋겠소?"

태후는 근심 어린 표정이 되어 중얼거렸다. 아무리 근친혼이 성행하는 왕실에서 자란 사람이라지만 임금의 어머니 되는 자가 승려 노릇을 하는 외척과 불륜을 저질러 덜컥 임신을 했으니 걱정이 되기도 했을 것이다. 그러나 김치양은 두려워하는 낯빛이 조금도 없었다. 지난 십여 년간 와신상담한 세월을 생각하면 김치양은 크게 환호성이라도 지르고 싶은 심정이었다.

"이 나라를 인도할 인물이 나올 것이옵니다. 장차는 왕위에까지 오를 사람이란 말이옵니다."

태후는 흠칫 놀라 김치양을 멍하니 바라보았다. 임신을 한 것만 해도 낯부끄럽고 놀랄 일인데 불륜으로 낳은 자식을 왕위에 올리겠다니!

"지금 왕이 계신데 무슨 왕위란 말이오?"

"현재의 왕은 나약해 아무것도 못할 인물이옵니다."

"그렇지만 태조 대왕 이래 열성들이 왕씨王氏로서 계계승승繼繼承承 했는데 다른 사람이 계승한대서야 쓰겠소?"

"어찌 왕위는 왕씨만 오른단 말이옵니까. 태조 왕건은 궁예의 자리를 빼앗았고 신라의 왕위까지 합치지 아니하였습니까?"

"그러면 스님은 이 나라를 바꿔볼 작정이오?"

김치양은 문득 입을 굳게 다물며 주변을 둘러보았다. 이것이야 말로 역모 모의가 아니고 무엇이겠는가. 자칫 잘못하여 누군가의 귀에 들어가기라도 하는 날이면 목숨을 부지하기 어려운 사안이었다. 그러나 김치양은 잠시 생각해 보다가 힘주어 말했다.

"만일 남자 아이가 생기면 가만히 보고만 있을 수 없는 것 아니겠습니까. 역성易姓도 할 때가 되면 해야 하는 것이옵니다."

태후는 김치양의 말이 뜻하는 엄청난 의미를 짐작하고선 잠시 혼란스러움에 빠졌으나, 곧 여성 특유의 현실적인 계산이 시작되었다.

현왕인 자신의 아들 목종은 어머니인 천추 태후에게 반항 한번 하지 않는 온순한 성품을 지녔지만, 그러한 성격이 정치적인 입지에서는 신하들과 어머니에게 휘둘려 아무것도 하지 못하는 무능함으로 반영될 뿐이다. 지금 이렇게 자신의 아이가 새롭게 자라나고 있는데, 굳이 언제 왕위를 뺏길지 모르는 나약한 아들에게 미래를 걸 필요가 있겠는가. 게다가 목종은 동성연애에 빠져 새롭게 희망이 되어줄 후손이 생길 가능성도 희박하지 않은가. 유일한 왕손인 대량 원군이 있기는 하지만, 내 피를 이어받은 자식이 있는데 굳이 친척에게 왕위를 뺏길 것은 무엇이란 말인가.

자신의 잘못된 사랑과 정치적인 야심까지 모두 채울 수 있는 길이 확실하게 보이자, 이제까지 천추 태후의 고민이 되었던 뱃속의 아이가 이젠 희망의 열쇠처럼 느껴졌다.

여성전을 다녀가고 나서 몇 달 지나지 않아 천추 태후는 옥동자를 낳았다. 이제나 저제나 좋은 소식이 오기를 초조하게 기다리던 김치양은 남모르는 의미심장한 미소를 지었다. 그의 가슴 깊숙한 곳으로 다음과 같은 생각이 파문처럼 번져가고 있었다.

'이제야 진왕辰王이 나오셨구나.'

김치양은 벌써 고려 왕조를 손아귀에 넣은 듯 자신만만히 웃고 있었다.

불륜은 패륜과 역모의 기운을 부르고

이제 이야기의 추를 헌정 왕후와 안종 욱 사이에서 태어난 왕순王詢쪽으로 잠시 돌려 보도록 하겠다. 앞에서 이야기했듯 천추 태후와 헌정 왕후는 비슷한 시기에 불륜 사건에 휘말렸다. 그 결과 두 왕후는 불륜의 씨앗이라 할 남자아이를 한 명씩 출산하였는데 왕순, 즉 현종은 그 때문에 생사를 넘나드는 위기를 수도 없이 넘겨야 했다.

태조 왕건의 증손자이자 광종의 손자인 목종이 17세 나이에 고려 제7대 왕으로 등극했을 무렵, 사수현으로 유배 간 아버지 밑에서 어렵게 살아가던 현종은 아버지가 병으로 죽자 개성으로 올라와 궁궐에서 지내는 중이었다. 천추 태후가 현종의 친 이모이니 현종은 목종과 사사롭게는 이종지간이 된다. 이때 현종의 군호君號는 대량 원군大良院君이었다.

한편 김치양은 천추 태후의 몸에서 아들을 낳은 후부터 더욱 왕 부럽지 않은 호사스런 생활을 하고 있었다. 목종은 이를 모르지 않았지만 차마 아는 체하지 못하고 지켜보기만 했다. 그러나 천추전 깊은 장막 속에서 김치양과 천추 태후가 때때로 무언가를 모의하곤 한다는 소문이 돌자, 목종은 더는 두고 볼 일이 아니라고 판단하여 궁인 김씨를 몰래 불러들였다.

"아무래도 김치양의 행동이 수상하구나. 그의 뒤를 밟아 보아라."

이에 궁인 김씨는 어명을 받고 틈날 때마다 천추전 뒤에서 김치양의 거동을 감시했다.

김치양의 불행한 씨는 천추전에서 점점 자라나 어느덧 다섯 살이 되어 있었다. 김치양은 아들을 보기 위해 천추전에 수시로 드나들었다.

그날도 김치양은 아들을 보러 들어와 있었다. 아이는 쌕쌕 거리는 숨소리를 내며 곤히 잠들어 있었고, 고요한 천추전 한구석에서 김치양과 천추 태후는 마주 앉아 무엇인가 소곤소곤 이야기를 나누고 있었다. 궁인 김씨는 숨도 쉬지 않고 굳게 닫힌 문 밖에서 두 사람의 수작을 살펴보았다.

때마침 김치양이 비스듬히 드러누우며 입을 열었다.

"여보 태후, 들으니 헌정 왕후 소생이 개경으로 올라 왔다는데 그대로 둘 셈이오?"

"글세…, 어떻게 하면 좋겠소?"

"아주 없애야지. 여기 태후의 소생이 있는데 경쟁자가 있어서야 되겠소?"

두 사람은 참으로 놀라운 이야기를 아무렇지도 않게 토해내고 있었다. 궁인 김씨는 간간이 들려오는 소리만 듣고도 두 눈을 둥그렇게 뜨며 침을 꿀꺽 삼켰다. 바로 그때 더욱 더 놀라운 이야기가 튀어나왔다.

대량 원군을 중으로 만들어 버리면 어떻겠느냐는 것이었다. 뿐만 아니라 이들의 이야기는 여기에서 그치지 않고 왕위 찬탈에까지 미치었다. 김치양은 목종이 향락에 빠져 엉뚱한 곳에 마음을 쓰느라 나라를 제대로 다스리지 못한다며 자신의 생각을 정당화시켰다.

"이런 것이 모두 망할 징조이지. 별 수 없이 나라를 뒤집어야 하겠어. 우리 아들이 왕위에 올라서도록 해 나라를 바로 세워야지."

"알고 있소. 모든 일은 다 준비되어 가고 있으니 서둘러 일을 그르치지나 마시오."

모정이 이처럼 가벼운 것이었단 말인가. 김치양이 자신의 아들을 폐하겠다고 하는데도 천추 태후는 눈 하나 깜짝하지 않고 침착하게 이야기를 나누고 있는 것이 아닌가.

괴상스러운 일이 벌어지고 있는 천추전 내부를 엿보던 궁인 김씨는 굳은 표정을 지으며 돌아섰다. 그리고는 즉시 임금의 처소로 달려가서 보고 들은 사실을 낱낱이 고해 바쳤다.

왕건이 새로이 나라를 창국한 지 불과 60년. 반백 년이 약간 지났을 뿐이건만 벌써부터 왕위 찬탈 음모가 불거지고 있었던 것이다. 그것은 왕건이 호족과의 결혼 정책을 통해 궁중에 수많은 궁녀들을 들일 때부터 이미 예견된 일이기도 했다. 그로 인해 자신과 가문의 자리를 확실히 지키기 위한 호족들의 경쟁과 암투가 거세어졌으니 말이다.

목종도 궁중의 질서가 문란한 것을 모르는 바 아니었다. 그래서 어느 때는 어머니에게 바른 말을 하기도 하였으나 태후는 들은 체도 않고 오히려 왕을 훈계했다.

"너는 아직 나이가 어려 세상일을 제대로 헤아리지 못한다. 나이가 많고 현명한 김치양의 말을 잘 들어야 한다."

정치적인 판단을 실행할 수 있을 만큼 냉정하지 못하였던 걸까. 목종은 어머니에게 맞받아 큰 소리를 칠 수 없었기에 이때까지만 해도 목소리를 죽이고 참아왔다.

자신의 뜻을 조금도 펼칠 수 없는 무기력한 상황을 견디다 못해 동성연애에까지 빠졌던 목종이었지만, 김치양과 어머니가 자신들의 씨를 임금 자리에 앉히기 위해 모의 중이라는 사실을 알게 된 이상 그대로 있을 수는 없는 노릇이었다. 더구나 김치양이 낳은 자식은 왕씨가 아니지 않던가.

당시 왕건의 후손들은 많았지만 왕과 가장 가까운 사람으로는 대량원군, 후일 현종밖에 없었다. 목종은 곧 대량 원군에게 다음 왕위를 물려주리라고 약속했다.

어찌 보면 현종의 역경은 목종이 이런 뜻을 밝힌 순간 이미 시작되었다고 보아야 할 터였다. 왕의 어머니로서 모든 권력을 틀어쥔 천추태후와 역신 김치양이 함께 버티고 있는 상황이었으니 말이다.

아니나 다를까. 대량 원군은 오래지 않아 천추 태후의 강압적인 명령으로 숭교사崇敎寺의 동승童僧이 되어야 했다. 왕이 될 수도 있으리란 기대감을 가지고 있다가 타의에 의해 승이 되어 버렸으니 대량 원군의 절망은 이루 말할 수 없었을 것이다.

그러나 대량 원군이 승이 되었다는 사실을 뒤늦게 안 목종은 이를 그대로 지켜보고 있지만은 않았다. 몰래 삼각산 신혈사神穴寺로 보내 주지로 하여금 대량 원군을 지키게 하였던 것이다.

일이 이렇게 되자 김치양과 천추 태후는 초조함을 감추지 못하고 틈만 나면 수단을 가리지 않고 대량 원군을 죽이려 하였다. 이때 신혈사의 늙은 주지는 이러한 기맥奇脈을 알아차리고 부처님 좌탑座榻 밑을 파고 이상한 낌새가 보일 때마다 대량 원군을 그 아래에 숨겨 주었다.

한번은 어명이라고 하며 궁중에서 대량 원군에게 음식이 왔다. 지혜로운 노승은 음식을 받긴 하되 대량 원군을 숨겨 두고 없다고 따돌렸다. 그런 다음 그 음식을 앞마당에 벌여 놓으니 새들이 와서 먹고 죽었다.

이런 일이 거듭되자 대량 원군은 모든 행동에 있어 항상 조심하며 개경에서 사람이 왔다는 소문만 들리면 으레 부처님 좌탑 밑으로 들어가 숨었다.

그러나 어린 대량 원군은 이처럼 위태롭게 목숨을 연명해 가는 생활이 싫었다. 대량 원군은 조석朝夕 이외에는 거의 절에 있지 않고 뒤에 있는 삼각산으로 올라가 경치를 구경하며 호연의 기운을 기르곤 하였다.

그로부터 다시 3년이 지나 대량 원군의 나이도 18세가 되었다. 세상 물정을 대강 짐작할 수 있는 나이가 되자 대량 원군의 자신의 처지에 대한 서글픔은 나날이 깊어만 갔다.

그러던 어느 따뜻한 이른 봄날이었다. 개경에서 수상한 사람이 왔다는 말을 전해 들은 대량 원군은 혹시나 있을 화를 피하기 위해 뒷산 작은 골짜기 물을 따라 위로 올라갔다. 그러다 우연히 옛날 신라 진흥왕이 세웠다는 비석을 발견한 대량 원군은 잠시 자신의 처지를 잊고 감회에 젖어 들어 시 한 수를 읊기 시작했다.

一條流出白雲峯　일조유출백운봉

萬里滄溟去路通　만리창명거로통

英道潺溪岩下在　영도잔계암하재

不多時日到龍宮　부다시일도용궁

한줄기 흐르는 물은 백운봉에서 내려오네.

이 물은 만 리 저 멀리 바다로 통하니

천천히 졸졸 흘러 바위 밑에만 있다고 업신여기지 말아라.

얼마 후에는 용궁에까지 가리.

자신의 처지를 비관만 하고 싶진 않아서였을까, 아니면 자신의 미래를 이미 예견하고 있어서였을까. 한 치 앞도 내다볼 수 없는 불안한 현실 속에서도 대량 원군은 자신의 미래에 대한 희망을 결코 버리지 않았다.

한편 송도에 있는 천추 태후와 김치양은 하루라도 빨리 자신들의 아들을 왕으로 내세우고자 하는 욕망을 실현시키고자 계획을 착착 진행시켜 나가고 있었다.

그러던 중 서기 1009년(목종 12) 정월 열나흘 날, 왕이 원찰인 숭교사에 나가 제를 올리고 돌아오는 길에 심상치 않은 일이 벌어졌다. 별안간 폭풍우가 몰아치는가 싶더니 왕을 호위하는 의장儀仗이 날아가고 일산日傘이 전부 부서진 것이다. 왕은 무슨 재앙이라도 생기는 것 아닐까 걱정하면서 서둘러 궁궐로 돌아왔다.

이 일로 궁중은 공연히 소란하였다. 왕은 아무래도 좋지 않은 일이 생길 것 같은 찜찜한 기분을 털어내지 못하고 밤이 되면 왕사王師, 국사國師를 비롯하여 대의(의원), 태부(점술가), 태사太史, 재신宰臣들을 많이 숙직케 하였다.

바야흐로 자신들의 욕망을 좇은 두 왕후가 저지른 불륜의 후폭풍은 조카 살해 기도라는 패륜과 역성혁명이라는 역모의 기운이 되어 고려사회에 거세게 몰아칠 조짐을 보이기 시작하였다.

김치양의 반역은 시작되고

수차례에 걸쳐 대량 원군을 살해하고자 사람을 보낸 일이 번번이 실패하자, 김치양과 천추 태후는 생각을 바꾸었다. 쓸데 없이 어린아이에게 신경 쓰느니 도당을 불러 모은 뒤 일시에 궁궐을 들이침으로써 역모를 성사시켜 보자는 계산이었다.

마침내 도당들이 여성전을 그득하게 메울 정도로 모여들자 김치양은 그들을 향해 소리 높여 외쳤다.

> "내일(16일) 밤에 우선 상정전(왕의 집무실)에 불을 놓아라. 그러면 그 근처에 있는 궁궐도 탈 것이다. 아무도 이 불을 끄지 말고 보고 있다가 왕의 행방을 살펴 시역弑逆하여라. 그러면 장차 너희들은 개국공신이 될 것이다. 또 너희들에게 어여쁜 궁녀를 두 사람씩

나누어 주겠다. 만일 일을 성사치 못하면 피살될 뿐이다. 우리 뒤에는 천추 태후가 계시다는 것을 알아라."

여러 도당들은 의기 백배하여 김치양을 중심으로 둘러앉아 음식을 나누어 먹었다.

"이제야 궁녀를 얻어 보겠네."

"그까짓 임금이 데리고 놀던 궁녀인데 누가 소용 있대나, 국고에 있는 은이나 가져가겠네."

"그것은 안 되지. 임자가 다 있어."

여러 사람들은 의기양양하여 벌써부터 자신들이 일을 성사한 것 같이 들떠 있었다.

드디어 16일 밤이 되었다. 달이 막 동천에 떠오를 때, 임금은 관등 구경을 한다고 상정전에 올라서 여기저기 달린 색등을 구경하고 있었다.

이때 별안간,

"불이야!"

하는 소리가 났다. 상정전 바로 앞에서 불이 활활 타오르고 있었다. 관등 행사 때 먹을 음식을 장만하느라 대부大府의 기름 창고에 기름을 많이 마련해 두었기 때문에 불은 대부의 유고油庫에 인화되어 검은 연기가 하늘로 치올라가고 화광이 충천했다. 여기저기서 그릇 튀는 소리가 요란하게 났다.

내전도 발칵 뒤집혔다. 불은 천추전에도 옮겨 붙고 있었다. 임금은 왕건 태조 이래로 만들어 놓은 전각이 하룻밤 사이에 타 버리는 것을 보고 모두들 가슴이 덜컹 내려앉았다. 불길 사이로 검은 복면을 한 자들이 왔다 갔다 했다.

궁녀들은 살기 위해 아우성쳤다. 목종은 이 불이 어떻게 일어났는지, 누구의 짓인지 알고 있었다. 목종은 곧 호부시랑 최사위崔士威를 불렀다.

"즉시 각 궁문에 군사를 더 배치하여 문을 굳게 닫고 지키도록 하라"

"대왕 폐하, 즉시 침전으로 드시옵소서. 신이 우선 문지기 군사로서 호위하겠나이다."

왕은 문지기 군사들의 호위를 받으며 침전으로 들어섰다.

궁전에 들어온 괴한들은 수십 명밖에 되지 않았으나 군사들은 겨우 몇 명만 붙잡고 대부분을 놓쳤다. 왕궁을 호위하는 군사 또한 몇 백 명밖에 되지 않았기 때문이었다.

왕은 장군 유방庾芳, 중랑장 유종柳宗, 탁사정卓思政, 하공진河拱辰 등에게 명을 내렸다.

"오위의 군사들은 궁성을 지킬 뿐이지 싸움은 하지 말도록 하라. 만일 싸움이 일어나면 반동할 자가 있을는지 알 수 없다."

목종은 또 침전 근처에는 아무도 들어오지 못하도록 엄중히 경계하라고 명하였다. 그날 밤은 다행히 몇 명의 궁녀가 실종되었을 뿐 다른 사람의 피해는 없었다. 하지만 궁전의 일부분이 화재로 소실되었다는 소식이 퍼지자 인심이 흉흉해지면서 불길한 소문들이 떠돌기 시작했다.

그 시각, 마침내 반역의 칼을 뽑은 김치양은 자기 집에서 여러 사람들을 모아 놓고 본격적인 역모 계획을 세우고 있었다.

"궁궐에 불을 놓은 일은 단지 시작을 알리는 것으로, 큰 싸움은 이제부터 일어날 것이오."

한편 목종은 사건이 위급한 것을 짐작하고 장춘문長春門과 대정문大定門만 열게 하고 그 외의 문은 전부 닫도록 하여 궁성의 경비를 한곳에 집중시켰다. 또한 왕은 일체 외전에 나오지 않고 유진, 최항催沆, 채충순蔡忠順, 진적陳頔, 최사위, 장군 유방, 유종, 탁사정, 하공진, 이주정, 유충정劉忠正, 유행간庾行簡 등 모든 이들에게 서로를 엄중 단속하게 하였다. 이 중에 김치양과 기맥을 통한 자가 있을지도 모르기 때문이었다.

임금도 마음을 굳히는데

다음 날 김치양은 여전히 자신의 집에서 역모 계획에 몰두하고 있었고, 궁성 문 근처에서는 소소한 충돌이 일어났다. 왕은 도성에 있는 병력으로 정국을 바로잡고 싶었으나 당시에는 그만한 병력을 갖추지 못한 상황이었다. 그러다 보니 힘없는 왕과 기세등등한 김치양이 서로 대치한 채 형편만 살피는 지구전이 벌어지게 되었다. 임금은 침전에서 한 걸음도 나가지 못하고 내시들에게 밖의 형세만 살피라고 지시할 뿐이었다.

닷새가 지난 후 왕은 급사중給事中 채충순을 불러들였다. 혼란한 정국에 믿을 만한 신하는 그 뿐이라고 판단한 것이었다. 왕은 채충순이 들어오자 서둘러 궁녀들을 내보내고 단둘이 마주 앉았다.

> "과인이 나약하여 그간 궁중을 숙청 못한 것이 잘못이오. 근자에 들으니 외부에서 왕위를 노리는 자가 있다는데 경은 이런 사실을 알고 있었소?"

왕은 김치양과 천추 태후를 떠올리며 불쾌한 어조로 물었다. 채충순도 그런 소문을 들어서 알고는 있었으나 섣불리 대답하지는 않았다.

> "신도 들은 바는 있습니다만 그 내용은 잘 모르고 있사옵니다."

그러자 왕은 베개 속에 넣어두었던 봉서封書를 꺼내놓았다. 그 봉서는 폐신嬖臣 유충정이 보낸 것이었다.

'우복야 김치양이 왕위를 엿보고 있습니다. 그는 심지어 신에게까지 원조를 청하여 신은 이를 거절하고 상주하고 있사옵니다. 즉시 궁중을 숙청하소서.'

채충순은 봉서를 보고서야 본심을 털어놓았다.

"김치양이 야심을 가지고 있다는 것은 짐작하였으나, 태후마마와도 관련이 있다고 들어 황공하여 감히 입 밖에 내지 못하였습니다."

사실을 확인한 왕은 슬픈 기색을 보이다가 곧 일이 이 지경에 이르렀으니 자리를 내놓고 싶다는 뜻을 채충순에게 내비쳤다. 잠시 침묵이 이어졌다. 한동안 고민의 빛을 보이던 목종은 충성할 뜻을 나타내는 채충순에게 삼각산 신혈사에서 가져온 대량 원군의 서신을 내놓았다.

'간사한 무리들이 신을 없애고자 여러 가지로 모해하고 있나이다. 대왕 폐하는 신의 생명을 돌보아 주십시오.'

간단한 내용이었다. 채충순도 대강 짐작하고 있던 일이었으나 글을 읽고 나니 여러 가지로 마음이 복잡하였다.

"짐은 언제 죽을지 모르오. 지금 왕실에 태조 왕의 손 되는 사람은 생명이 위급한 대량 원군밖에 없소. 짐이 자리에서 물러나거든 경은 충성된 마음으로 대량 원군을 임금으로 받들도록 하오. 왕씨가 아닌 다른 성이 임금 자리에 앉게 된다면 어찌 충성된 사람들이 가만히 보고 있겠소."

대화를 나누던 둘은 결국 믿을 만한 충신 강조康兆를 불러들이기로 하였다.

"그러면 강조를 곧 들어오라 하오. 강조의 군대를 들어오도록 하여 위급한 대량 원군도 구해야 하겠소."

충신 채충순은 임금의 뜻을 그대로 실행해 보겠다고 상주한 후 물러나왔다. 그는 기로에 선 고려 왕실을 위해 막중한 책임을 두 어깨에 걸머진 셈이었다.

한편 여러 날 궁성 문이 굳게 닫혀 있자 백성들은 무슨 일이 생긴 것은 아닌지 궁금해 하며 몰려들었다.

- 임금이 저번 날 불에 돌아가셨다지?

- 김치양이가 임금이 되었다며?

- 태후가 김치양에게 미쳤대.

- 엉큼한 김치양이 태후만 미치게 했겠나? 임금도 옥새를 그대로 내주었대.

- 김치양한테 자식이 있대.

- 중놈이 무슨 자식이 있어?

- 중은 무슨 중이야. 태후의 몸에서 낳은 김치양의 아들 있잖아. 그게 왕이 된다는 거야.

- 안될 말이지. 나라가 새로 생긴 지 얼마나 되었다고 벌써 나라가 변해서야 쓰겠나…….

이렇게 백성들의 입에서까지 온갖 쑥덕공론이 펼쳐지는 동안, 채충순은 자신과 가장 친한 최항에게 왕의 뜻을 전하였다. 두 사람은 태조의 손인 대량 원군을 후사로 모셔야 한다는데 뜻을 맞추고는 다시 왕의 침전에 들어가 어의를 확인하고 나왔다.

그들은 마침 정원政院에서 감찰어사 고영기高英起를 만났다. 서로 인사를 나눈 뒤 고영기가 두 사람에게 말했다.

"금상 폐하께서 병환이 위중하신데 지금 김치양의 무리가 왕위를 노리고 있어 사직이 장차 다른 성에게로 넘어갈 염려가 있소. 오직 태조의 손 한 분이 계시는데 그 분을 모셔 와야 되겠소."

채충순은 고영기 또한 자신들과 한 뜻을 갖고 있음을 확인하고는 반가움에 그의 손을 덥석 잡았다. 그들은 백성들 사이에 해괴망측한 소문이 돌고 있다는 사실과 이런 혼란을 잠재우기 위해서는 지체할 것 없이 신속히 일을 처리해야 한다는 것을 잘 알고 있었다.

세 사람은 곧바로 왕에게로 나아가 부복하고는 대량 원군에게 양위하지 말고 김치양 일파를 없애는 것이 어떠한지를 여쭈었다. 이것은 임금의 뜻을 최후로 타진해 보려는 뜻에서 나온 말이었다.

> "짐은 이 자리에 있기 거북하오. 짐이 뜻한 대로 일을 행하도록 하오."

말을 마친 목종은 이들에게 대량 원군에게 보내는 글을 내어 주었다. 왕의 뜻이 확고함을 확인한 세 사람은 왕이 내어주는 글을 받아들고는 어전에서 나왔다.

민심은 날이 갈수록 흉흉해지고 있었다. 김치양이 자신의 고향 동주에서 부하를 거느리고 올라온다는 소문이 무성하게 퍼져나가는가 하면, 또 한편에서는 견주見州(현 양주)에서 군사들이 올라 왔다는 말도 심상치 않게 돌아 불안하기 짝이 없는 상황이었다.

채충순과 최항은 즉시 황보유의皇甫愈義에게 군사 십여 명을 주어 삼각산 신혈사로 떠나게 하였다. 왕의 편지를 대량 원군에게 전하기 위해서였다.

충신 강조는 갈 길을 잃고

1009년(목종 12) 정월 20일경, 서북면 도순검사都巡檢使 강조의 처소에 전중감 이주정이 나타나 왕의 서신을 내 놓았다.

"즉일로 군사를 휘동하고 입조하여 궁중을 수위하도록 하라."

간단한 문구만이 쓰여진 서신을 확인한 강조는 이주정에게 물었다.

"궁중에 무슨 사건이 일어났소?"

원래 이주정은 김치양 편 사람으로 임금의 일을 좋지 않게 이야기하곤 하였다.

"상감이 주심主心이 없어 지금 궁중은 말이 아니오."

이주정은 강조에게 목종이 매일 같이 궁녀들과 놀기만 하고 정치는 문사들에게 맡기어 일이 제대로 돌아가지 않고 있다고 알렸다. 여기서 한발 더 나아가 왕의 자리를 노리는 자가 많으니 장군도 올라가시거든 용상에나 한번 앉아 보는 것이 어떻겠느냐고 넌지시 떠보며 눈치를 살피기까지 하였다.

강조는 일이 심상치 않다는 것을 알고 군사 수천 명을 휘동하고 급히 도성으로 향했다. 강조의 군사가 도성으로 올라온다는 소식이 전해지자 김치양은 이를 막아 보고자 여러 가지로 고심했다. 그동안 조정에 불평을 품어 오던 위종정魏從正과 최창회崔昌會가 김치양에게 말했다.

"소인들이 강조의 군사가 오지 못하게 하겠으니 후일 상이나 많이 주시오."

김치양이 기뻐한 것은 당연한 노릇이었다. 두 사람은 즉시 길을 떠나 동주 근처 용천역에서 강조 일행을 만났다. 강조는 조심조심 도성으로 올라가며 만나는 사람마다 붙잡고 도성 소식을 묻고 있었다. 강조는 위종정과 최창회 두 사람을 만나자 반색을 하며 도성의 소식을 물었다.

"도성은 벌써 김치양의 세력 범위 안으로 들었소. 임금의 목숨이 경각에 달려 있다 하였으니 아마 어제쯤 국상이 났을지도 모르겠소. 천추 태후가 김치양과 관계해 낳은 아들을 왕으로 내세운다고 하는데, 장군이 지금 많은 군사를 거느리고 있으니 김치양 편에서 불리하게 생각하고 부른 듯하오."

강조는 자기를 부른 임금이 이미 세상을 떠났고, 다른 무리들이 정권을 잡고 있다는 말을 들으니 서투르게 건드리다가는 자신의 지위까지 위태로울 수 있겠다고 생각했다. 갈등하는 강조를 보며 좋은 기회라 여긴 두 사람은 어서 본영으로 돌아가 있다가 다음 기회를 생각하는 것이 어떻겠느냐며 회유하였다.

안타까운 마음에 맥이 빠진 강조는,

> '조정이 난마 같이 얽히고 있구나. 그럼, 어디 잠시 변하는 태세를 구경이나 해보자.'

하고 마음을 돌려 군사를 몰아 본영으로 돌아갔다. 그 소식을 들은 김치양은 우선 안심하였으나 태후는 그래도 마음이 놓이지 않아 왕편에서 강조 쪽으로 한 사람도 가지 못하도록 군사를 보내 절령岊嶺(자비령慈悲嶺)에서 지키게 하였다.

이리하여 왕과 강조의 사이에는 통행이 끊어지게 되었고, 김치양과 천추 태후는 우선 자신들의 목적을 달성하는 듯 보였다.

다시 출정하는 강조의 군대

> "임금이 아주 세상을 떠났대."
>
> "발상發喪하지 않는 것은 새 임금이 정해지지 않아 그런 것이라며?"
>
> "아니. 김치양이 태후와 손잡고 왕씨 일족을 모조리 죽였다잖아."

술렁이는 도성 백성들 사이에서 이러한 헛소문이 일파만파로 번져 가고 있었다. 강조의 아버지인 강 노인도 오래지 않아 이러한 소문을 듣게 되었다. 강 노인은 어떻게 하든지 아들을 불러들여 정국을 안정시키고자 집안의 하인을 불러 승려의 복색을 하고 강조의 처소에 갔다 올 것을 명하였다.

하인은 즉시 삭발하고 승려의 복색에 죽장을 짚고 나섰다. 대지팡이 속에는 강 노인의 편지가 들어 있었다.

> "너는 묘향산 승려라고 하거라. 네가 그 편지만 잘 전달하면 양민이 되게 해 줄 것이다. 조심해서 다녀오너라."

노비라는 세습의 고리를 끊고 양민이 될 수 있다는 희망에 하인은 부지런히 길을 나섰다. 하인이 절령에 이르러 보니 예상한 대로 김치양의 군사들이 지키고 있었다.

이곳 절령은 자비령의 또 다른 이름으로 황해도 서흥군 서부 60리 지점에 있는 고개로써 1270년(원종 11)부터 1290년(충렬 16)까지 원나라와 고려의 경계가 되었던 곳이다. 평양과 개성 사이의 중요한 통로로 절령역岊嶺驛이란 영역嶺驛이 있었는데, 1361년(공민 10) 11월에 홍건적紅巾賊이 쳐들어오자 이곳에 책柵을 구축하고 방비하였으나 패한 역사가 있는 곳이다.

천신만고 끝에 절령을 통과한 강 노인의 하인은 오래지 않아 강조의 처소에 도착하여 강조에게 강 노인의 서신을 전했다. 도성에 살고 있었으나 강 노인은 궁궐의 사정을 정확하게 알지 못했다. 그래서 편지에는 다음과 같이 간단한 글월만 적혀 있었다.

'왕은 이미 떠났다. 김치양이 마음대로 정권을 농락하고 있으니, 즉시 군사를 거느리고 들어와 국가의 악당을 숙청하고 새 임금을 모셔 들여 정난靖難의 공신이 되도록 하거라."

서신을 읽고 난 강조는 곧 순금 부사 이현운李鉉雲을 불렀다.

"때는 왔다. 우리는 국가의 중흥 공신이 된다. 얼른 새 임금을 모시고 공신이 되도록 부사副師도 곧 떠날 준비를 하라."

강조는 이현운과 함께 군사 5천 명을 거느리고 주야를 가리지 않고 도성으로 향하였다. 강조의 군대는 다음날 평주平州(현 황해도 평산)에 도착하였다. 길에서 수색하는 사람이 많았으나 강조의 군대를 보면 모두 달아나곤 하였다. 강조의 군대가 잠시 쉬고 있을 때 앞에서 걸어오는 사람이 있기에 그 사람을 붙잡고 도성 소식을 물어 보았다. 그러나 그 행인은 임금이 세상을 떠났다는 소식을 들은 사실이 없다고 말하는 것이 아닌가.

'이것이 어찌된 셈인가? 분명히 임금은 죽었다는데 또 살아 있다니 도대체 무슨 수작이 있는 것이냐?'

생각할수록 이상한 일이었다. 강조가 황망함에 어쩔 줄을 몰라 하자 옆에 서 있던 이현운은 이때다 싶어 강조를 부추겼다. 임금이 나약하여 이런 꼴을 보게 되는 것이니, 만일 임금이 살아 있으면 그런 임금은 없애고 다른 왕족을 내세우자는 것이었다.

간교한 이현운의 주장에 여러 장군들도 찬성하였다. 당시 문관에 비해 상대적으로 하대를 받던 무신들이다 보니 무엇이라도 큰 변화가 생기길 은근히 바라고 있던 그들이었다. 이현운은 이러한 분위기를 이용하여 하늘이 주신 기회를 놓치지 말고 갈 길을 가야 한다고 충동질한 것이다.

부장들의 주장에 밀린 강조는 마침내 자리를 박차고 일어섰다. 그때부터 강조의 군대는 궁성으로 향하는 발길을 더욱 빨리 하여 황해도 평산에서 출발한 지 하루 만에 송도로 들어섰다. 그때부터 궁성宮城은 물 끓듯이 술렁거리기 시작하였다.

새 임금의 즉위식

우선 강조는 서경西京(현 평양)에서 데리고 온 분사 감찰分司監察 김응인金應仁에게 군사 수백 명을 주어 삼각산 신혈사에 있는 대량 원군을 모셔오게 하였다.

때는 바야흐로 2월이었다. 17일 간이나 흐리멍덩하던 정국은 이제야 막다른 골목으로 들어선 셈이었다.

이현운이 먼저 군사 수천 명을 인솔하고 영추문으로 들어섰다. 시골서 올라온 군사들은 화려한 궁궐을 처음 대하고는 어리둥절해 하며 두리번거리기에 정신이 없었다. 흥분한 군사들은 제각기 떠들어 대며 물건을 약탈하기도 하고, 궁녀를 붙들고 행패를 부리기도 하였다.

목종은 일이 심상치 않게 돌아가는 것을 보고 우선 김치양의 부하 유행간을 불러 강조의 처소로 보내었다. 궁중의 소란함이 더욱 커지자 정원에 있던 탁사정과 하공진 등은 신변의 위협을 느끼고 강조의 처소로 도망가 보호를 요청하였다.

조금 후 강조가 다시 군사 수천 명을 거느리고 위엄을 부리며 대초문으로 들어섰다. 강조는 유유히 정자 앞까지 들어와 호상胡牀에 걸터앉았다. 강조 군사의 약탈은 점점 도를 더해 가고 있었다.

이때 전부터 안면이 있던 최항이 나오자 강조는 호상에서 일어나 허리를 굽혀 읍했다. 최항은 강조를 꾸짖으며 군사들이 약탈을 자행하지 못하도록 중지시킬 것을 명하였으나 강조는 아무 대답도 없이 그대로 서 있었다. 군사들은 강조의 거동을 보고는 내전으로 뛰어 들어갔다. 여기저기서 궁녀들의 비명이 들렸다. 최항은 강조에게 다시 군사를 거둘 것을 요구하였으나 강조는 버티고 듣지 않았다.

"썩어빠진 궁전은 소제掃除해야 하오."

강조와 군사들의 오만불손한 태도를 전해 들은 목종은 탄식을 길게 뿜어냈다.

"과인이 공연히 강조를 불렀구나."

이때 위기를 느낀 천추 태후가 갑자기 임금의 처소에 나타나 탄식하다가 나중에는 목을 놓고 울기 시작하였다.

"태후 마마, 일이 급하옵니다. 잠시 피신하도록 하십시오."

아들인 목종은 지금까지 자신의 어머니인 천추 태후가 김치양과 벌인 일은 모두 잊은 듯, 한마디 원망도 없이 어머니를 위로하였다.

태후는 목종에게 잠시 피신하라고 권하였으나, 목종은 궁인과 내시를 불러 태후를 먼저 모시도록 하였다. 태후는 하는 수 없이 내시들을 따라 왕과 함께 귀법사로 도망갔다. 뒤에는 충신 채충순과 유충정이 따랐다.

강조는 임금과 태후가 빠져 나가는 것도 모르고 군사들의 난폭한 행동을 보고만 있었다. 얼마 후 소란하던 궁전이 조용해지자 강조는 정전正殿인 건덕전으로 향했다. 이곳은 왕이 조회하던 곳으로 중앙에는 왕의 어탑御榻이 놓여 있었다.

강조가 어탑 앞에 앉자 군사들은 이 광경을 보고 모두 함성을 올리며 만세를 외쳤다. 강조가 깜짝 놀라며 이를 저지하자 군사들은 더 큰 소리로 고함을 지르며 강조를 받들 것을 표명하였다. 그러나 강조가,

"나는 궁중을 바로 잡고 어진 새 임금을 모시고자 왔을 뿐이다.

다시는 지금과 같은 행동을 해서는 안 될 것이다!"

라고 말하며 호통을 치자 군사들은 움찔 놀라며 곧 잠잠해 졌다.

잠시 후 황보유의와 김응인이 대량 원군과 함께 궁중으로 들어섰다. 강조는 즉시 연총전延寵殿으로 나가 즉위식을 거행하게 하였다.

"전왕이 어둡고 어리석어 정치를 잘못하고 있었사옵니다. 이번에 신이 새 임금을 모시게 되었으니 나라를 위하여 경하할 일이옵니다. 아직 간신의 무리가 남았으니 모조리 없애도록 영을 내려 주시옵소서."

이제 신왕이 된 대량 원군, 즉 현종은 연총전에 올랐다.

"짐이 아직 나이가 적어 미숙한 이때 국가의 중책을 맡아 보게 되었으니, 위로는 열성조의 신우神佑를 바라고 아래로는 만백성의 성원을 바라오."

간단한 즉위식이 끝난 후 강조는 즉시 전왕(목종)을 양국공讓國公이라 봉하고, 합문통사인 부암을 보내 지키도록 하였다. 그리고 김치양 부자와 이들을 추종하던 무리 일곱 명을 죽이고는 태후의 인척 이주정 등을 멀리 귀양 보냈다. 이로써 여러 날 어지럽기 짝이 없었던 궁중은 질서를 되찾게 되었다.

해는 저무는데 어디로 가야 하나

하루아침에 양국공이 된 전왕 목종은 오직 말 한 필만을 얻어 탄 채 태후를 모시고 동쪽 선인문宣仁門으로 나섰다.

이 선인문은 고려의 궁궐에도 있었고 조선의 궁궐에도 있었던 것으로 '선하고 어진 마음을 베풀다' 라는 뜻을 가지고 있다. 그러나 고려 임금 중 제7대 목종을 비롯하여 의종, 명종, 희종, 우왕, 창왕, 공양왕 등 많은 왕들이 선인문을 통하여 나갔지만 한 사람도 살아남지 못하였다.

조선의 선인문은 현재의 창경궁昌慶宮 정문에서 남쪽인 종로 방향으로 백 미터 정도에 위치하고 있다. 그 문으로 쫓겨난 임금으로는 폭정을 일삼던 연산군과 당파 사이에서 어쩔 수 없이 폭군이 되고만 광해군이 대표적이다.

연산군은 재위 12년을 끝으로 절도 강화 교동 섬에서 귀양 생활을 하던 중 서른이라는 젊음을 뒤로 한 채 죽음을 맞이했다. 그래도 시신만은 돌아와 당시 양주부 해등촌(현 서울시 도봉구 방학동)에 왕비 신씨愼氏와 나란히 누워 있다.

그로부터 118년의 세월이 흘러 피의 전쟁 임진왜란을 맞아 고군분투하면서 광해군이 임금의 자질을 키워갔다. 내치는 물론 외교 문제까지 능숙하게 처리한 임금이었지만 광해군은 이이첨, 정인홍 등 희대의 간신들에 의해 실패한 임금이 되어 62세에 연산과 같은 교동 길을 걸었다. 제주도로 옮긴 그는 끝내 장님이 되어 66세에 세상을 하직하고 만다. 이름의 원뜻과는 달리 굴곡진 왕실의 역사만을 보여주는 비운의 유적이라 할 수 있겠다.

목종은 파렴치한 어머니인 천추 태후와 연을 끊지 못하였다. 오히려 정성껏 모시고 귀법사로 들어가 하루 동안 머물다가 충주로 내려가 여생을 보낼 생각이었다.

목종 임금을 따르는 사람은 오직 충신 최항 한 사람뿐이었다. 이제는 양국공이 된 목종은 최항에게 말했다.

> "모든 것이 나의 불찰로 일어난 일이니 누구를 원망하겠소. 경은 새 임금에게 상주하여 나의 죄를 용서받도록 해 주오. 그리고 새 임금은 영특하니 잘 보필하여 선정하도록 해 주시오."

최항은 목종의 간곡한 말에 더 따라가지 못하고 귀법사에서 회정하여 송도로 돌아왔다.

한 치 앞을 보지 못하는 인간의 운명

강조는 모든 일을 처리하기는 하였으나 전 임금이 살아 있다는 사실이 몹시 불안하였다. 그래서 탕약을 관리하는 상약직장尙藥直長 김광보金光甫와 중금中禁 안패安覇를 불러 들여 전왕을 따라가 죽이라는 특명을 내렸다.

이런 사정을 모르는 목종은 오직 말 한 필에 의지하여 태후와 함께 내처 충주로 내려가고 있었다. 목종은 어머니인 태후를 말에 태우고, 자신이 직접 말을 몰았다. 태후가 배고프다 하면 자신의 옷과 바꾼 돈으로 음식을 사서 대접했다.

한때는 궁중에서 호화로운 생활을 하였지만 탐욕에 눈이 멀어 권력에 대한 욕심과 김치양을 거부하지 못하였던 천추 태후, 그리고 그것을 방관한 임금의 종말은 이처럼 가련하기 한량없을 뿐이었다. 그러나 모든 것이 자업자득이라고 아무도 그들을 동정하는 사람이 없었다.

저녁 무렵 목종과 천추 태후가 경기도 적성積城(현 파주) 땅을 지나고 있을 때 강조가 보낸 자객 김광보가 따라왔다. 그리고 그날 밤, 어느 조그마한 역사驛舍에서 김광보는 안패를 시켜 목종을 죽이고 말았다. 이리하여 목종은 17세에 왕위에 올라 13년간의 재위를 끝으로 양국공이라는 초라한 신분이 되어 신하의 손에 운명을 달리하였다. 당시 그의 나이 30세였다.

죄 많은 천추 태후는 아들이 죽어가는 광경을 지켜본 후 충주로 내려가던 길을 멈추고 황주黃州(현 황해도)로 가서 여생을 마쳤다 한다. 몇 명의 수하만 데리고 원元나라(몽고) 국경까지 도망가 있었던 김치양 역시 그 아들과 함께 처형당하였으며, 김치양을 따르던 무리들은 섬으로 유배당하였다.

고려 사회를 뒤흔든 불륜 이야기를 마무리하면서

천추 태후와 헌정 왕후, 목종과 현종을 중심으로 장황하게 펼쳐진 이야기는 이렇게 막을 내리게 되었다.

이번 글을 집필하면서 방송에 나오는 드라마 〈천추 태후〉를 관심 있게 보게 되었는데, 우리 역사가 이렇게까지 왜곡되어도 좋은가 하는 위기감을 새삼 느끼게 되었다. 텔레비전에서 방영되는 드라마가 현대적인 재미를 위하여 약간의 각색이 필요하다는 점은 알고 있으나, 천추 태후가 거란군을 맞아 전쟁터로 달려가 목숨을 걸고 싸웠다는 등과 같은 지나친 각색과 왜곡은 역사에 대한 지식이 부족한 청소년이나 일반인들에게 잘못된 역사를 사실인양 받아들이게 할 위험이 크기 때문이다.

얼마간의 사실에 픽션이 가미된 것이 역사 드라마이며 드라마는 드라마일 뿐이라고 이야기하며 정당화하기도 하지만 텔레비전이라는 영상 매체가 일반 대중에게 미치는 강력한 영향을 감안해 보았을 때, 드라마를 만드는 작가나 제작자의 관점이 얼마만큼 중요한지에 대해 언급하지 않을 수 없다.

천추 태후는 자신의 욕망의 한계를 자제하지 못하여 고려 초기의 역사에 많은 혼란을 가져다주었다. 도리에 어긋난 사랑과 정치적인 야심을 함께 실현하려 했던 그녀의 판단이 단순히 개인의 패망뿐 아니라 나라의 안위에까지 크나큰 영향을 미쳤다는 것을 생각해 볼 때, 사회적으로 책임져야 할 위치에 있는 사람들이 지녀야 할 덕목이 얼마나 크고 무거운 것인지를 우리는 역사의 교훈을 통해 항상 상기해야 할 것이다.

지워지지 않는 역사의 자취

목종 임금의 혼백을 찾아서

필자는 현종이 죽음과 삶의 경계선을 넘나들며 하루하루를 숨 가쁘게 살아갔던 북한산을 이미 다녀온 바 있다. 다시 길을 나선 필자는 목종의 자취가 남은 파주 적성면을 찾아가 보기로 하였다.

고대 유적을 밝히고 고려 제7대 임금 목종의 억울함을 알리어 많은 후세인들에게 교훈을 주고자 하는 바람을 가지고 뜻있는 파주 지역민들이 정성을 모아 유허비를 세워 놓았다는 소식을 필자가 접한 것은 얼마 전이었다. 파주시 적성면에 위치한 유허비 근처를 기행하다 보면 983년 전 고려조의 역사를 훤히 들여다볼 수 있을 터였다.

목종이 신하의 손에 의하여 운명을 달리한 곳은 정확히 파주시 감악산紺岳山 북쪽 골짜기였다. 필자는 아침 일찍 그곳을 향해 자동차를 몰았다. 초목은 하늘을 덮고 바람 한 점 없는 날이었다.

감악산 근처에 도착하여 인적이 드문 이곳저곳을 살펴보기도 하고, 주민들에게 물어 보기도 하였으나 유허비가 있는 곳을 아는 이는 아무도 없었다. 나는 이곳에서 70년을 살았지만 그런 곳은 없다고 딱 잘라 말하는 노파도 있었고, 혹시 잘못 찾아온 것이 아니냐고 하면서 필자를 이상한 눈으로 바라보는 60대 초로도 있었다. 심지어 맑은 물이 흐르는 골짜기마다 평상을 펴놓고 행락객을 맞이하는 상인들에게까지 물어 보았으나, 목종이 누구이며 고려 임금이 어찌 이곳에서 죽을 수 있겠는가 하면서 필자에게 되묻는 이도 있었다.

그러한 과정을 반복하다 더위에 지치고 만 필자는 아무 곳에나 그냥 주저앉고 싶은 심정이었다. 뜨거운 햇볕이 야속하기만 하고, 우리나라 문화재 관리 수준이 고작 이런 정도인가 하는 원망이 저절로 솟아났다. 필자는 결국 유허비를 찾아내지 못하고 2백 리 길을 되짚어 서울로 돌아오고 말았다.

그러나 필자는 지금껏 가 보기로 마음먹은 곳을 찾아내지 못하고 포기한 적이 한 번도 없었다. 이튿날 일어나 보니 온몸이 묵지근하고 기분 또한 개운치가 않았지만 그래도 다시 길을 찾아 나섰다.

혹시나 하는 마음에 파주시 적성면 면사무소부터 먼저 찾았다. 직원들에게 물어 보았으나 모두 모른다는 대답과 반갑지 않다는 눈치뿐이었다. 그래도 이곳에서 알지 못하면 안 되겠다는 절박감과 빈손으로는 돌아설 수가 없다는 간절함 덕분이었을까. 마침 그때 어느 직원한사람이 "총무 계장님"하고 부르는 것을 보고는 일반 직원보다 윗사람이 더 잘 알고 있지 않을까 싶어 그 분 앞으로 달려가서 내용을 말하였다. 총무 계장이라 불린 사람 역시 우리 관서에는 그런 곳이 없다고 하여, 필자는 그렇다면 적성면 마지리馬智里는 적성면 관내가 아니냐고 물어 보았다. 그제야 총무 계장이 죄송하다는 말을 앞세우며 이렇게 말했다.

"우리 면사무소 직원들은 아무도 아는 사람이 없습니다. 대신 마을 주민에게 알아봐 드리겠습니다."

총무 계장이 이곳저곳 전화를 해보자, 조금 있다가 노인회 부회장 봉길수奉吉壽 어른이 찾아왔다. 금년에 79세라며 수인사를 끝낸 봉씨 어른은 직접 안내를 해 주겠다며 필자를 잡아끌었다.

잠시 후 어른과 함께 찾아간 곳은 감악산 지맥인 마지리산 툇골이라는 곳이었다. 도착하고 보니 전에 필자가 두 번이나 찾아왔던 계곡이었다. 목적지 근처까지 왔으면서도 허망하게 발길을 돌린 것이 두 번이나 되었던 곳이다.

필자는 마침내 유허비를 찾았다는 반가움보다 문화재를 담당하는 관청의 무성의와 유허비를 관내에 세워놓고도 그곳을 알지 못하는 행정 직원들의 무관심이 마음에 걸려 영 기분이 개운치 않았다. 그리고 유허비가 조성되어 있는 곳에서 불과 4백여 미터밖에 떨어지지 않은 자리에서 요식업을 하고 있으면서 이 근처에 유허비 따윈 없다고 대답한 식당 주인에게도 가서 따지고 싶은 마음이었다.

길에서 허비한 시간도 시간이려니와 문화재에 대한 관심과 성의가 부족해도 너무 부족하다는 생각을 지우기 어려웠기 때문이다.

봉씨 어른을 따라 필자는 험한 산길을 헤치고 나가기 시작했다.

"어르신, 이렇게 위험한 곳에 유허비가 정말 있습니까?"

필자의 걱정 어린 질문에 봉씨 어른은 염려 놓으라는 듯 투박한 웃음을 지어 보였다.

"유허비를 1991년에 세웠으니 꼭 16년이 되는 해로구먼. 유허비를 설치할 당시만 해도 여러 관계인들이 이곳을 알리려고 노력을 많이 했지. 고려 역사가 이렇게 뚜렷하게 살아 숨 쉬는 지역이 어디 흔하던가? 이곳을 찾는 사람들이 편리하도록 도로를 내주겠다고 한 지가 언제인데 아직도 길이 이 모양이야. 여긴 연안 이씨 문중 땅인데 언제부터 땅을 기부하겠다고 해도 시에서 길을 만들 계획조차 하지 않으니 이렇게 답답한 노릇이 어디 있겠나?"

봉씨 어른이 노골적으로 불평을 쏟아 놓고 있었다. 덕분에 필자는 유허비와 관련된 여러 가지 사정들을 알 수 있었다.

목종의 유적비는 찾았으나

목종 유적비

위로 올라갈수록 푸른 초목들이 무성했다. 어디가 길이고 어디가 계곡인지 잘 분간이 되지 않는 길이 아무래도 불만스러웠던지 봉씨 어른이 한마디 했다.

"길을 내면 될 걸, 올 때마다 이렇게 어려움을 겪어야 하니 원."

무릎까지 차오른 풀숲에 우람하게 서 있는 유적비遺蹟碑를 발견한 것은 잠시 후였다. 필자는 얼마나 반갑던지 따가운 햇살도 아랑곳하지 않고 달려가 비문碑文을 살펴보았다.

우선 유허비의 내용은 모두 한문으로 되어 있어 그 자리에서는 다 읽지 못하고 카메라에 담아 와 다음날 번역을 했다. 번역문은 뒤에 싣기로 하고 필자는 목종 대왕의 유허비 앞에 경건한 마음으로 마주 섰다.

사사로이 왕을 갈아 치우고 끝내는 목종 대왕을 살해해 버린 강조의 일생이 문득 떠올랐다. 그러나 필자는 강조를 차가운 눈길로 바라볼 수 만은 없었다. 거란의 성종 앞으로 끌려간 뒤에도 고려 장군의 기상을 잃지 않은 그의 바위처럼 굳센 모습이 떠올랐기 때문이다.

으음, 하고 필자는 깊은 숨을 몰아쉬며 목종 대왕에게 가만히 속삭여 보았다.

> "상감, 강조가 원망스럽겠지만 강조의 빛나는 충성심을 보아 이제 용서해 주심이 어떠하실는지요. 강조의 저 빛나는 충성심을 좀 보십시오."

속삭임을 마친 필자가 가만히 귀를 기울이고 있으려니 목종 대왕의 부드러운 목소리가 들려오는 것만 같았다.

> "그대는 아무 걱정 말라. 짐은 이미 오래전에 강조를 용서했노라. 개인적으로야 원수가 틀림없겠으나 허허벌판 중원에서 고려를 위하여 목숨을 미련 없이 던진 강조도 진정 고려인이요, 용맹한 장군임이 분명하다. 그가 남긴 최후의 모습은 후일 많은 백성들이 본받을 만한 사표가 되었다. 무척 더운 날인데, 시원한 폭포 아래 앉아 좀 쉬다 가도록 하라."

천 년 세월을 뛰어넘어 목종 대왕과 교감을 나누던 필자는 한참 만에야 따가운 햇살을 등에 받으며 산을 내려오기 시작했다. 2백 리 한

양까지 가는 길이 고되게 느껴지지 않은 것은 목종 대왕의 온화한 목소리 때문이었으리라.

사실 자동차를 운전하는 내내 개운치 않은 여운이 남았던 것을 부인할 길이 없다. 목종 임금 앞에서 천추 태후에 관한 소식을 묻지 못했다는 생각 때문이었다. 그러나 필자는 이내 개운치 않은 마음을 털어 내려고 차창을 활짝 열었다.

목종 임금인들 정당하지 못한 사랑과 야심을 실현시키고자 자식인 자신마저 버리려 했던 어머니의 혼란스런 삶의 이야기를 후세인들에게까지 하고 싶었겠는가.

고려 목종 선양 대왕 공릉宣讓大王恭陵 유적비문

고려 제7대 목종이 역신逆臣 강조康兆 무리들에게 시해되어 이 곳 파주군坡州郡 적성면積城面 마지리馬智里 산99번지의 2에 예장한 공릉 유적이다.

목종의 휘諱는 용踊이요, 자字는 효신孝伸이며 경종景宗 헌화 대왕獻和大王의 장자로서 서기 980년 5월 20일에 탄생, 이듬해 7월 불행히도 부왕이 승하하시어 당숙 성종成宗이 즉위한 후 궁중에서 자랐으며 서기 990년 6월 개령군開寧君에 봉해지고 서기 997년 10월 성종이 승하함으로 왕위에 오르게 되었다.

왕은 어려서부터 효행이 지극하고 학덕이 고매할 뿐 아니라 절의를 지키었으며 국방을 튼튼히 하고자 변방 요새지에 병영을 구축해 수비 강화와 군량을 비축하였다. 한편 진유眞儒의 도를 숭상함으로써 학문을 교화시켜 과거제도를 실시해 인재를 등용하고, 전시법田柴法을 제정해 조세 경감으로 빈민 구휼에 힘쓰고, 궁중 예악藝樂을 폐지하는 등 국가 구제에 이바지하여 국정을 다스렸다. 그러나 왕께서 후사가 없어 고심하여 오던 중 외척 김치양의 아들(모謀)을 왕통으로 계승하고자 하는 간신들과 왕의 당숙 대량군大良君(순詢)을 후계자로 하자는 무리들로 하여금 왕권 다툼이 벌어졌다.

이리하여 왕은 서경도西京都 순검사巡檢史 강조에게 김치양 일당을 처치하고 궁성을 호위하라는 밀서를 내렸으나, 갑자기 변절한 강조는 급사중給事中 채충순蔡忠順이 중추원사中樞院使 최항崔抗 등과 합세하여 김치양 부자와 유행간庾行簡 등을 주살하고 황보유의皇甫兪義로 하여금 신혈사神穴寺(현 진관사津寬寺)에 있는 대량군을 왕위에 오르게 하니 이가 바로 제8대 왕 현종이다. 이때 폐위된 목종은 천추태후와 눈물을 흘리면서 법왕사法王寺로 잠시 물러나 있다가 시골로 돌아가 조용히 살고자 충주忠州의 선정 왕후 유씨 친가로 향하였다. 그러나 가는 도중 적성積城에 이르렀을 때 강조는 자객을 보내어 왕을 시해하고 왕이 자진自盡한 것처럼 알리고 문짝을 떼어 관을 만들어 권착權厝을 하였으니 목종은 서기 1009년 2월 10일 30세로 일생을 마쳤다. 이리하여 폭포가 흐르는 감악산紺岳山 서북맥 월출봉하月出峰下에 예장하게 되어 공릉恭陵이라 이름하였으며, 3년 후 서기 1012년 화장하여 송도松都 성동城東에 천봉遷封 의릉義陵으로 하고 시호를 선양宣讓, 묘호廟號를 목종이라 한 후 효사孝思, 위혜威惠, 극영克英, 정공靖恭이라 가시加諡하였다.

대왕은 현저顯著한 재능과 천품이 고결한 성군으로서 선정을 베풀었으나 참다운 신하를 거느리지 못하고 모자가 함께 참화慘禍를 당하였으니, 아-슬프도다. 980년이 되는 오늘날 천추의 한이 서린 산골짜기 이 자리에 유허비를 세워 고려 유적으로서 영원히 후세에 전하고저 하노라!

불륜의 왕실사

절세미인, 왕을 미혹케 하다

숙창 원비

왕세자의 눈물

고려 제24대 임금 원종과 제25대 임금 충렬왕 시기를 거치면서 고려는 차츰 안정기로 접어들었다. 고려와 몽고 간에 벌어진 일곱 차례의 전쟁이 마침내 끝난 것이다.

그러나 몽고의 복속국이 된 상태에서 맞이한 안정기였기 때문에 고려에는 주권이라는 것이 존재하지 않았다. 사소한 일조차 몽고 왕의 허락이 있어야만 시행할 수 있었고, 하다못해 고려 처녀들의 혼인을 금지해 가면서까지 몽고에서 요구하는 공녀의 숫자를 채우고자 안간힘을 다한 시기였다.

이렇듯 주권을 잃은 국가로 전락함에 따라 고려 임금은 몽고 왕의 일개 신하 정도로 치부되고 있었다. 대제국 몽고의 복속국. 어느 모로 보나 치욕적인 시기였지만 몽고의 거대한 그늘 속에서 평화와 안정을 누린 것만은 분명한 사실이었다.

안팎의 사정이 이렇다 보니 고려를 위해 소신껏 일하고 싶어도 자신의 뜻을 끝내 펼칠 수 없었던 고려의 임금들은 곧잘 방탕한 생활에 젖어들곤 하였다. 부왕 충렬왕의 후궁 숙창 원비와 돌이킬 수 없는 엽색에 빠져 누대에 걸쳐 비난을 받고 있는 고려 제26대 임금 충선왕 또한 상기한 시대적 불행이 낳은 임금의 전형적인 모습이었다고 할 수 있을 것이다.

그러나 충선왕이 처음부터 부왕의 계비를 탐할 정도로 비뚤어진 인물이었던 것은 아니다. 오히려 왕세자 시절, 충선왕의 일화를 살펴보면 참으로 바르고 인정 많은 인물이었다는 것을 알 수 있다.

어린 시절의 충선왕은 부왕 충렬왕이 늘 걱정이었다. 놀이와 사냥에 정신이 빠져 사방에 응방을 설치하고 연회와 기악에 집착한 나머지 왕비와 세자가 간하여도 듣지 않았다는 사관史官의 평에서 알 수 있듯, 충렬왕은 충선왕과 충선왕의 어머니 제국 대장공주의 가슴에 못을 박는 행위를 참으로 많이 저질렀다.

1283년(충렬 9) 2월, 충선왕의 나이 아홉 살에 불과했을 때에 일어난 일이다. 그날도 충렬왕이 충청도 방면으로 사냥을 나가려 한다는 소식이 들리자 충선왕은 갑자기 구슬프게 울기 시작했다. 깜짝 놀란 유모가 까닭을 묻자, 충선왕은 여전히 울음을 멈추지 않으며 대답하였다.

"백성들의 생활이 곤궁한데다가 농사철이 닥쳐왔는데 아버지는 어찌하여 멀리 사냥을 떠나려 하시는가?"

이 말을 전해 들은 충렬왕은 놀란 표정을 감추지 못하면서도 사냥만은 포기하지 않았다. 충렬왕이 필요 이상으로 사냥에 집착했으며 주색에 빠져 충선왕과 제국 대장공주의 가슴을 몹시 아프게 만들었다는 것은 주지의 사실이다. 속상해 하는 어머니를 늘 곁에서 지켜보면서 충선왕은 알게 모르게 아버지에 대한 반항심이 쌓여 갔을 것이다.

이 때문이었을까. 충선왕은 훗날 끔찍한 살해극과 함께 부왕의 계비를 취해 버린 인면수심 행각을 벌이고 만다. 몽고 간섭기라는 하나의 거대한 벽과도 같은 시대 상황 하에서 임금들은 좌절할 수밖에 없었을 것이라는 점을 감안하더라도 쉽게 납득이 되지 않는 대목이다.

어머니의 원한을 풀어 주다

그 시절, 고려의 왕세자들이 대부분 그렇듯 충선왕 또한 몽고 왕의 요구에 따라 1287년(충렬 13)에 볼모가 되어 몽고로 떠나가야 했다. 그 후로도 여러 차례 몽고와 고려 사이를 오가곤 했는데 그때마다 충선왕은 어머니 제국 대장공주 걱정에서 놓여나지 못했다. 사냥과 주색에 빠진 충렬왕 때문이었다.

특히 그 즈음에는 충렬왕이 무비라는 천한 계집을 총애하여 궁궐

내부에서 그 폐해가 적지 않게 일어나고 있었다. 측근 세력을 형성하여 제국 대장공주 못지않은 힘을 지니게 된 무비는 왕의 총애를 무기삼아 온갖 세도를 부렸다. 이에 따라 제국 대장공주는 분노와 절망에 휩싸인 채 하루하루를 힘겹게 보내고 있었다.

그런데 1296년(충렬 22) 11월, 고려의 권력 중심에 설 수 있는 중대한 사건이 충선왕에게 찾아든다. 몽고 진왕 감마라의 딸 계국 대장공주와 혼인한 사건이 바로 그것이었다. 몽고의 공주를 아내로 맞아들인다는 것은 몽고 왕실의 전폭적인 지지와 신뢰를 한 몸에 받게 되었다는 사실을 의미했다. 이로써 충선왕은 충렬왕에 버금가는 힘과 실력을 갖추게 된 셈이었다.

충선왕의 결혼식에는 충렬왕과 어머니 제국 대장공주도 참석했다. 오랜만에 만난 어머니 얼굴에는 병색이 완연했다. 아버지 때문에 얼마나 마음 끓였으면 저럴까 싶어 충선왕은 가슴이 아팠다.

그런데 이듬해 5월, 고려에서 충격적인 소식이 날아들었다. 충선왕의 결혼식을 지켜본 뒤 고려로 다시 돌아갔던 어머니가 병으로 세상을 떠났다는 소식이었다.

"어머니는 한을 품고 돌아가신 게야."

상을 치르기 위해 부랴부랴 고려로 달려가면서 충선왕은 부드득 이를 갈았다. 비록 병으로 죽었다고 하지만 어머니를 죽음에 이르도록 만든 것은 아버지 충렬왕과 무비가 분명했다.

마침내 고려에 도착하여 상을 치르고 난 충선왕은 다스릴 길 없는 원망과 분노를 어쩌지 못하고 궁인 무비를 잡아들였다. 아버지의 총애를 받고 있으니 무비는 충선왕에게 어머니뻘이 되는 셈이었다. 그러나 충선왕은 무비를 바닥에 꿇리자마자 대뜸 소리쳤다.

"네가 우리 어머니를 돌아가시게 만든 거다. 임금의 총애를 등에 업고 네가 얼마나 무수한 바늘을 우리 어머니 가슴에 꽂았더냐!"

"사, 살려주오. 난 다만……."

충선왕의 눈에서 이글이글 타오르는 살기를 목격한 무비는 가슴이 덜컥 내려앉았다. 무비의 눈은 충렬왕을 애타게 찾기 시작했다. 왕세자의 분노를 가라앉히고 자신을 구해줄 사람은 충렬왕뿐이었기 때문이다. 때마침 소식을 듣고 충렬왕이 달려왔다.

"세자! 네가 지금 무슨 짓을 하고 있는 것이냐?"

허겁지겁 달려온 충렬왕이 충선왕을 만류하고 나섰지만 소용없었다. 부왕의 손을 뿌리치고 앞으로 나간 충선왕이 무비를 참살해 버리고 말았던 것이다.

충렬왕은 세자의 참월僭越과 애첩의 죽음에 충격을 받은 나머지 온몸을 부들부들 떨며 아무 말도 하지 못했다. 그러나 분노에 눈이 먼 충선왕은 여기서 그치지 않고 평상시 무비에게 아부하며 참람한 짓을 저지르도록 유도한 측근 인물 최세연, 도성기 등 40여 명을 잡아들여 참살하거나 유배시켰다. 어머니를 죽음에 이르게 만들었다는 죄를 씌워 충선왕이 무비와 그 측근들에게 단행한 대숙청이었다.

아버지에게 절세미인을 바치다

충렬왕의 만류에도 불구하고 무비를 살해해 버린 충선왕의 행위는 쉽게 납득되지 않는 것이 사실이다. 왕세자 신분에 불과한 충선왕이 임금의 권위에 정면으로 도전한 셈이었으니 말이다.

그러나 자신의 방탕한 생활 때문에 제국 대장공주가 늘 가슴앓이를 했으며, 그 모습을 지켜보며 아들인 충선왕 또한 오랜 세월 괴로워했다는 사실을 충렬왕도 잘 알고 있었다. 게다가 충선왕은 계국 대장공주와 혼인함으로써 충렬왕 못지않은 힘을 지니게 되었다. 그에 비해 충렬왕은 제국 대장공주를 잃음으로써 몽고라는 강력한 후원자를 상실한 상태였다. 몽고라는 지지기반을 상실한 이상 충렬왕은 왕위를 지켜나가는 것마저 버거워진 상태였다.

무비의 죽음을 지켜보며 상심한 나머지 정사에 뜻을 잃은 데다 왕위를 지켜가는 것이 힘겹다는 현실적 판단에 봉착한 충렬왕은 결국 1298년 정월, 충선왕에게 왕위를 물려주고 만다.

이에 따라 고려 제26대 임금이 된 충선왕은 30여 개 항에 이르는 즉위 교서를 발표하며 강력한 개혁 정치를 천명하고 나선다. 그런데 여기서 주목할 것은 몽고의 어머니 밑에서 자란 탓에 친몽적 성향이 강한 인물이었음에도 불구하고 충선왕의 개혁 정책은 다분히 몽고에 반기를 들고 있었다는 점이다. 원나라의 간섭과 강압에 따라 고쳐진 관제를 고려 고유의 것으로 복구시키고자 했던 것이 그 대표적인 예라 하겠다.

강력한 개혁 정치를 펼쳐나가는 한편 정치 뒷전으로 물러나 앉은 충렬왕의 허전한 마음을 위로해야겠다고 마음먹은 충선왕은 여자 하나를 엄선하여 충렬왕에게 바친다.

이때 충선왕의 간택을 받은 여자가 바로 숙창 원비였다. 고려 최고의 미녀라 해도 과언이 아닐 정도로 용모가 빼어났던 숙창 원비는 김취려 장군의 증손녀로 더 널리 알려진 여자였다.

김취려 장군은 고려 제23대 임금 고종 시대에 몽고와 거란의 틈바구니에서 나라의 운명이 경각에 달렸을 때 몸을 돌보지 않는 무인 정신으로 혁혁한 전과를 세움으로써 고려를 지켜낸 명장이었다. 이러한 공을 인정받아 1228년에 수태위 중서시랑평장사 판병부사가 되었고, 훗날 시중에 제수되었다. 사람됨이 정직하고 검약했을 뿐만 아니라 군사를 통제할 때에는 항상 엄격하고 공정하여 모든 사졸들에게 존경을 받았고, 고려를 지켜낸 위대한 장군답게 고종 묘정에 배향되어 후세인들의 우러름을 한 몸에 받고 있었다.

이렇듯 가문의 높은 품격에 더하여 절세미인이라 할 만한 용모를 지니고 있어 숙창 원비는 충렬왕의 새로운 배필로서 손색이 없는 여자였으며, 충렬왕 또한 숙창 원비의 아름다움에 매료되어 사랑을 아끼지 않았다.

충렬왕과 충선왕, 숙창 원비의 이야기는 이쯤에서 마무리되는 것이 옳았을 것이다. 그러나 이때부터 부끄러운 역사는 시작되고 있었으니 인간의 무모한 욕심이 그 사람의 일생을 어떻게 파멸시키는지 그 몰락의 과정을 찬찬히 살펴보도록 하자.

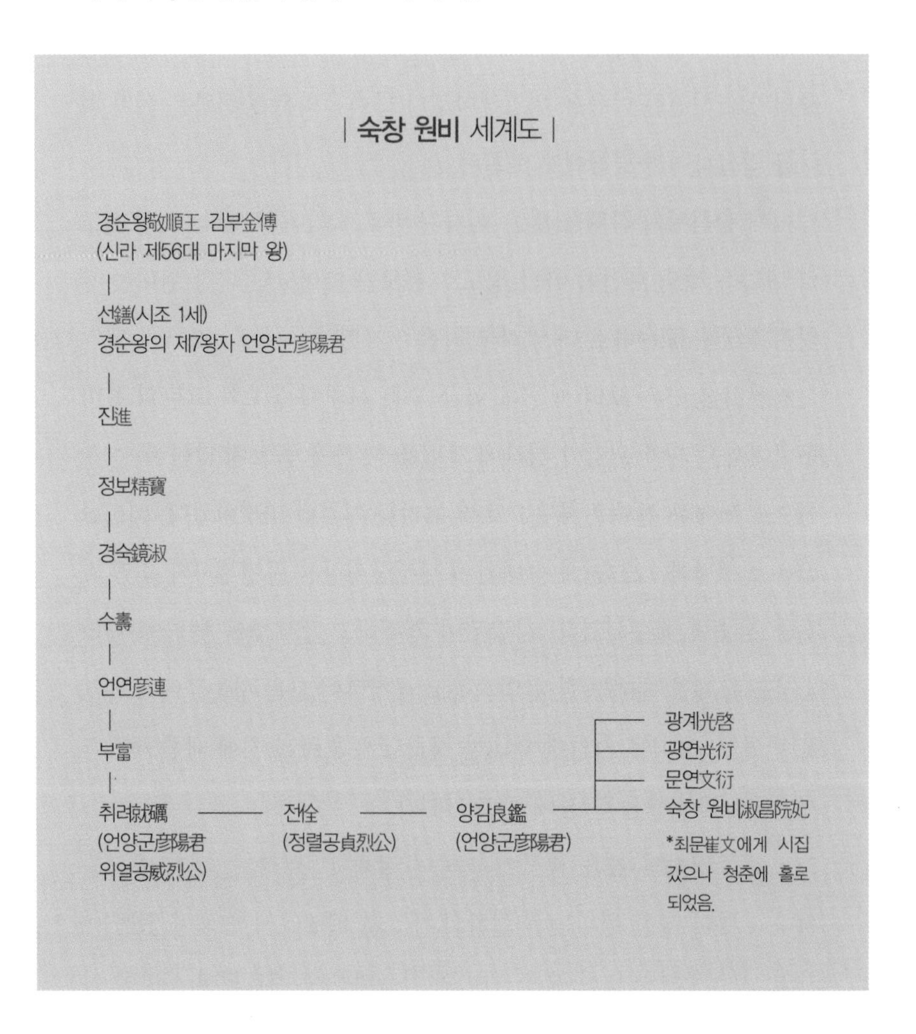

권세에 눈 먼 사람들

왕위에 오르자마자 의욕적으로 개혁 정치를 펼쳐 가던 충선왕에게 위기가 닥친 것은 1298년(충렬 24) 8월이었다. 계국 대장공주에 의해 일어난 조비 무고사건趙妃誣告事件 때문이었다.

충선왕은 계국 대장공주와 혼인하기 훨씬 이전인 1292년(충렬 18)에 평양군 조인규의 딸을 세자빈으로 맞아들인 바 있었다. 충선왕은 조비를 무척 사랑하였는데 계국 대장공주와 결혼한 다음에도 부부간의 금실은 변함이 없었다. 충선왕이 조비만 편애한다고 생각한 계국 대장공주는 질투심에 사로잡힌 나머지 조비가 자신을 저주했다고 무고하는 편지를 써서 몽고의 왕후에게 보냈다.

이 때문에 조비와 조인규 등은 몽고로 압송되었으며 충선왕 또한 그간 단행한 개혁 조치들을 원상태로 되돌려 놓고 즉위한 지 8개월 만에 강제 퇴위당하고 말았다. 얼핏 보기에는 계국 대장공주의 질투 때문에 충선왕이 퇴위당한 것으로 보이지만 그의 개혁 정책에 내포된 반몽고 정책이 강제 퇴위라는 결과를 낳게 된 것이었다.

이렇듯 임금 자리에서 쫓겨난 충선왕이 계국 대장공주와 몽고로 돌아가 버리자 고려의 실권은 다시 충렬왕에게 돌아간다. 충렬왕이 권좌에서 물러나 있는 동안 상실감에 시달렸던 왕의 측근 왕유소, 송린, 석천보 등은 잃어버린 권세를 되찾는데 혈안이 되어 충선왕의 측근들을 하나하나 제거해 나가기 시작했다.

그런데 이들은 충선왕 측근 세력을 제거하는 데만 머물지 않고 적극적으로 부자간을 이간시키더니 급기야 계국 대장공주를 신종의 3세손이기도 한 서흥후 전에게 개가시키려는 음모를 꾸민다. 서흥후 전에게 고려의 왕위를 물려줌으로써 자신들의 권세 또한 길이 보전하려는 계획이었다. 이를 위해 충렬왕 측근들은 충선왕의 환국 저지 운동을 펼쳐 나가는 한편, 충렬왕으로 하여금 몽고로 들어가 충선왕의 왕세자 지위 박탈을 몽고 왕에게 건의하도록 한다.

그러나 충렬왕 측근들의 결사적인 노력에도 불구하고 대세는 충선왕 쪽으로 기울어가고 있었다. 당시 몽고는 왕위 쟁탈전이 한창이었는데 충선왕이 적극 돕고 있던 하이샨(무종)이 마침내 몽고 왕으로 즉위한 것이다. 이에 따라 몽고 왕의 절대적인 신임을 받게 된 충선왕은 평상시 자신과 충렬왕 사이를 이간질하던 왕유소 일당을 처형시켜 버렸다.

측근들이 죽어나가는 모습을 지켜보며 또다시 절망하고 만 충렬왕은 쓸쓸하게 귀국길에 올랐다가 1308년(충렬 34) 7월 숨을 거두게 된다.

이로써 고려의 모든 실권이 자신에게 되돌아오자 충선왕은 귀국을 서두른다. 이때 충선왕의 머릿속에는 절세미인 숙창 원비의 얼굴이 어른거리고 있었을지도 모를 일이다. 특히 충선왕의 측근으로서 국정 쇄신에 대한 선언문을 발표하고 새로운 관리 80여 명을 임명하여 자신이 고려의 실권을 되찾는데 많은 공을 세운 김문연이라는 존재 때문에 충선왕은 숙창 원비를 늘 머릿속에 떠올렸을 것이다.

김문연은 어려서 승려가 되었으나 환속한 인물로 여동생인 숙창 원비가 충렬왕의 총애를 받으면서 30세라는 나이에 좌우위 산원左右衛散

員, 그 뒤 첨의시랑찬성사僉議侍郞贊成事에 이르렀다. 또한 1305년(충렬 31) 충렬왕을 따라 원나라에 갔을 때 송방영과 왕유소 등의 계획을 알고 원나라의 중서성에 그 사실을 고발한 인물이 바로 김문연이었다. 이런 공로로 김문연은 충렬왕이 죽고 충선왕이 재 즉위한 뒤 첨의 중호僉議中護가 되었으며, 원나라로부터 신무장군 진변만호信武將軍鎭邊萬戶에 언양군彦陽君으로 봉해졌고 그 뒤 진변만호부 달로화적鎭邊萬戶府達魯花赤이 더해졌다.

김문연은 숙창 원비의 오빠로 충성스러운 신하였지만 가슴속에 권력욕이 그득한 인물이기도 하였다. 그러한 사실을 잘 알면서도 충선왕이 김문연을 내치지 않았다는 것은, 그를 가까이 하는 한 절세미인 숙창 원비는 늘 자신의 손아귀에 있는 것이나 마찬가지였기 때문이 아니었을까.

패륜의 역사는 시작되고

시작을 잘 하는 사람은 많지만 끝까지 잘 하는 사람은 드물다고 했던가. 충선왕은 이 말에 꼭 부합되는 사람이었다. 두 번째로 왕위에 오른 충선왕은 고려로 돌아오자마자 정치 기강 확립, 조세의 공평, 인재 등용의 개방, 공신 자제의 중용, 농잠업의 장려, 귀족의 횡포 엄단 등과 같은 조치가 담긴 혁신적인 복위 교서를 발표하며 다시 한 번 개혁 정치의 의지를 천명하였다.

그러나 충선왕의 복위 교서는 일회성 구호에 그치고 말았다. 그가 정치에 뜻을 잃기까지 김문연의 여동생 숙창 원비가 적지 않은 영향을 끼쳤다 하니 안타까운 노릇이 아닐 수 없다. 고려의 역사를 연장시킨 위대한 장군이자 고려 16공신 중 한 사람이기도 한 김취려 장군의 후손이 고려 역사에 크나큰 흠집을 남긴 셈이 되었으니 말이다.

그 즈음 숙창 원비는 충렬왕을 잃고 나서 오빠 김문연의 집에 묵고 있었다. 생각해 보면 숙창 원비도 기구한 운명을 타고난 여자였다. 일찍이 최문이란 사람에게 시집갔으나 젊어서 홀로 되었고, 다시 충렬왕에게 일생을 의탁하고자 하였으나 그마저 불귀의 객이 되어 버렸으니 생각할수록 원통한 노릇이었다. 아마도 숙창 원비는 이때까지만 해도 외로움을 곱씹으며 혼자 살아가는 것이 자신의 운명이려니 여기고 있었을 것이다.

그런데 충선왕이 재차 왕위에 오르면서 그녀에게 거스를 길 없는 운명의 파고가 서서히 다가오기 시작했다. 당시 김문연을 총애하고 있었던 충선왕은 이따금씩 김문연의 사저에 들르곤 했는데, 이때마다 백성 된 도리로 임금을 맞이하였던 숙창 원비는 곧 자신을 바라보는 충선왕의 은근한 눈빛을 느끼고는 가슴이 두근거리기 시작하였다.

'참으로 아름다운 여인이로다.'

충선왕은 결코 아니 될 일이라고 생각하면서도 숙창 원비를 볼 때마다 벌이 꽃에 날아들듯 마음부터 이끌리고 마는 자신을 느꼈다. 충선왕의 가슴이 이처럼 뜨거워질수록 숙창 원비의 두근거림 또한 요란해졌다. 이렇게 팽팽한 긴장감을 유지하던 두 사람의 관계는 오래지 않아 뜨겁게 달아오르고 만다. 오빠 김문연의 적극적인 주선 덕분이었다. 내심 숙창 원비를 충선왕에게 보냄으로써 자신이 차지하게 될 엄청난 부와 권세에 대한 계산 때문이었을 것이다.

어느 날 김문연의 사저를 찾아온 충선왕이 극진한 술대접을 받고 취기가 알맞게 돌자, 김문연은 슬그머니 자리에서 빠져나와 숙창 원비를 찾았다.

"임금의 마음이 온통 너에게로 향해 있구나. 너도 그 사실을 모르지 않을 터. 어서 방으로 들어가 보거라."

"하지만……."

권력에 눈이 먼 김문연과 달리 일말의 양심이 남아 있었던 숙창 원비는 쉽사리 충선왕이 머무는 방으로 발을 옮겨놓지 못했다. 아무리 그래도 자신은 선왕의 여자가 아니었던가. 그러나 김문연은 그런 그녀의 등을 떠밀다시피 하며 재촉했다.

"전하께서 기다리신다, 어서."

김문연의 채근을 견디다 못한 숙창 원비가 마침내 방문을 열고 들어가 충선왕 앞에 다소곳이 앉았다. 그렇지 않아도 취기가 도는 가운데 아리따운 숙창 원비의 얼굴을 떠올려 보고 있던 충선왕은 이게 꿈인가 생시인가 싶었다. 하여 슬그머니 다가가 그녀의 손목을 그러쥐었다. 숙창 원비는 괜스레 숨을 할딱이며 잠시 반항하는 척하다가 충선왕이 다소 강하게 잡아당기자 슬그머니 그의 품에 안기고 말았다.

우탁禹倬의 충정

부왕이 총애하던 여자라는 부담감에도 불구하고 충선왕은 절세미인 숙창 원비를 하루도 거르지 않고 찾았다. 여체의 향기에 취해 정신없는 나날을 보내고 있었던 것이다. 그러다 보니 즉위 교서에서 천명한 개혁 정치는 물거품처럼 꺼져 들어갔다. 뿐만 아니라 숙창 원비는 어머니의 상을 당했음에도 애도하기는커녕 충선왕의 품에 안겨 온갖 교태를 부리며 향연을 즐겼다. 충선왕도 숙창 원비도 부적절한 사랑에 취해 자신의 본분을 깡그리 망각해 버린 셈이었다.

이때 한심하기 짝이 없는 임금의 모습을 지켜보다 못해 정면으로 그 부당성을 주장하며 들고 일어난 신하가 있었으니 바로 우탁이었다. 그는 일찍이 등과하여 경상도 영해부 사록이 되었을 때, 영해 고을에 팔령이라는 요사스러운 사당이 있어 민심을 현혹시키자 이를 부숴 동해 바다에 던져 버린 일화로 유명한 충신이었다.

당시 고려 조정에서 감찰규정이 되어 관원들의 비행과 비리를 바로잡는 업무를 주관하고 있던 우탁은 선왕이 총애하던 숙창 원비와 선왕의 아들인 충선왕이 서로 밀통하는 모습만은 결코 묵과할 수 없었다. 그리하여 목숨을 잃을 각오로 임금을 찾아가 부당성을 역설하였다.

이때 우탁은 관복을 벗고 흰옷을 입었는데 백성의 입장에서 임금의 잘못을 지적한다는 뜻이 담긴 행동이었다. 거적자리와 함께 손도끼를 들고 입궐한 그는 왕과 독대하는 과정에서 수없이 많은 여자를 놔두고 부왕이 총애하던 여자를 선택한 까닭부터 집요하게 캐물었다. 그 태도가 얼마나 날카로웠는지 왕을 측근에서 모시는 근신 모두가 두려움을 감추지 못했고, 왕은 심히 부끄럽게 여겼다고 한다.

이때 느낀 부끄러움 때문이었을까. 충선왕은 즉위한 지 두 달 만에 숙부 제안 대군 왕숙에게 치세를 대행케 하고는 몽고로 돌아가 버렸다. 어릴 적부터 여러 차례 어머니 나라 몽고에 다녀온 데다 두 번째로 즉위하기 직전까지 10년 남짓 몽고에서 살다 보니 그곳의 편안한 생활에 젖어 버린 탓이기도 했을 것이다.

이후 충선왕이 보인 행태를 보면 고려의 왕이라고 할 만한 행동은 한 가지도 보이지 않았다. 왕이 몽고에 틀어박힌 채 꼼짝을 하지 않으니 고려의 신하들은 윤허 받을 일이 있을 때마다 머나먼 몽고까지 직접 달려가야 했다. 게다가 왕이 먹고 마시고 쓸 물품들을 일일이 실어 나르다 보니 여러 모로 국고의 손실이 심각한 지경에 이르렀다. 참다 못한 신하들이 제발 돌아와 달라고 누차에 걸쳐 간곡하게 요청했지만 충선왕은 끝내 듣지 않았다. 숨을 거두기 직전까지 원나라에 머물며 허울뿐인 왕 노릇을 한 사람이 바로 충선왕이었다.

임금과 신하의 인연은 끝나지 않고

김취려 장군은 어디에 있는가

모든 인간의 행위는 그 시대의 산물이라는 말을 기억할 필요가 있을 듯하다. 이 책은 삶에 지친 현대인에게 흥밋거리만을 제공하고자 기획한 원고가 아니다. 옛 인물들의 행위를 시대 배경이라는 기본 조건 속에서 파악하고, 우리의 삶에 경계를 삼거나 발전의 계기로 삼자는 의도가 담겨 있는 것이다.

충렬왕에 이어 그 아들 충선왕에게 모든 것을 바쳐야 했던 숙창 원비. 그녀가 그런 선택을 할 수밖에 없었던 것은 몽고 지배하라는, 그리고 고려 시대라는 특성을 이해한 후라야 이해가 가능할 것이다. 고려 시대에는 여권이 현대 사회 이상으로 보장되었으며 처녀성을 중요시 하지 않아 여인들의 재혼 또한 자유로웠다는 점 정도는 누구나 알고 있을 것이다. 게다가 왕실 내에서는 근친혼이 성행하였으며 몽고 지배하라는 암흑기를 맞아 고려 사람들의 삶은 파행으로 흐르기 쉬운 상황이었다.

그러나 인간으로서 지켜야 할 도리라는 도덕적인 관점에서 판단하자면 숙창 원비와 충선왕의 관계는 지탄받을 수밖에 없을 것이다. 더구나 그들의 불륜으로 인해 고려 사회가 커다란 혼란을 겪었고, 이로 인해 백성들이 받았던 고통들을 생각하면 더욱 그러하다.

사람에게 불멸의 영혼이 존재하는 것이 맞는다면 모르긴 해도 고려조의 명장 김취려 장군은 자신의 증손이 저지른 희대의 불륜 사건과 그 혼란을 지켜보며 지하에서 대성통곡하였을 것이다.

필자는 장군의 넋을 조금이나마 위로하고, 행여 장군의 묘소 근처에 남아 있을 지도 모를 숙창 원비의 흔적을 찾아보고자 아침 일찍 길을 나섰다.

그러나 김취려 장군의 묘소가 두 군데에 있다는 특이한 사정 때문에 집을 나설 때부터 갈팡질팡할 수밖에 없었다. 자손들의 말과 역사 기록에 의하면 처음부터 모시던 묘소는 장군의 관향지인 경상남도 울주군 언양 땅에 있지만, 문화의 보고 강화도에도 장군의 묘소가 엄연히 존재했던 것이다. 장군을 만나려면 어디로 가야 하는가, 좀처럼 갈 길을 잡지 못하던 필자는 결국 강화를 바라고 차를 몰기 시작했다.

장군의 묘소는

필자는 언양彦陽 땅에 자리 잡은 장군의 묘소는 다녀온 적이 있었다. 한 번 가 본 곳보다는 강화의 생소한 묘소로 가서 선생에게 참배해야겠다는 생각이 들어 강화로 길을 잡았는지도 모르겠다.

어쨌든 이 기회에 언양에 있는 장군의 묘소에 대해 잠시 소개하고 넘어가도록 하자. 언양은 신라 때는 거화현居火縣, 헌양현으로 불리다가 양주군良州郡과 양산군梁山郡이 되었고 현재는 울산광역시에 속한 지역이다. 장군은 이곳 언양에서 출생하여 성장했고, 장성하여서는 뜻을 세워 고려 조정에 출사하였다.

장군의 일대기는 많은 문헌에서 찾아볼 수 있다. 그 양이 매우 방대해서 모두 기록으로 옮길 수는 없고 필자가 생각하기에 특이한 점 몇 가지만 새로이 싣기로 한다.

안타깝게도 장군의 출생 연월일은 알려진 바가 없다. 다만 일생 동안 전장에서 진력을 다했고, 그것이 고려 조정에 인정되어 문하시중門下侍中이 되었다는 기록이 있다. 장군은 끝까지 백성과 조정을 위해 일하다가 1234년(고종 21)에 세상을 떠났다. 사후에 시신은 울주군 언양면 송대리 능골에 안장되어 있다.

세상을 떠난 지 770년이란 긴 세월이 지났지만 장군의 묘소는 정성껏 돌봐 왔음을 한 눈에 알 수 있었다. 그 후손과 조정의 뜨거운 관심 덕분이었을 것이다. 장군의 생전 인품과 덕성을 보면 묘소에 석물이 많이 놓이기를 원하지는 않았을 텐데 직접 가 본 언양의 묘소는 후손들의 정성으로 충신의 묘소임이 돋보이게 단장해 놓았다. 장군의 묘지명은 문헌에도 실려 있다.

장군과 장군의 언양 묘소를 떠올리며 운전을 하는 사이 필자가 운전하는 차는 강화도 어귀에 다다라 있었다. 이때부터 선현의 묘소를 찾아갈 때면 늘 겪는 고생이 시작되었다.

필자는 강화군에서 발간한 문화유산 길잡이 약도를 가지고 장군의 묘소를 찾아 나섰는데 약도만 가지고는 장군의 묘소 지점을 도저히 찾을 수가 없었다. 후일 알고 보니 강화군에서 장군의 묘소를 문화재로 지정하지 않아 그리 된 것이었지만 문화유산에 대한 우리의 안이한 태도를 다시 한 번 확인해 보는 듯하여 얼마나 마음이 언짢았는지 모른다.

불필요한 약도를 팽개쳐 버리고 다리를 건너 강화로 접어든 필자는 이따금 만나는 주민들에게 장군의 묘소를 일일이 문의해 보았다. 그러나 묘소의 위치를 아는 이는 단 한 명도 없었다.

겨울 해는 짧기만 하여 조금 헤매다 보니 서산이 붉게 물들고 있었다. 초조감을 느낀 필자는 급한 마음에 과속 운전을 불사하며 사방을 뒤지고 돌아다녔다. 그런데 조선조 양명학의 대가 정재두 선생의 묘소가 그리 멀지 않은 어느 길목에 낯선 표석이 서 있는 것이 눈에 띄었다. 이상한 마음에 자동차를 세우고 확인해 보니 그토록 찾아 헤매던 장군의 묘소를 알리는 표석이 아닌던가. 1척 정도밖에 안 되는 표석이 어찌나 반갑고 귀하게 느껴지던지 필자는 세상을 모두 얻은 것처럼 기뻐하며 길을 서둘렀다.

나라 위해 바친 일생

김취려 장군 묘소

장군의 묘소는 경기도 강화군 양도면 하일리 야산에 자리하고 있었다. 높지 않은 언덕 우측, 정재두 선생의 신도비를 지나 굴참나무가 빽빽하게 들어선 산골을 불안한 마음으로 걸어 나가던 필자는 장군의 묘소를 발견한 순간 언제 그랬느냐 싶게 환하게 웃으며 뛰다시피 하며 급하게 걷기 시작했다.

그러나 필자는 이내 고개를 갸웃거리며 속도를 늦추었다. 뇌리에 새겨진 장군의 이름이나 업적에 비하여 너무나 간소하게 조성된 묘소를 보고 놀란 까닭이었다. 언양의 묘소와 달라도 크게 다른 모습이었던 것이다. 물론 장군의 품성을 감안해 보면 언양보다는 이곳의 단조로운 유택이 고인의 뜻에 더 맞는지도 몰랐다. 그러나 국가와 후손들의 관심이 아쉽게 느껴지는 것만은 어쩔 도리가 없었다.

그래도 장군의 묘소 주변에 볼만한 것이 전혀 없었던 것은 아니었다. 묘소 주위로 늘어선 기름기 있는 수목들은 장군의 휘하 병사인 양 군령이 떨어지기를 기다리는 듯 늠름한 모습이었고, 잘 가꾸어진 잔디는 동절기를 잊은 것처럼 생기를 띠고 있었다.

필자는 장군의 묘소에 참배하고 나서 비문을 살펴보았다. 장군의 출생지와 함께 무관으로서 적진에 혼신을 던진 무용 사실과 업적이 빠짐없이 기록되어 있었다.

고려문하시중상장군위열김공취려사적비
高麗門下侍中上將軍威烈金公就礪事績碑

김취려 장군 사적비

공의 성은 김이요 휘諱는 취려就礪요 언양인彦陽人이니 신라 제56대 경순왕의 제7자子 언양군彦陽君 휘諱 선鐥의 8세손이시다. 증조의 휘는 수壽니 신호위별장동정행교위神虎衛別將同正行校尉이시며 조의 휘는 언연彦連이요 일휘一諱는 언양彦良이니 신호위중랑장동정행섭낭장神虎衛中郎將同正行攝郎將이시며 부의 휘는 부富니 조정대부금오위대장군朝靖大夫金吾衛大將軍 예부상서禮部尙書이시며 대부인大夫人 청리靑里 주씨朱氏는 검교장군행랑장檢校將軍行郎將 휘 세명世明의 따님이시다.

공은 명종 2년 서기 1172년에 탄생하시어 영명한 기품으로 출장입상出將入相하여 오조五朝의 주석柱石이오 일국의 동량棟樑으로 큰 공적을 남기셨다.

처음에 부父의 음덕蔭德으로 정위正尉에 기용된 뒤 동궁위東宮衛에 배속되었다가 중랑장中郞將에 천임遷任되어 우림군羽林軍을 거느렸다.

누천累遷하여 장군이 되어 위엄과 자애와 지략으로 동북계東北界를 진수鎭守함에 감히 침범하지 못하니 그 공으로 천우위대장군天牛衛大將軍에 임명되었다. 강종 2년 서기 1213년 국경을 순무巡撫하니 변민辺民이 외애畏愛하였다. 고종 3년 서기 1216년 가을 거란의 유종遺種 금산金山 왕자가 범경犯境하니 고종高宗은 삼군三軍에 명하여 그들을 토벌케 하였다. 공은 후군後軍을 거느리고 출전하여 연전연승하며 적을 무찌르고 많은 군기와 군수품을 노획하였다. 이어 개평역開平驛에서 후진하는 적과 격전을 벌여 삼전 삼승의 전과를 올렸는데 불행히도 공의 아들이 전사하였다. 계속 묘향산妙香山까지 추격하여 2천4백여 명을 참획斬獲하였으며 남강南江에 익사한 자도 또한 천여 명에 이르렀다. 고종 4년 서기 1217년 2월에 공은 금오위상장군金吾衛上將軍으로 승진되시었다. 그때 오군五軍이 안주安州 대탄大灘에 둔진하고 있었는데 전황戰況이 매우 불리하였다. 이에 공은 문비文備 및 인겸仁謙과 합력하여 격전을 벌였는데 인겸이 유실流失에 맞아 전사하였다. 공은 이에 검을 휘두르며 홀로 분전하다가 창과 화살이 온몸에 가득 꽂히는 큰 부상을 당하였으나 충성스런 의분義憤의 기세는 더욱 언어言語와 안색顔色에 드러났다. 5월에 증병하여 맥곡麥谷에서 상장군 최원세崔元世와 합세하여 적 3백여 급을 베고 제천堤川을 압박하니 적의 시체가 냇물을 덮은 채 떠내려갔다. 박달현朴達峴에 이르자 최원세가 말하기를 고갯

마루가 좁아 대군이 머무를 수 없으니 산 밑에 둔진하자고 하였다. 그러나 공은 용병에는 지리가 위선爲先인데 적이 만일 고개를 차지하고 우리가 고개 밑에 있게 되면 이곳은 날랜 원숭이도 지나갈 수 없는 요새가 될 것이다 하고 고갯마루에 포진하였다. 과연 미명未明에 적의 대병력이 요새를 빼앗으려고 다투어 공격해 왔다. 공은 이에 제장諸將을 양분하여 대적케 하고 중앙에서 병고兵鼓를 울려 사기를 북돋우니 사졸들이 결사적으로 싸워 적은 대패하여 동으로 도주하였다. 계속 명주溟州로 추격하여 도합 6전 6승의 전과를 올리자 적은 더 견디지 못하고 여진女眞 땅으로 도주하였다. 공이 흥원진興元鎭으로 이거하니 적은 여진병女眞兵으로 증강하여 사기를 떨치며 내달려왔다. 공은 군사를 돌려 생천牲川에서 적과 대치하였다가 서로 퇴진하였는데 홀연히 전상이 악화되어 주위에서 귀경歸京 치료治療를 권했으나 공은 영위변성귀寧爲辺城鬼언정 내하안어가호奈何安於家乎아[1]하고 듣지 않았다. 마침내 칙명勅命으로 개경開京으로 돌아와 수월 뒤에 완쾌되었다. 그동안 적은 수십 성城을 점령해 오니 이에 고종 5년 서기 1218년에 왕은 친히 영기令旗와 무기를 내려 조충趙沖을 원수元帥로 삼고 공을 병마사로 삼아 적을 치게 하였다. 공은 조충과 함께 수차 분전하여 적을 격파하니 적은 궁지에 몰려 강동성江東城에 들어가 굳게 지키고 다시는 나오지 않았다. 고종 6년 몽고의 원수 합진哈眞 및 찰자札剌가 동진국東眞國 장수將帥와 함께 거란적을 토벌한다고 강동성으로 지향指向하고

1) 내가 혼자 귀신이 될지언정 가정에서 편안하게 쉴 수가 없다.

사람을 보내와 병량兵粮을 요청해 오자 조정에서는 이를 허락하고 김양경金良鏡을 보내어 병졸 1천 명을 이끌고 가게 하였다. 합진이 자주 군병을 증파하라고 독촉하거늘 여러 장수가 다 가기를 꺼려하는지라 이에 공이 조충에게 국가의 이해가 금일에 달려 있으니 비록 적재適材는 못되나마 내가 가보겠다고 하고 곧 합진을 만났다. 합진이 먼저 몽고 황제에게 배례하고 다음에 동진국東眞國 만노萬奴 황제에게도 배례하라고 강요하자 공은 천무이일天無二日이오 민무이왕民無二王이라 하며 몽고 황제에게만 망배望拜하였다.

또한 공은 키가 6척尺5촌寸(약 195cm)이나 되며 수염이 배 아래까지 내려가 매양 성복盛服을 할 때에는 반드시 두 비자婢子를 시켜 수염을 나누어 들도록 한 다음에야 띠를 매었는데 합진이 그 기위奇偉함을 보고 감탄하며 말하기를 내 일찍이 6국을 정벌하며 많은 귀인貴人을 보았지만 형과 같은 위엄과 지덕을 겸비한 분은 처음 보았다고 하며 공을 형으로서 섬기는 예우를 극진히 하였으니 가히 공의 위용을 짐작할 만하다.

이리하여 공은 합진과 함께 강동성 둘레에 해자垓字를 파고 거란병을 하나도 빠짐없이 항복 받아 부녀유아婦女幼兒들과 포로가 된 우리 군민을 구출하니 이를 일컬어 강동江東의 역役이라 한다. 고종 7년 한韓순珣 및 다지등多智等이 난을 일으키자 곧 토벌에 나서 진압하고 괴수만을 참수斬首하고 나머지는 문책하지 않았으니 공의 인자한 성품을 엿볼 수 있다.

고종 8년 서기 1221년 공은 추밀원사樞密院使로 고종 9년에 금자광록대부金紫光祿大夫 참지정사판호부사參知政事判戶部事로 승진되시고 고종 15년에 배수태위중서시랑평장사판병부사拜守太衛中書侍郎平章事判兵部事, 고종 17년에 배판리부사拜判吏部事, 동년同年 12월에 위수태보爲守太保, 고종 19년에 배수태부개부의동삼사문하시랑평장사拜守太傅開府儀同三司門下侍郎平章事, 고종 20년에 가상장군특진상주국加上將軍特進上柱國하시고 마침내 수태사문하시중守太師門下侍中에 제배되시다. 고종 21년 서기 1234년 5월 기미己未일에 향년 63세로 졸卒하시니 시호를 위열威烈이라 하사하시다. 위威는 강의신정맹이강과强毅信正猛以剛果요 열烈은 유공안민병덕준업有功安民秉德遵業[2]이다.

고종은 크게 진도震悼하여 빈소를 찾아 조위弔慰하시고 7월 20일 강화진江華鎭 강산하江山下 대곡동大谷洞 서록西麓에 예장하셨다. 뒤에 고려 고종묘高宗廟와 조선조 숭의전崇義殿에 배향配享되시었다. 부인은 강서江西 조씨趙氏니 금오위정용장군金吾衛精勇將軍 휘諱 언통彦通의 따님이시다. 슬하에 2남 1녀를 두시니 자휘子諱 전佺은 금자광록대부 수태부 문하시랑평장사 상장군 판이부사金紫光祿大夫守太傅門下侍郎平章事上將軍判吏部事로 시諡 익대공翼戴公이시고 자휘 단병丹兵은 연주 개평 전투延州開平戰鬪에서 순절하시고 여女는 참지정사 이지위李之葳에게 출가하였다. 자손들이 대대로 혁혁한 공훈을 빛내어 동방의 명문거족名門巨族으로 일컬어졌다.

공이 가신 뒤 세대世代가 구원久遠하고 병선兵燹이 연첩連疊되어 유택

---

2) 위는 강하고 정의롭고 용맹스러움이요, 열은 공이 있어 높이 받들림을 뜻한다.

이 실전失傳되어 오던 차 서기 1909년 기유己酉 4월 강화진江華鎭 강산하江山下 하일리霞逸里 후송로곡강상경좌後宋老谷岡上庚坐에서 지석誌石이 발견되어 제문빙諸文憑과 부험符驗되니 실로 대경大慶이라 아니할 수 없다. 이에 하일리참판정공원하霞逸里叅判鄭公元夏가 이를 후손인 천안 군수天安郡守 화영華榮에게 알려 주어 후손들이 모여 동심협력同心協力하여 향화香火를 이어 왔다. 이제 다시 가보家譜와 사전史傳을 상고詳考하여 공의 위적偉績을 삼가 현창顯彰하는 바이다.

전 국사편찬위원회원장 문학박사 김성균金聲均 근찬謹撰

서기 1983년 계해癸亥 5월 초 2일

장군은 나라에 적이 침범하면 어디든 가리지 않고 출전하였기 때문에 명성이 높았다. 하지만 북변 거란과 싸운 전적지가 주로 북한 쪽에 있다 보니 후세인들은 장군에 대한 인식이 깊지 못한 것이 사실이다. 그러나 장군은 1216년(고종 3) 압록강을 건너 북방 지역으로 몰려온 거란군을 조양진朝陽鎭에서 물리친 것을 시작으로 나라에 난이 닥칠 때마다 이를 온몸으로 막아서며 혼신의 힘을 다해 위기를 돌파한 고려조의 명장 중 명장이었다.

고려 조정에서는 이러한 공을 인정하여 1228년(고종 15)에 장군을 수태위 중서시랑평장사 판병부사守太尉中書侍郞平章事判兵部事에 제수하였다. 이처럼 높은 자리에 오른 뒤에도 언제나 안색을 바르게 하여 충성되고 의로운 길만 걸었다 하니 장군이야 말로 우리 후세인들이 받들고 섬겨야 할 위인이 아닌가 한다. 장군은 훗날 고종 묘정에 배향되었고 시호는 위열威烈이었다.

장군은 말이 없고

장군의 일생을 더듬다 보니 그 후손들은 어찌 살았을까 생각해 보게 되었고, 그러다 보니 필자의 마음은 자연스럽게 충렬왕과 충선왕 사이를 넘나들며 불륜 행각을 벌인 숙창 원비와 그녀의 오빠 김문연金文衍에게 미쳤다.

김취려 장군 초상

충선왕이나 숙창 원비도 그러려니와 왕의 총애를 얻고자 제 여동생을 부정한 길로 내몬 김문연 또한 장군의 빛나는 생애 앞에서는 고개를 제대로 들 수 없을 것이다.

공민왕 때에 자제위로 선발된 김흥경金興慶 또한 김취려 장군의 증손자이자, 숙창 원비와는 6촌 남매지간인데 왕의 총애가 커지자 이를 믿고 수많은 악행을 함부로 저질렀다. 공민왕이 죽고 우왕이 즉위한 후 관료들은 김흥경의 죄를 적은 글을 왕에게 올렸다. 왕명의 전달을 제대로 하지 않은 죄, 형벌과 정사를 제 손에 틀어 잡고 뇌물을 공공연히 받은 죄, 국가 재산을 함부로 사용하고, 타인의 처를 빼앗은 죄 등을 열거하여 그 죄상을 낱낱이 밝혔던 것이다. 이로 인해 우왕은 김홍경을 언양에 귀양보내면서 제명하여 서인으로 만들었으며, 가산을 몰수하고 그 외는 모두 파면시킨 후 얼마 후에 사형을 언도하였다.

나라와 민족 앞에 역사가 있듯 한 가문에도 그 가문만의 역사가 존재하기 마련이다. 역사란 선현의 발자취이며 그것을 토대로 하여 보다 지혜롭고 의로운 길을 걸어가라고 존재하는 하나의 거울 같은 것이다. 그런데 어찌하여 김문연과 숙창 원비 그리고 김홍경까지, 그들은 왜 장군의 빛나는 업적에 먹칠을 하고 말았을까. 역사를 돌아보지 않고, 사리사욕을 취하는 데만 눈이 어두웠기 때문이다.

필자는 다소 무거운 마음이 되어 장군의 봉분 앞에 섰다. 그러고는 마음속으로나마 숙창 원비의 부끄러운 삶을 고하며 장군의 심경을 물어 보았다. 그러나 무심한 겨울바람만 씽씽 일어 봉분 주변을 어지럽힐 뿐 장군은 끝내 말이 없었다.

필자는 한동안 장군의 봉분을 바라보며 이런저런 생각에 잠겼다가 돌아섰다. 어느 민족, 어느 집안인들 영광된 일만 이어지랴. 우리 인생이 그러하듯 영광과 좌절을 끝없이 반복하며 역사는 이어지는 것이다. 다만 영광과 좌절이 반복되는 가운데 궁극적으로는 도리에 합당한 발전을 꾀해야 한다는 것이 우리가 살아가는 이유요, 역사가 존재하는 까닭일 터였다.

민족의 지도자라 할 김취려 장군을 배출한 언양 김씨 문중에 영광스러운 역사가 계속 이어지기를 기원하며 필자는 산길을 걸어 내려오기 시작했다.

역동易東 우탁 선생은 어디에 계시는지

여동생의 미색을 팔아 종횡무진 사리事理를 외면하고 살았던 김문연의 당시 행적은 기록으로 잘 나타나 있다. 그러나 그의 부정한 행실과는 상반된 역사의 기록 또한 함께 찾아보기 위하여 670리 거리에 있는 신의와 예절의 고장 경상북도 안동시 예안면을 찾아 나섰다.

그곳엔 빗나가던 왕도王道를 바로잡기 위해 목숨마저 버릴 것을 각오하고 불순한 임금 충선왕과 마주 앉아, 천추만대 후손들에게 넘겨줄 역사에 얼룩이 지는 부정을 신하로서 그냥 보고 있을 수만은 없다며, 함께 죽던지 아니면 왕께서 후일부터는 그 불륜의 행동을 삼가달라는 충언忠言을 서슴없이 간하던 충신 역동 우탁禹倬 선생이 계시는 곳이다.

8백 리 기나긴 거리를 흘러온 낙동강은 새벽에는 물안개가 꽃을 피우고, 강물은 영남평야 곳곳에 스며들며 풍요를 안겨 주는 민족의 대동맥이다. 낙동강은 이별과 눈물의 강인 임진강, 오랑캐의 말발굽 소리를 들어야 하는 압록강, 풍류에 젖은 대동과는 다른 점이 있다.

강물이 만든 퇴적지는 비옥하고 삼림 또한 울창하여, 이로 인한 온유한 기온이 수많은 선비 학자들을 양성해 놓은 곳이다. 이 안동이 낳은 우탁 선생은 지금으로부터 747년 전인 1263년(고려 원종 4)에 태어나 16세가 되던 1278년(충렬 4) 시험에 응시하여 요로 각처에서 근무하였다. 하세下世할 때까지 80년 동안, 성장기인 16년을 제외한 64년간을 나라에는 충신이요 백성들에겐 스승으로 추앙받고 사셨던 분이시다. 또한 고려 삼별초의 난이 겨우 진정되어 갈 무렵인 1263년(원종 4) 태어나 1342년(충혜왕 복위 3) 향수 80세가 되던 해까지 험난했던 한 세상을 살아가시면서 후세인들의 가슴 깊숙한 곳에 크나큰 교훈을 유산으로 남겨 놓고 가신 분이다.

우탁 선생은 벼슬에서 물러난 뒤, 경상북도 안동에 속한 작은 현인 예안禮安에 은거하면서 후진 교육에 전념하였다. 당시 고려에는 원나라를 통해 성리학의 한 계파인 정주학程朱學이 수용되고 있었는데 성리학이 우리나라에 퍼지게 된 것은 우탁 선생으로부터 비롯한 것이다.

『고려사』「열전」의 기록을 보면, 정이程頤가 주석한 『역경』易經의 『정전』程傳이 처음 들어왔을 때 아는 이가 없었는데, 우탁 선생이 방문을 닫아걸고 한 달만에 터득하여 학생들에게 가르쳐주었다고 한다. 우탁 선생은 또한 역학易學에 조예가 매우 깊어 복서卜筮가 맞지 않음이 없었다고도 한다.

고려 충신 우탁 선생을 뵙고저 찾아가는 날

지인들은 필자가 이와 같은 기행을 떠날 때면 먼 길 다녀올 시간에

다른 일이나 하지 그러냐는 놀림을 하기 일쑤이지만 그래도 필자는 이렇게 옛 선현을 만나기 위해 길을 나설 때면 항상 신중해 지곤 한다. 그래서 우탁 선생이 세상을 떠난 지 668년이라는 긴 세월이 흐른 2009년 오늘도 변함없이 존경하는 선인의 흔적을 찾기 위해 지인들의 놀림을 뒤로 한 채 어렵게 방문하였다.

제일 먼저 필자를 반가이 맞아주는 것은 역동우선생묘소易東禹先生墓所라는 표석이었다. 곧바로 묘소를 찾아와 필자는 저도 모르게 '바로 찾아왔구나' 혼잣말을 하며 기쁜 표정을 숨길 수가 없었다. 기록을 통하여 알고 있는 선생의 자태가 고스란히 느껴졌다. 우선 예술품으로 보이는 청색 빗돌에는 고려좨주문희공우선생휘탁지묘高麗祭酒文僖公禹先生諱倬之墓라 했고 배위는 별칭 없이 부인영천이씨부夫人永川李氏祔라고 씌어 있으니 바로 여기가 우탁 선생의 유택임을 알려 주고 있었다.

역동 우탁의 묘소임을 알리는 표석

우탁 묘비

유택에는 이렇게 좋은 초석을 깔고 계시면서

청렴결백했던 우탁 선생의 유물이라고는 성리학이 꽃필 수 있도록 주역을 연구하여 내려주신 크나큰 학문의 업적과 알맞은 빗돌 한 기基와 인생은 무상하다는 시조 두 편 뿐이었다. 그러나 아무리 뛰어난 화공畵工이라도 결코 그릴 수 없는 선생의 깊은 뜻이 담겨 있는 유적이었다.

선생을 찾아뵙기 전에는 이것저것 여쭙고 싶은 것이 많았었는데 막상 뵙고 나니 무슨 말씀을 어떻게 드려야 할지 떠오르질 않았다. 그래도 필자기 이곳까지 찾아온 소관을 말씀드리지 않을 수는 없었기에 용기를 내어 여쭙기 시작했다.

"선생님! 고이 잠드셨는데 갑자기 뵙고자 찾아온 저의 무례함을 꾸짖어 주십시오."

"곤한 잠을 깨우는 것은 별일 아니나 자넨 뉘기에 이 영남 땅 한 귀퉁이에 살고 있는 나를 무슨 연유로 만나자고 하는 겐가."

"선생님, 유택에서 덮고 계시는 이불이며 깔고 계시는 자리며 모두 금방 마련한 새것들인데, 702년 전 충선왕과 독대를 하실 적에 왜 거적자리와 손도끼를 가져가셨는지요."

"그때 일들은 일일이 기억하고 싶진 않지만 먼 길 왔다 하니 그 사정을 대략이나마 전해 주겠소. 당시 충선왕은 탐욕에 눈이 멀어 인륜과 도덕을 저버린 임금이었소. 부왕인 충렬 임금에게 들여보

우탁 묘소 전경

내 숙창 원비란 봉호를 받은 여자를 부왕이 승하한 뒤 아들인 충선왕이 자신의 후비로 삼으니, 어찌 신하된 도리로서 모르는 척할 수가 있었겠소. 그리고 우리 민족 역사상 손꼽히는 김취려 장군의 증손임에도 그 깨끗하고 거룩한 혈통을 지키지 아니하고 다만 여동생의 뛰어난 미색을 기회로 삼아 온갖 분탕질을 다 하였던 김문연 또한 역사의 심판에서 벗어날 수 없을 것이오."

우탁 선생 역시 청렴결백과 겸손함으로 모범이 되고 용맹 전술이 뛰어나 부하 장수와 병졸들에게까지 우상화되었던 김취려 장군의 업적을 잊지 않고 계셨다.

"물론 어떤 경우라 하더라도 왕 앞에 도끼를 보인다는 것은 불충이요, 반역에 해당되는 죄목일 것이오. 그러나 이 한목숨 보전하겠다고 도리에 어긋난 왕으로 인해 온 민족의 정신이 썩어가고 있는 것을 보고만 있을 수는 없었소. 그 후 충숙왕께서 조정의 문란했던 기강을 바로잡은 공을 알아 주시고, 지금부터라도 고려 조정을 위해서 짐을 도와달라며 여러번 이곳까지 사람을 보내 왔었소. 그러나 그때는 이미 정치 마당에서 배인 몸과 마음을 이곳 맑은 낙동강 물에 모두 씻어보내고 깨끗한 마음으로 한세상 살겠다고 마음을 먹은 때였으니…. 내가 세상을 하직할 때가 80이었으니 살 만큼은 살다 왔지요."

필자는 우탁 선생에게 마지막으로 김취려 장군의 증손인 김흥경金興慶에 대해서도 여쭤보고 싶었으나, 얼룩진 역사에 대한 언급에 피로해하는 우탁 선생의 기운을 느끼고는 다음번에 다시 만날 것을 기약하였다.

우탁 시조

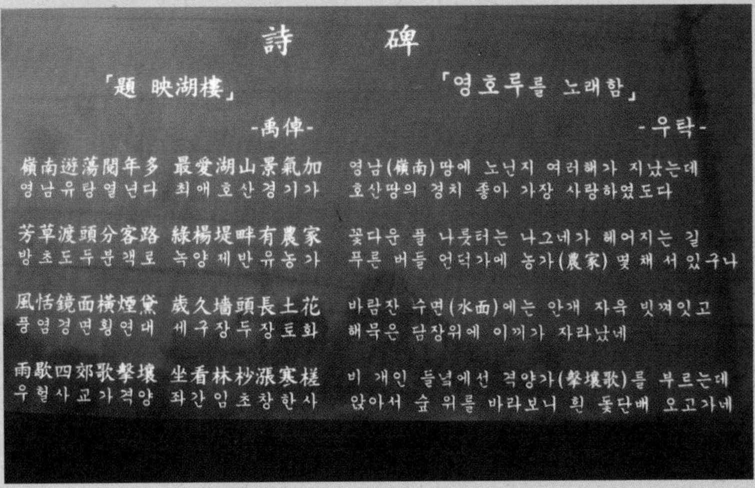

詩　碑

「題 映湖樓」
-禹倬-

嶺南遊蕩閱年多 最愛湖山景氣加
영남유탕열년다 최애호산경기가

芳草渡頭分客路 綠楊堤畔有農家
방초도두분객로 녹양제반유농가

風恬鏡面橫煙黛 歲久墻頭長土花
풍염경면횡연대 세구장두장토화

雨歇四郊歌擊壤 坐看林杪漲寒槎
우헐사교가격양 좌간임초창한사

「영호루를 노래함」
-우탁-

영남(嶺南)땅에 노닌지 여러해가 지났는데
호산땅의 경치 좋아 가장 사랑하였도다

꽃다운 풀 나룻터는 나그네가 헤어지는 길
푸른 버들 언덕가에 농가(農家) 몇 채 서 있구나

바람잔 수면(水面)에는 안개 자욱 빗껴있고
해묵은 담장위에 이끼가 자라났네

비 개인 들녘에선 격양가(擊壤歌)를 부르는데
앉아서 숲 위를 바라보니 흰 뗏단배 오고가네

우탁 한시

작별 인사를 드리고 막돌아서는 길 앞에 유택을 막아서는 언덕이 있었고, 그곳엔 우탁 선생께서 소중하게 간직하시던 시조 두 수와 영호루를 노래한다는 한시 한 수가 새겨져 있어 발길을 잠시 멈추게 하였다.

석양의 야속한 저녁 햇살이 갈 길을 자꾸만 방해하여 필자는 집으로 돌아가는 길이 무척 멀게만 느껴졌다. 한양을 향하여 돌아오는 길, 마침 라디오에서는 고위 공직자들의 비리 사건이 계속해서 요란스레 방송되고 있었다. 사람의 본성에 내재된 탐욕은 과연 물리칠 수 없는 것인지...7백 년 전의 충숙왕과 충선왕 같은 어리석은 지도자가 다시는 이 땅에 태어나지 않게 해 달라고 신에게 기도하면서 서울로 향하였다.

숭의전

본분 잃은 자들의 통곡

김취려 장군 위패

필자는 그간 수백, 수천에 이르는 선조들의 묘소를 찾아다니며 그분들의 생애를 더듬어 보고 참배하는 일을 해왔다.

언제였던가, 경기도 연천군 아미리 임진강 절벽 위에 세워진 숭의전에서 김취려 장군의 위패를 뵈온 적이 있었다. 그때 필자는 손자 김문연과 숙창 원비의 사연을 떠올리게 되었는데 지하에서 통곡할 김취려 장군의 원혼이 그려졌다.

본분을 잃고 고려의 역사를 먹칠해 버린 위대한 장군의 후손들. 장군에게는 뼈아픈 상처이자 통한일 수밖에 없을 터였다.

고려 16 공신을 모신 배신청(陪臣廳)

갈 수 없는 땅, 북한의 개성에 만년유택을 마련한 충선왕은 또 어떠한가. 본분을 망각한 채 부왕의 여자를 취함으로써 미혹되어 정치에 뜻을 잃었고, 끝내 몽고로 피신하듯 떠나 버린 뒤 전지라는 기형적인 정치 행태를 통해 고려의 역사에 깊디깊은 주름을 남긴 임금이 되었다.

필자는 선현들의 삶을 통해 본분을 잃는 것만큼 무서운 것이 없음을 수도 없이 깨달은 바 있었다. 현대를 살아가는 우리들도 마찬가지다. 사람이 사람의 본분을 잃었을 때, 초래될 결과는 파멸뿐인 것이다. 분분을 잃은 자세로 부정한 뇌물을 받았다가 파멸을 맞은 정치인이 얼마나 많은가. 소중한 땀과 노력을 외면한 채 일확천금을 꿈꾸다가 통한의 눈물을 흘리는 못난 무리들이 우리 주변에 또한 얼마나 많이 널려 있는가.

나의 본분은 무엇인가. 이것을 깊이 통찰해보고 지켜나갈 때, 언젠가는 우리들과 후세인들에게도 영광이 찾아온다는 사실을 기억해야 할 것이다.

윗물이 흐리니 아랫물도 흐리도다

충숙왕

복국 장공주와 충숙왕

충숙왕은 폐륜을 일삼던 충선왕의 아들로서 몽고 여자 야속진也速眞의 소생이다. 아버지 충선왕이 아들에게 왕위를 양위하는 바람에 1313년(충선 5) 충숙왕은 우쭐하여 고려로 돌아왔는데, 이 임금은 오랜 몽고 생활로 인해 고려 말을 전혀 몰랐다.

충숙왕은 3년 전 원나라에 들어가 원나라 영왕營王 야선첩목아也先帖木兒의 딸 복국 장공주濮國長公主와 혼인한 후 고려로 돌아왔다. 당시 공주는 매우 영리하여 아직도 어린 왕을 보호할 정도였으나, 왕이 고려 궁중에서 고려 여자를 알게 되자 둘의 사이는 점차로 벌어지기 시작했다.

충숙왕은 많은 고려 후궁들 중에서도 궁녀 출신 덕비 홍씨를 맘에 들어하여 틈틈이 덕비의 처소를 찾았다. 그럴 때마다 복국 장공주는 충숙왕을 나무랐다.

"왕의 도리로 후궁을 너무 사랑하시면 아니 되옵니다. 상왕을 생각해 보시옵소서."

그럴 때마다 충숙왕은

"일시적인 춘풍일 뿐이오. 공주는 과히 신경 쓰지 마시오."

라는 말로 상황을 무마하고는 하였다.

어느 날 충숙왕은 묘련사妙蓮寺로 부처님에게 행향行香한다고 나가면서 아끼는 덕비를 데리고 나갔다. 큰 법당 안에서는 승려들이 모여 불경을 읽는다고 여기저기서 법석法席이 벌어졌는데, 임금과 덕비는 불전 뒷방 한가한 곳에서 사랑을 속삭이고 있었다. 덕비는 임금의 품에 안기어 눈을 가늘게 떴다.

"상감, 그런데 우리나라는 언제까지 원나라에 눌려서 살아야 하옵니까?"

길쭉한 덕비의 얼굴에선 원나라에서 가져온 사향내가 물씬물씬 풍졌다.

"별 수 없지. 덕비의 몸에서 아들이나 많이 나오면 혹시 그때쯤이나 나아질런지."

왕이 덕비의 아랫배를 쿡 찌르자 덕비는 "아야" 하며 엄살을 부리고는 더욱 요염한 아양을 떨었다.

한편 복국 장공주는 궁중에 있는 덕비의 행동이 수상해서 찾아보았으나 종적이 묘연하였다. 한참 덕비를 찾아 헤맨 복국 장공주는 충숙왕이 묘연사에 행차하였다는 소식을 듣고 급히 묘연사로 발걸음을 돌렸다.

절에서는 복국 장공주의 갑작스런 방문에 놀라면서 어물어물 왕의 처소로 안내하였다. 그런데 문 밖에 서 있던 만복萬福이 복국 장공주를 보자 매우 딱한 모양으로 머뭇거리는 것이 아닌가. 불길한 예감에 공주는 만복이를 거들떠보지도 않고 성큼 마루 위에 올라서서 왕이 있는 방문을 활짝 열었다.

그러자 눈앞에 나타난 광경은 담대한 공주로서도 외면할 지경이었다. 충숙왕과 덕비의 운우雲雨가 한창 무르익어 가는 중이었던 것이다. 복국 장공주는 잠시 주춤하고 섰다가,

"전하, 여기가 어디인 줄 아시옵니까? 부처님 앞에서 음란한 행동을 하면 천벌이 내린다는 것도 모르고 계시는 것이옵니까?"

라며 호통을 쳤다. 덕비는 허둥지둥 옷매무새를 추스르고 무안한 얼굴을 하며 한 구석에 쭈그리고 앉았으나 충숙왕은 노할대로 노하여 맞받아 소리쳤다.

"공주의 체면으로 이게 무슨 짓이요!"

"체면이요? 체면을 아시는 분께서 이런 염치없는 행동을 하시고 계신 겁니까? 부처님 앞에서 이런 추태를 보이셨으니 반드시 큰 벌이 있을 것이옵니다!"

"벌은 무슨 벌!"

신하들 앞에서 체면이 깎였다는 생각에 더욱 화가 난 충숙왕은 자리에서 벌떡 일어섰다.

"공주는 어서 물러가시오!"

"그런 소리 마시고 환궁을 하시던지, 아니면 이곳에서 예불을 하시던지 행동을 바르게 하시란 말씀입니다."

"무엇이?"

충숙왕은 버럭 소리를 지르면서 복국 장공주의 빰을 보기 좋게 후려쳤다. 공주는 부푼 빰을 감싸 안고 쓰러지면서 분노와 수치를 견디다 못해 외쳤다.

"이 망국적인 왕 같으니라고!"

복국 장공주의 꺾이지 않는 기세에 화가 솟구친 나머지 분별을 잃고 만 충숙왕은 이번에는 주먹으로 공주를 때리기 시작했다. 공주는 피하느라 고개를 돌리다가 콧등을 세게 얻어맞아 버렸다. 공주의 하얀 얼굴이 금세 새빨간 피로 물들었다. 옆에 있던 덕비조차도 보다 못해 왕의 손을 붙들고 말리기 시작했다.

"상감마마, 상감마마, 이제 그만 진정하시옵소서."

덕비의 만류에도 불구하고 분이 풀리지 않은 왕이 거친 숨을 내쉬고 있을 때 공주가 방바닥에 엎드린 채 무엇이라 몽고말로 거칠게 중얼거렸다. 몽고 말을 모르는 사람도 들으면 좋지 않은 뜻이라는 걸 알 만하였으니 몽고어에 능통했던 충숙왕이 그것을 모를 리가 없었다. 머리끝까지 화가 난 왕이 이번에는 앞뒤 가리지 않고 발길로 가녀린 공주의 몸을 걷어차 버리자 놀란 시녀들이 우르르 몰려왔다. 시녀들은 기절하여 쓰러져 있는 공주를 일으켜 피 흘린 것을 닦아주면서 황급히 타고 온 연으로 공주를 모시고 궁궐로 떠났다. 왕도 겁먹은 덕비의 간청에 이끌려 서둘러 환궁하였다.

복국 장공주는 그날부터 병석에 누워 앓기 시작했다. 심하게 맞은 몸도 몸이지만 타국에 와서 당한 치욕과 서러움에 상처받은 마음 탓이 더 컸을 것이다. 결국 공주는 몇 날을 그대로 병석에 누워 있더니 영 쾌차하지 못한 채 아주 저 세상으로 가 버리고 말았다.

"왕이 공주를 때려 죽였다지?"

"왕인지 무엇인지 싸움질이나 하고 나라 꼴이 참 잘 되어간다."

"또 원나라 다루가치가 나오겠네."

이런 소문이 원나라에까지 흘러 들어가자, 사람들의 수근거림대로 고려의 내정에 관여하던 다루가치(달로화적達魯花赤)가 진상 조사를 나왔다. 그러나 오랜 원나라 생활로 인해 원나라 궁전의 내부 사정에 대해 훤히 알고 있었던 충숙왕은 조사 나온 다루가치들을 후히 대접하고 금은 등속 등을 쥐어주면서 일을 무마하고자 했다. 부패할 대로 부패해 있던 원나라 조정도 충숙왕의 대접을 흡족하게 여겼는지, 묘련사에 나가 몇 사람에게 대강 물어보고는 본국 조정에 가서 공주는 병으로 죽었다고만 보고하였다. 이로써 복국 장공주를 죽음에까지 이르게 했던 사건은 흐지부지 종결되고 말았다.

그러나 이 문제를 계기로 하여 원나라 조정에서는 심양왕 고暠를 고려의 왕으로 내세울 계획이 추진되고 있었다. 충숙왕은 일이 심상치 않게 돌아가자 직접 원나라로 들어가 백안첩목아伯顔帖木兒에게 뇌물을 주어 사태를 가까스로 수습하였다. 그리고 아들 충혜왕에게 자리를 양위하고 일시 자리에서 물러나 버렸다.

충숙왕의 이러한 태도에는 당시 원나라 정세 현황이 반영되었다고 볼 수도 있다. 당시 원나라 궁중의 태보太保 백안伯顔과 승상 연첩목아

燕帖木兒는 사이가 나빠 서로 싸우고 있었는데, 연첩목아 승상이 충혜왕을 사랑하여 고려의 왕이 되는 것을 지지하고 응원하였던 것이다.

그러나 상황은 다시 충숙왕에게 유리하게 돌아가기 시작하였다. 충혜왕이 즉위한 지 얼마 되지 않아 그를 지지해 주던 연첩목아가 사망해 버린 것이다. 그러자 이번엔 연첩목아의 반대파였던 태보 백안이 충혜왕은 행실이 부정하다고 황제에게 참소하여 충숙왕은 다시 임금의 자리에 오르게 된다. 고려 말에 가서는 조정에 대한 원나라의 간섭이 왕의 자리를 좌지우지할 정도가 되었고, 고려 또한 내부적으로 일을 해결할 만큼의 주체적 실권을 갖지 못한데서 온 모습들이라 볼 수 있겠다.

악양岳陽 망고지난亡故之難

우여곡절 끝에 다시 왕이 된 충숙왕은 이번에는 젊고 아름다운 백안홀도伯顏忽都를 경화 공주慶和公主로 삼았다. 하지만 충숙왕의 행운은 여기까지였는지 재위한 지 8년 만인 1339년 세상을 떠나 버리고 만다.

졸지에 홀로 된 젊고 아름다운 경화 공주는 충숙왕이 죽은 후 세상에 별로 나오지 않고 영안궁永安宮 안에서 왕의 명복만을 빌고 있었다.

충혜왕은 즉위한 후 경화 공주의 처소에 때때로 드나들었다. 표면상으로는 홀로 된 어머니를 위로한다는 것이었지만, 내심은 공주의 아름다움을 은밀히 맛보고자 함이였다.

8월 어느 날이었다. 충혜왕은 또 경화 공주를 위로한답시고 수 명의 내시들을 거느리고 영안궁으로 갔다. 벌써 여러 번 있었던 일이라 공주는 별 생각 없이 마중 나와 왕을 맞이하였다. 왕은 우선 형식적인 문안을 올렸다.

"모후 마마, 홀로 쓸쓸하실 듯하여 다시 찾아왔사옵니다."

"국사 총망하신 중 자주 들려주시니 감사할 따름이옵니다."

예를 갖추어 서로 인사한 후 왕은 준비해 가지고 온 음식을 내놓으면서 경화 공주에게 술을 부어 올렸다. 경화 공주는 처음 몇 번은 사양하였으나 너무 사양하는 것도 안 될 듯 싶어 한 잔 받아 마시기 시작하였다. 상당히 독한 술이었는지 한 잔에 벌써 취기가 올라왔다.

여러 잔을 마시고 나자 경화 공주의 고개가 저절로 숙여졌다. 홍도같이 빨간 양 볼은 더욱 매력적으로 물들었고 귀 아래로 내리뻗은 목은 백옥같이 희었다. 경화 공주를 바라보던 취한 충혜왕의 몽롱한 눈은 이미 음탕하게 흐려졌다.

"모후 마마, 소자도 취하는듯 하오니 이만 상을 물리겠사옵니다."

왕은 경화 공주의 대답도 들을 것 없이 상을 물리었다. 과히 넓지 않은 방에 여러 사람이 앉아 있었는데, 왕이 의미 있는 눈짓을 보내자 신하들은 황급히 다른 방으로 자리를 비켰다. 드디어 방에는 왕과 공주만이 남게 되었다.

"모후 마마, 잠시 눕겠나이다."

"방이 누추하온데……"

"괜찮사옵니다."

왕이 성큼 자리에 눕자 공주는 비틀거리면서도 황급히 자리에서 일어났다. 그러자 자는 것처럼 보이던 왕이 벌떡 일어나 공주의 손목을 움켜잡는 것이 아닌가.

"어디로 가시옵니까, 마마."

"이게 무슨 짓이옵니까? 어서 이 손을 놓으십시오."

"나가지 않으신다면 이 손을 놓겠나이다. 자리에 앉으시지요."

몇 번의 실랑이 끝에 지친 공주가 자리에 주저앉자, 왕이 이번에는 슬그머니 공주 곁으로 다가오더니 공주를 단숨에 얼싸안아 버렸다.

"도대체 자꾸 왜 이러시는 겁니까? 거기 아무도 없느냐!"

놀란 공주가 있는 힘을 다해 외쳐보았으나 밖에서는 아무런 대답도 들리지 않았다. 왕의 완강한 힘에도 불구하고 공주가 격렬하게 반항하자 안 되겠다 싶었는지 왕이 외쳤다.

"어서 들어와 묶도록 해라."

그러자 옆방에 있던 송명리宋明理가 나와 두말 않고 공주의 두 손을 묶고 입을 봉해 버렸다.

이렇게 끔찍한 봉변을 당하고 만 경화 공주는 원통하고 분한 마음에 그대로 있을 수가 없었다. 공주는 환궁하자마자 즉시 원나라로 달아나기 위해 타고 갈 말을 준비하면서 만반의 채비를 하였으나, 웬일인지 말은 한 필도 구할 수 없었다. 벌써 그러한 사정을 미리 짐작한 충혜왕이 말 시장까지 철시시키는 지시를 내렸던 것이다.

이러한 왕의 추악한 행태가 알려지자 첨의좌정승僉議左政承이던 조적은 다음과 같이 결심하였다.

"지금의 왕은 패륜으로 점철된 망나니일 뿐이다. 이 나라의 후일을 위해 없애는 것이 합당할 것이다."

조적은 자신의 부하 수백 명을 소집하여 왕궁으로 쳐들어갈 계획을 차근차근 세웠다. 그러나 충혜왕도 이러한 눈치를 채고는,

"대신 조적은 역적의 마음을 갖고 어명을 거역하였다. 누구든지 조적에 편을 두고 있는 자는 지금이라도 즉시 회개하고 들어오도록 하라."

하는 방을 써 붙였다. 조적은 일이 커진 것을 알고 더 굳은 결심을 하였다.

> "왕은 모후를 증烝하였다. 이미 모자의 도리는 끝나고 만 것이니 새로 심양왕 고를 모셔 받들도록 하자."

여기서부터 심양왕과 충혜왕의 싸움이 시작되었다. 그날 밤 조적은 천여 명의 군사를 인솔하고 왕궁을 포위하여 싸움을 시작했다. 충혜왕도 좌우에 있는 신하들을 동원하여 친히 나서 싸웠다. 전세가 일진일퇴하던 중 충혜왕의 어깨에 화살이 날아와 꽂혔으나 왕은 겁내지 않고 계속해서 싸웠다.

그러나 결국 조적의 군대는 패하여 경화 공주의 영안궁으로 쫓겨 들어갔고, 충혜왕은 뒤쫓아 가서 조적을 잡아 죽이고 만다.

경화 공주는 이 모든 일들을 즉시 원나라에 보고하였고, 원나라에서는 단사관 두린頭隣을 보내 충혜왕을 잡아갔다. 그러나 마침 원나라 승상 백안이 실각하는 바람에 충혜왕은 무사히 되돌아 올 수 있었다.

이제 자신을 해칠 만한 사람이 사라지자, 충혜왕은 제 세상을 만난 듯 마음 놓고 놀아나기 시작했다.

충혜왕이 취했던 많은 여성들 중에서 질그릇 장수 임신林信의 딸인 단양 대군의 여종이 있었는데, 세상 사람들은 그녀를 사기 옹주라고 불렀다.

사기 옹주는 원래 남의 집 종노릇을 하였기 때문에 왕의 좌우에서 일을 잘 보살폈다. 그리고 충혜왕은 나이가 젊었음에도 불구하고 음약淫藥을 즐겨 먹었기 때문에 웬만한 여자들은 그 기운을 당해내지 못하였으나 사기 옹주만은 능히 왕을 만족시켜 주었기 때문에 옹주에 대한 왕의 사랑은 더욱 두터워졌다. 이러한 충혜왕의 총애를 무기 삼아 사기 옹주는 백성들의 물건을 착취하여 삼현三峴에 신궁을 쌓아 두었다.

이처럼 충혜왕의 행동이 그 후에도 걷잡을 수 없이 문란해져만 가자 원나라에서도 더 어찌할 수 없어 마침내 사신을 보내어 다음과 같이 힐책하였다.

> "너는 일국의 왕으로서 백성을 긁어먹기에 열중하고만 있으니 어찌된 사람이냐? 너의 몸은 개를 주어도 시원치 않지만 짐은 호생지덕好生之德으로 너를 계양현桂陽縣으로 내쫓는다."

충혜왕은 결국 왕위에서 쫓겨나 남으로 귀양길에 올랐다가 악양 근처에서 피살되었다. 이 소식이 고려에 들어오자 백성들은 전부터 유행하던

> "아야마고지야(악양岳陽 망고지난亡故之難), 이제 가면 언제 오나. 다시 볼 날 없으리."

라는 노래를 부르며 좋아하였다고 한다.

충혜왕이 죽고 나자 그의 아들 6세짜리 왕(제29대 충목왕)을 내세운 어머니 되는 덕녕 공주德寧公主가 섭정을 하게 되었다. 이때부터 정치는 완전히 덕녕 공주의 손아귀에 들어오게 되었는데, 공주에게 아부하는 군소배들이 뻔질나게 궁궐로 모여들었다.

그중에도 강윤충康允忠과 배전裵佺은 덕녕 공주가 거처하는 곳을 자기 집인 양 수시로 출입하여 공주를 위로해 주며 세력을 잡았는데, 나중에는 공주의 남편 노릇까지 하였다고 하니 당시 문란했던 궁중 풍속을 충분히 짐작할 수 있다.

그뿐 아니라 그 밑에 신예辛裔와 전숙몽田淑蒙이 세력을 부려 세상 사람들은 신예를 신왕이라고까지 부르는 지경에 이르렀다.

이 중에서도 덕녕 공주의 사랑을 등에 업고 온갖 폐단을 일으켰던 배전의 행적을 간단히 살펴보자.

비참하게 끝난 무신 배전

고려 말엽 관향을 홍해興海로 하는 배전은 궁비宮婢(궁에서 심부름을 하던 낮은 신분)의 소생이었지만, 충혜왕의 총애를 받아 여러 관직을 거쳐 홍해군興海君으로 봉해지기까지 한다.

뒷날 원나라에 들어가 충혜왕의 비와 덕녕 공주의 총애를 받아 강윤충과 함께 권력을 쥐고 비행을 일삼았으며 충정왕 때 정동행성征東行省 이문이 되어서도 권력을 농단하였다.

권력에 대한 탐욕을 위하여 배전은 충혜왕의 시종으로 원나라에 있을 때 자신의 처와 처제인 김오金珸의 처를 충혜왕이 범하도록 허용하는 파렴치한 행동까지 저지르게 된다.

그러나 배전의 횡포를 보다 못한 어떤 자가 익명 공개장을 판도문版圖門에 붙이자 덕녕 공주가 재상들을 불러놓고

"이후로는 배전을 다시 가까이 오지 못하게 하라!"

라고 하였다고 한다.

그러나 이후에도 배전의 비행은 계속된다. 충정왕忠定王 때 배전은 행성行省 이문理問으로 있으면서 원나라로부터 중랑 김영후金永煦, 원외랑圓外郎 이원필李元弼 등과 함께 재물을 받고 외적을 석방한 일로 옥에 갇히게 되는데, 때마침 대사령이 내려서 석방이 된다.

1352년(공민 1) 이제현李齊賢이 행성 사업을 대리하면서 배전의 비행을 낱낱이 밝혀 행성옥行省獄에 가두어 버린다. 그러나 공민왕이 무슨 이유에서인지는 몰라도 배전의 죄를 용서하고 임의로 석방하니 이 부당하고도 관대한 처분에 대하여 백성들의 비난이 쇄도했다고 한다.

궁비라는 천한 몸에서 태어나 천운으로 왕의 총애를 받아 높은 지위에까지 오르게 되었으면 진정 임금을 위하는 뜻이 무엇인지를 알아 그 은혜를 갚아야 할 것이 당연한 도리인데, 오히려 그 힘을 믿고 비행을 일삼아 온 배전의 부끄러운 행적은 그가 모시던 방탕했던 왕의 행적과 매우 닮았다고도 볼 수 있을 것이다.

충숙왕에서 충혜왕으로 이어지는 불륜의 역사는 윗물이 아랫물로 흐르는 모습처럼 신하들까지도 충신으로서의 길이 아니라 나라를 어지럽히는 불충한 간신으로 이끌었던 것이 아닐까.

부정한 빛깔로 역사를 물들이다

배전의 묘소를 찾아서

배전의 본관은 흥해로 흥해는 경상북도 포항시에 속하는 지역이었다. 경기도 파주시 조리읍 오산리에는 작은 촌락이기는 하지만 흥해 배씨 후손들이 옹기종기 모여 혈통을 이어가고 있다.

그곳을 찾아가기 위하여 이른 아침부터 집을 나섰던 필자는 한참을 헤매다가 차 한 대가 갈 수 있을 정도로 좁고 구불구불한 골목길로 접어들게 되었다. 그 길을 따라가다 보면 자연석으로 세운 안내문을 발견할 수 있는데 거기에는

흥해배씨흥해군묘興海裵氏興海君墓

흥해 배씨 흥해군 묘

라는 글귀가 쓰여 있어 가야 할 방향을 일러주고 있었다. 거기다 차를 세우고 비포장 길을 한 2백 미터 정도 산 쪽으로 오르니 묘소의 주인을 알리는 빗돌이 먼저 눈에 띄었다. 그리고 그 옆에는 고인이 이 세상을 떠난 후 645년이 지난 현재까지 한 자리를 지키고 있는 두 개의 문인석이 모진 풍우를 견딘 채 서 있었다. 이들은 헤아릴 수 없을 만큼 무수한 병화兵禍가 짓밟고 갔지만 그래도 나는 이곳을 떠나지 않고 배전 대감의 잔 심부름과 대감의 이력을 안고 있겠다는 듯 곧게 서 있어 희미하게나마 옛 자취를 느끼게 해 주었다.

그러나 묘 주변을 꼼꼼히 살펴보면서 필자는 이곳에서도 다시 한 번 허탈한 감정이 치솟아 자신도 모르게 큰 한숨을 쉴 수밖에 없었다. 650년이라는 긴 역사를 담고 있는 빗돌과 문인석 그리고 장명등을 살펴보았지만 이미 어느 몰지각한 자의 손에 넘어갔다는 것이 확연하게 보였기 때문이다.

이쯤해서 나는 우리나라의 문화재 관리청 책임자에게 감히 묻고 싶다. 필자와 같이 일반인 중에서도 역사를 사랑하는 순수한 마음 하나로 기존의 역사에서 제대로 다루지 못해 묻혀 버려 보이지 않는 문화재까지도 찾아보겠다며 미약하나마 노력을 아끼지 않는 사람들이 있다. 그런데 필자가 다녀본 선현들 묘소의 상당수가 주변의 비석, 상석 등이 언제 누가 가져갔는지 자취를 알 수가 없는 경우가 허다했다.

재물을 훔쳐간 도둑을 잡는 것만 중요한 사안이 아니다. 요즘 도심 변두리로 가보면 정원 조경 사업을 하는 집에는 어김없이 고태스럽고 나이 먹은 문화재급 석물이 있음을 볼 수 있다. 너무나 손쉽게 문화재가 절도당하고 이것을 개인적 이익을 위해 사고파는 행위가 근절되지 않는 이상 이 땅에 존재하는 역사적 금석물들이 모두 없어지지 않는다고 누가 장담할 수 있겠는가.

배전 묘역 전경

묘역을 수호하고 있는 수목들은 가을에서 겨울로 계절이 교체되고 있음을 알려주는 듯 풀이 죽어있는 잡목들 위로 스산한 찬바람이 스치고 있었다.

그 가운데 용을 이고 있던 빗돌에는

고려삼중대광흥해군배공지묘배타양군부인손씨

高麗三重大匡興海君裵公之墓配陀陽君夫人孫氏

라는 글씨가 커다랗게 쓰여 있었다.

배전 묘비

배전 옛 묘비

일설에 의하면 정사를 어지럽혔던 천례賤隷 출신 강윤충은 배전이 자신의 아내와 처제를 남겨 놓고 자주 출타를 하니, 문란했던 충혜왕과 함께 무상으로 출입하며 그들을 범하였다고 한다.

예나 지금이나 근본이 불충한 사람들이 살아가는 방법은 하나같이 부정한 색깔을 띠고 있는 듯하다.

그런 방법들을 통해 문산계 정1품인 삼중대광三重大匡이란 상상할 수 없을 정도의 벼슬을 받았으니 그 당시 정치가 얼마나 문란했는지 짐작이 가고도 남는 대목이다.

빗돌을 둘러보고 간 길을 다시 오면서 배전의 비문 내용이 머릿속에서 아른거렸다. 강윤충과 함께 개인적 탐욕을 채우느라 국사를 어지럽혔다는 기록은 한 줄도 없고, 충성된 마음으로 국가의 안위를 걱정하였다는 내용이 발걸음을 무겁게 하였다.

도둑질도 알아야 할 수 있기에 가르치고 배우는 사람들이 있다고 하지 않는가. 배전이 그토록 혼신을 다해 모시던 강윤충은 생전에 어떠한 일을 했고 혈통은 어찌되는지 한번 살펴보자. 강윤충의 아버지는 곡산파谷山派 상산백象山伯 서庶로 근본은 천례였다. 강윤충은 6형제 중 셋째로 태어났으며, 바로 위의 둘째 형은 이성계의 계비 신덕 왕후 강씨의 아버지 강윤성康允成이다. 그렇다고 본다면 신천 강씨 친정의 근본은 귀족도 중인도 양반도 아닌 천례 신분이었음을 알 수 있다.

일찍이 낭장郎將 백유白儒의 아내를 강간한 일로 감찰사의 탄핵을 받아 장형杖刑을 받고 귀양 가기도 하고, 1347년(충목 3)에 왕을 꾀어서 사사로운 원한이 있던 조득구趙得球를 제주로 귀양 보내기도 하였다. 게다가 덕녕 공주의 총애를 믿고 정방政房의 제조提調가 되어 인사권을 장악하고 뇌물을 받으며 횡포를 부린 일로 김윤金倫과 이제현李齊賢, 박충좌朴忠佐 등으로부터 '영귀榮貴를 탐하여 백 가지로 욕심을 부리어 일대一代의 흉악을 저지르는 자' 라는 탄핵까지 받았다. 그럼에도 김남이라는 사람의 아내를 강간했으며, 본처가 엄연히 있는데도 불구하고 남편의 상복도 벗지 못한 밀직 조석견趙石堅의 아내를 취하여 모든 재산을 빼앗기도 한 흉물이었다. 이렇게 평생 동안 남의 부인과 여인을 빼앗아 농락하고 부정한 재물을 모으는 일에만 힘을 쏟다가, 충혜왕의 서자인 석기釋器를 왕으로 받들려는 반역에 참여한 일로 살해당하는 비참한 결말을 맞이하지 않았던가.

당대에 함께 했던 고려의 충신들인 이색, 권근, 길재, 이승인 등과 같이 인품과 학식이 높은 어른을 스승으로 모시는 영광을 누리지 못하고, 얼룩진 역사의 주역을 표본으로 삼고 살았다는 것이 부끄러웠는지 필자가 찾아갔을 때 배전은 어떤 물음에도 일체 대답을 하지 않았다.

홍해 배씨의 혈통

배씨는 분성 · 성산 · 달성 · 홍해 4개 파가 있다. 여기에서는 배전을 중심으로 한 홍해 배씨에 대해서만 알아보기로 하자.

홍해 배씨는 고려 말에 벼슬한 배경분裵景分을 파시조派始祖로 한다. 그의 후손 전詮이 고려 충혜왕 때 공을 세워 홍해군에 봉해졌으므로 후손들은 홍해 배씨라고 한다. 이 사실은 배삼익裵三益과 아들 배용길裵龍吉이 저술한 『곡강세첩』曲江世牒에도 밝혀져 있다. 그리하여 홍해 배씨는 배경분을 시조로 하고 모셨는데, 1764년(영조 40) 다시 분성 · 성산 · 달성 · 홍해는 함께 합하였으나 각파에서 이론異論이 있고 계대소목系代昭穆이다 보니 환원하여 배경분을 다시 파시조로 모시고 있다.

| **홍해 배씨** 세계도 |

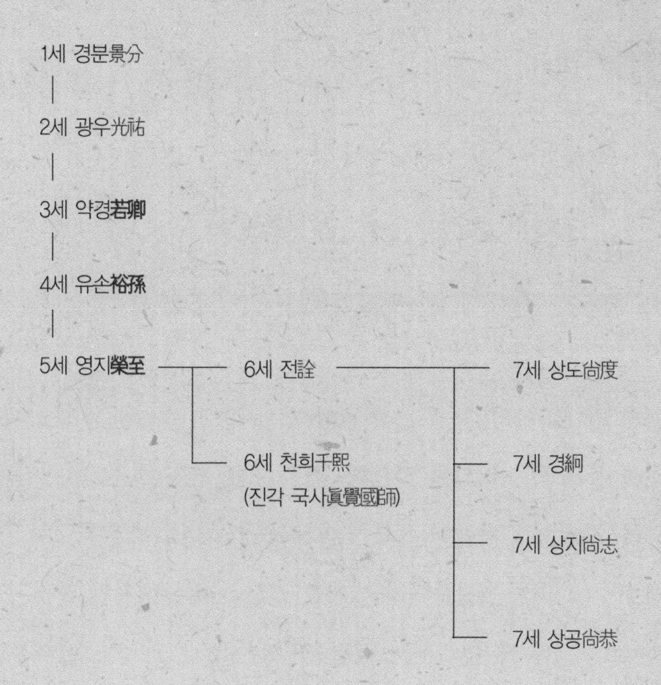
1세 경분景分
2세 광우光祐
3세 약경若卿
4세 유손裕孫
5세 영지榮至
6세 전詮
6세 천희千熙
(진각 국사眞覺國師)
7세 상도尙度
7세 경絅
7세 상지尙志
7세 상공尙恭

혼돈의 시대에 펼쳐진 욕망의 끝

고려 최대 권력가 최우는 언제나 장사 두 사람을 대동하고 자신의 좌우에서 부액扶腋하도록 하였다. 이는 가히 왕자를 능가하는 위품이었는데, 부액하는 자들의 용모 또한 남들보다 뛰어났다.

최우를 보좌하는 김준이라는 자는 신분은 미천했지만 잘생기고 활을 잘 쏘았으며 기운이 세서 전전승지殿前承旨가 되었다. 이때부터 최우가 출입하는 곳에는 김준이 그림자같이 좇아다녔는데, 임금을 뵈러 갈 때나 대신들과 이야기할 때, 뿐만 아니라 밤에도 최우가 자는 옆방에서 지키며 그의 신변을 보호하였다.

최우에게는 젊은 첩이 많았는데 그중 안심安心이라는 여인이 인물 곱기로 이름이 높았다. 안심은 최우를 보면 언제나 반기며 마중 나와 방안으로 모시면서 최우의 허리를 주물러 준다 다리를 주물러 준다 하며 애교를 떨어 그의 마음을 흡족하게 해 주었다.

언제나처럼 밖을 지키던 김준은 방 안에서 안심과 최우의 수작을 전부 들으면서 은근히 마음속으로 부러워하였다.

최우는 하룻밤 사이 여러 첩들의 방을 돌며 유흥을 즐기었다. 어느 날 최우가 취하여 안심이 아닌 다른 첩의 방에서 잠이 들자 김준 홀로 안심의 처소로 들어가게 되었다. 김준은 안심을 건드리면 자신의 목이 달아날 것이라는 사실을 알면서도 미인을 옆에 두고 가만히 앉아 있자니 심사가 야릇해졌다.

"소인이 조금 시장하오이다. 먹을 것 좀 없습니까?"

전부터 기생들을 많이 찾던 김준은 여자를 다루는 데 능란하여 이처럼 안심에게 말을 걸었다. 처음에는 김준을 경계하던 안심도 이야기를 나누다보니 마음이 풀려 결국 술상을 차려 내왔다.

안심이 김준을 유심히 보니 매우 호쾌한 남자였다. 최우는 이미 나이 오십을 넘겼으나 김준은 이제 서른이 가까운 미남이었으니 한창때인 안심의 마음이 흔들리지 않을 수 없었다. 결국 김준은 안심을 자기 것으로 만들 수 있었고, 이후부터 틈나는 대로 안심을 찾아 즐기기 시작하였다.

당연히 이 비밀은 오래 가지 못하고 곧 최우에게 발각되고 말았다. 그런데 뜻밖에도 최우는 김준을 죽이지 않고 경상도 고성固城으로 귀양을 보내는 선에서 일을 마무리 하였다. 김준은 안심을 이용하여 때를 보아 서울로 올라올 준비를 하였고, 불과 2년 후에 계획대로 서울로 돌아와 최우의 곁을 지킬 수 있게 되었다. 최우는 지난 일도 있고 하여 김준이 낮에만 곁에서 호위하도록 허락하였다.

그러던 중 최우가 세상을 떠나 최고 권력자가 없어져 버렸다. 원로

김경손과 민희 등은 임금에게 전권全權을 바쳐야 한다고 주장했으나, 이때 김준이 나서서 자신의 사돈 최양백崔良伯 등과 합세하여 최우의 아들 최항을 옹호하며 반대파를 물리쳤다. 이로써 최항이 실권을 계승하여 신양공이 되었다.

최항은 실권을 잡으면서 자기 아버지의 궁첩 중 젊고 고운 자는 자신이 차지하고 나머지 30명은 내보냈다. 최항은 본시 기생의 몸에서 출생한 자로 잠깐 승려가 되어 능주綾州(현 전라도 화순) 쌍봉사雙峰寺에 있다가 환속한 자로서, 운 좋게 실권을 차지하여 다시 세상맛을 보게 되자 자신의 저택 진양후에 많은 기생을 두고 주색에 빠져들었다.

이렇게 7~8년간을 득세하며 호화롭게 살던 최항은 향락적인 생활의 끝이 늘 그렇듯 병에 들어 버렸다. 어느 날 전전승지에게 부축되어 후원으로 나가 작은 정자에 앉으니 눈앞에는 봄기운이 가득하여 낙화가 펄펄 날리고 있었다. 자신이 오래 살지 못할 것을 짐작한 최항은 지난날을 회상하며 시 한 수를 읊었다.

桃花香裏幾千家　도화향리기천가
錦幄氤氳十里斜　금악온온십리사
無賴狂風吹好事　무뢰광풍취호사
亂驅紅雨過長河　난구홍우과장하

복숭아꽃 향기 그윽한 서울에
비단 장막에 서기 어리어 멀리 뻗쳤네.

광풍이 건듯 불어올 제
낙화는 붉은 빗발같이 앞 내에 떨어지네.

최항은 선인열宣仁烈과 유능柳能에게 자신의 아들 의竩를 부탁하고 죽었다. 의는 최씨 정권의 마지막 인물로서 최충헌의 증손이 된다. 최의가 실권을 잡게 되자 그의 장인 되는 거성원발巨成元拔과 최항이 특별히 아꼈던 첩 심경心鏡이 득세하게 되었다.

어느 날 전에 최우의 첩이었던 안심이 김준을 불러 귀띔을 하였다.

"여보 장군, 세상이 이리 잘도 바뀌니 몸조심하지 않으면 위태로울 것입니다. 그전에는 내가 뒤에서 구해 주었지만 지금은 내 힘도 없고, 장군이 잘못되면 나의 목숨 또한 위험하게 되어 버렸습니다."

안심이 초초한 빛을 보이자 김준은 다가앉으며 물었다.

"무슨 일이 생긴 것이오?"
"생기고 말고요. 지금 진양공은 이전 진양공의 첩 심경과 한편이 되어 있지 않습니까. 아무쪼록 심경을 조심해야 하옵니다."

안심은 불안해 하면서도 김준을 독려하며 의중을 살피기 시작했다.

"장군은 이곳에 여러 해 출입하면서도 높은 데 앉을 생각이 없으신 겁니까?"

사랑하는 여인이 기대하는 눈빛으로 자신을 바라보자 김준은 자신감에 넘쳐 대답했다.

"좋다. 사내대장부로 태어나서 이렇게만 살 수는 없는 법! 주인을 치고 너를 당당히 데려오도록 하마."

김준의 의기양양한 대답에 안심은 오래간만에 흐뭇한 사랑에 사로잡혔다.

이 무렵 권력을 잡은 최의는 전부터 있던 원로격인 사람을 싫어하여 기회만 있으면 내쫓고자 하였다. 그러던 중 대장 가운데 송길유宋吉儒가 남의 물건을 탐하였다는 죄로 도당에서 문제가 되었다.

자신의 당이 없어지게 될지도 모르는 상황이 되자 김준은 미리 유경과 유능에게 도움을 요청하였는데, 이것이 곧 최의의 장인 거성원발에게 알려져 최의의 귀에까지 들어가게 되었다. 최의는 유경, 유능, 김준을 불러 파벌을 만들어 나쁜 짓을 한 자를 두둔한다며 노발대발하였고, 이후부터 최의는 점차 김준을 멀리하기 시작했다.

이에 김준은 얼마 전 안심과 모의한 것처럼 최의를 없애기로 마음을 굳히게 된다. 계획을 진행하던 김준은 박희실, 이연소, 유경, 유능, 박송비, 임연, 이주 등을 불러 모아 4월 8일 관등놀이를 가는 날 거사를 치르기로 결정하였다.

이때 중랑장 이주가 이 기회를 이용해 공을 세우고 싶은 마음에 친한 친구인 최문본과 최양백 등에게 이 사실을 말하였다. 이주에게서 반역 모의를 들은 최양백은 김준의 사돈이었다. 최양백은 고민하다 자신의 사위되는 김준의 아들 김대재金大材를 만났다. 김대재는 이미 사태 파악을 하고 있었기에

> "장인, 세상이 뒤숭숭하여 우리 아버지께서 거사하실 모양이오니 형세를 잘 보아야 할 듯하옵니다."

하며 은근히 일러주었다.

그러나 최양백은 김준의 기대와는 달리 이 사실을 최의에게 고해바치고 말았다. 놀란 최의가 유능을 불러들여 변고가 진행되고 있음을 상의하자, 일에 가담하였던 유능은 마음을 바꾸어 최의의 편에 서게 된다. 집으로 돌아온 최양백은 김준이 죽으면 그의 아들인 자기 사위한테까지 문제가 생기고, 이는 결국 자신의 딸에게 화가 미칠 것이므로 딸을 불러 남편인 김대재를 진양공 댁으로 불러 오라 일렀다.

말을 전해들은 김대재는 수상한 마음에 아버지 김준의 처소로 가서 고하였다. 김준은 일이 모두 발각된 줄 알고 즉시 자신의 부하로 있는 별장 임연과 함께 우선 삼별초를 사청射廳으로 모은 다음, 야별초의 지유 한종유를 죽이고 임연에게는 진양공 저邸에서 반란이 일어났다 선전하라고 말하였다. 임연은 대신들의 집을 돌아다니며 외쳤다.

"진양공 댁 상공은 이미 세상을 떠났다. 무사들은 삼별초 사청으로 모이라!"

김준은 가장 신망하는 추밀사樞密使 최온崔昷을 모셔오게 했다. 그리고 임연과 같이 야별초의 군대를 인솔하여 진양공 최의의 집으로 쳐들어가 격전 끝에 최의 살해에 성공하게 된다. 거사를 단행한 김준은 밀고한 최양백과 계교를 꾸민 유능까지 모조리 죽이고 만다.

이로써 최씨 4대 60여 년간의 무신 세력은 끝이 났다. 김준은 대신 최온과 유경 등을 대동하고 궁궐로 들어가 왕정을 복고시켰다. 그러나 왕정복고는 말뿐이고, 사실 최씨 정권과 같이 이번에는 김준이 정권을 농락할 따름이었다. 고종 다음 원종이 몽고에 갔다 온 이후, 왕은 김준을 해양후海陽候로 봉하고 최우 때와 같이 대우해 주었다.

김준은 이제 마음 편히 안심을 만나며 즐길 수 있었지만 안심의 욕심은 더욱 커져 이제는 김준의 아내가 눈에 거슬리기 시작했다. 그리하여 어느 날 깊은 밤, 안심은 김준에게서 자신을 정실로 앉혀준다는 약속을 받아내고 만다.

그러나 김준의 아내는 이미 사람을 보내 그들의 동태를 파악하고 있었다. 김준과 안심의 모의를 전해들은 김준의 아내는 무당 요謠 부인夫人을 불러 들여 걱정거리를 털어놓았다. 그러자 무당은

"이곳은 그전 진양공이 있던 곳이 되어 그렇습니다. 다른 곳으로 이사하셔야 됩니다."

라고 김준의 아내에게 말하였다.

"그렇게 하면 다 해결이 될까?"

"이사만 하시면 그런 것은 이 요방媱房이 다 없애어 드립니다."

결국 김준의 아내는 새 집을 지어야 한다며 밤이나 낮이나 김준을 집요하게 졸라대었고, 할 수 없이 김준은 아내의 말을 따라 겨울임에도 불구하고 공사를 시작하게 되었다.

그리하여 죄 없는 민생들은 부역으로 나와 매일같이 고된 일을 해야만 했다. 그뿐 아니라 김준은 이사할 때 낙성식을 굉장하게 하며 임금까지 불러내었고, 김준의 위세에 눌려 힘이 없던 임금은 김준의 아내를 택주宅主로 봉하여 주기까지 하였다.

그런데 김준이 새로 이사한 집으로 안심을 불러오려 하자 아내가 무당 요 부인을 내세우며 먼저 물어보라고 하였다.

무당의 대답은 뻔한 것이었다.

"새로운 집에 옛날 요귀가 들어오면 쉽사리 망하옵니다."

불길한 예언에 김준이 망설이는 동안, 김준의 아내는 몰래 사람을 보내 안심을 죽이고 만다.

한편 김준의 부하인 임연이 시골에서 대정隊正직을 얻어 지내고 있을 때 그 마을의 세력가인 임효후林孝候라는 자가 임연의 아내를 강간하는 일이 발생했다. 화가 치민 임연은 임효후의 아내를 강간하였고, 이 일로 인해 사형 선고를 받게 되었다. 그러나 이 사실을 안 김준이 임연을 살려주어 이 둘은 부자의 의를 맺게 될 정도로 가까워졌고, 이후부터 임연은 김준의 곁에서 활약하여 추밀부사의 자리에까지 오르게 된다.

그러나 김준의 아들 김대재가 아버지의 세력만 믿고 임연의 토지를 빼앗는 일이 발생하면서 그 둘의 사이는 서먹해져 버렸다.

어느 날 임연의 아내가 종을 죽였다는 소문을 들은 김준이, 이러한 사건은 법으로 다스려야 한다며 비아냥대자 임연 또한 김준의 아내가 안심을 죽인 사실을 들먹이며 비웃어대었다.

이러한 둘의 갈등을 눈치챈 낭장 강윤소는 임연에게

"부사, 지금 국세는 매우 위태로운 상황이오. 권신을 없애고 충신으로서의 도리를 다 해야 하오."

하며 의중을 떠보자 임연은 왕명만 내리라며 자신감을 보였다. 원종 임금은 처음에는 김준의 강력한 세력을 두려워하여 명령을 내리기 주저하였으나, 강윤소의 설득에 못 이겨 결국 김준을 죽이라는 왕명을 내리게 되었다.

결국 김준은 이전에 자신이 주인인 최의를 죽이고 그 자리를 차지했던 것처럼, 이번에는 자신의 부하인 임연에 의해 목숨을 잃어버리고 만다.

분에 넘치는 욕심으로 인해 결국 목숨을 잃어버리고 만 안심과 김준의 삶은 당시 정세만큼이나 혼란스러움이 가득해 보인다. 자신이 모시던 주인을 살해하고 그의 여인을 취한 김준과 사랑만으로는 만족하지 못하고 지나친 욕심을 부린 안심의 모습은 쌍둥이마냥 그 근원이 닮지 않았던가. 인간의 욕망과 탐욕에 대한 결말은 언제나 비극이라는 역사가 주는 교훈을 우리는 항시 잊지 말아야 할 것이다.

제2부

본분을 망각한 조선

왕실을 뒤흔든 세자빈 간통 사건 | 세자빈 유씨와 이만 |

목숨과 바꾼 몹쓸 사랑 | 화의군 |

패륜 군주에게 죄를 묻다 | 연산군 |

"내가 높다 해서 충사들이 간하는 말을 거절하지 말지며, 내가 총명하다 해서 어리석은 백성들을 가벼이 여기지 말지니라.

아름다운 궁녀들이며 금은 패옥은 이 나라를 잘 다스려 달라는 뜻으로 그대를 에워 싼 것이며,

듣기 좋은 풍악이나 맛이 있는 음식은 그대의 몸과 마음을 평안히 가져 온 나라 안에 평화스럽게

덕이 미치도록 하라는 뜻으로 세자에게 진상進上되는 것이로나."

글을 읽기 전에

자리가 사람을 만든다는 말이 있다. 철이 없는 새색시도 출산을 하고 나면 모정이 충만한 가운데 어머니의 자리를 지키는 강한 사람으로 변모해 간다. 마찬가지로 가장은 가장의 자리에 어울리는 사람으로 변해 가고, 사회에서 중책을 맡은 사람은 그 자리에 합당한 사람이 되고자 스스로 거듭나는 과정을 거친다.

그러나 간혹 자기 자리와 본분을 지키지 못하여 신문의 사회면을 어둡게 장식하는 사람들이 있다. 가장이 가장답지 못하고, 어머니가 어머니답지 못하며, 사회 지도자가 지도자답지 못하여 일어나는 비극들이다.

임금은 대소 신료로부터 이름 없는 백성에 이르기까지 편안한 삶을 이어갈 수 있도록 은혜와 덕을 베푸는 사람이다. 그런데 우리 역사를 돌아보면 임금의 본분을 지키지 못하고 사람의 도리마저 잃어, 온 나라와 백성을 비탄에 빠뜨린 예가 적지 않았다. 그중에서도 가장 대표적인 군왕君王이 조선조의 연산군일 것이다.

불륜의 왕실사 제2부에서 다룰 인물은 내시와 통정하는 불륜을 저지른 세자빈 유씨와 조선조 세종 임금의 아홉 번째 왕자로 여색을 밝히다 비참한 최후를 맞이한 화의군, 마지막으로 위에서도 언급했지만 수많은 악행과 비행으로 조선조를 통틀어 희대의 폭군으로 불리우는 연산군이 그 주인공들이다.

세자빈 유씨는 세자빈이라는 본인의 신분을 망각한 채 내시와 불륜을 저지르는 파렴치한 행각을 궁중에서 벌일 수 있었던 것일까? 화의군은 어찌하여 일국의 왕자 신분으로 태어나 그처럼 어이없는 불륜을 저질러 버렸던 것일까. 또, 마음대로 취할 수 있는 궁녀들이 주변에 널렸는데 연산은 어찌하여 전국의 반반한 여인들을 모두 끌어 모아 자신의 노리개로 삼았던 것일까?

사람 된 도리를 잃고 본분을 잃은 이들의 생애를 돌아보면서 사람이 사람답게 사는 방도를 강구하고 현재 내가 속한 자리의 소중함을 깨닫는 기회로 삼았으면 좋겠다는 마음 간절하다.

불륜의 왕실사

왕실을 뒤흔든 세자빈 간통 사건

세자빈 유씨와 이만

새 왕조의 갈등은 시작되고

때는 태조가 즉위한 1392년 8월 7일. 우여곡절 끝에 거대한 왕씨 왕조를 무너뜨리고 새 왕조의 문을 연 지 겨우 20일 만의 일이었다. 이성계는 등극 의식을 가진 후 사흘 뒤에 왕씨 성을 지닌 자는 모조리 강화도와 거제도의 두 섬에 분치分置시켰다. 그리고 조정을 동반東班과 서반西班의 양반兩班으로 나누었다. 동반은 문관文官을, 서반은 무관武官을 가리키는 것이니, 동반과 서반의 요직에 벼슬한 가문을 양반 가문이라 하였다. 그리하여 모두가 그 신분을 얻거나 얻은 신분을 유지하기 위하여 자연스럽게 임금의 통치에 따라야 했고, 그 아래서 파벌도 만들어졌다.

조정이 어느 정도 틀이 잡히자 이태조李太祖는 왕실을 정리하기 시작한다. 등극 초에 명분만 제수除授했던 왕자와 공주들에게 하나하나 작록爵祿을 내렸는데, 왕비 강씨에게는 현비顯妃를, 큰 아들 방우에게는 진안 대군鎭安大君의 이름을 내려 주었다.

그런데 이 진안 대군이란 작록이 내려지자마자 바로 방우에게서 두루마리 상소문이 올라왔다. 내외전內外殿에서는 작호를 치하하는 축하연이 한창이었는데 푸른 하늘에 날벼락 같은 방우의 편지가 상소문 형식으로 진상된 것이다. 거기에는 아버지의 역성혁명이 정당하다고 생각하지 않았기 때문에 진안 대군이란 봉군을 받을 수 없다는 반발이 담긴 내용이 담겨 있었다. 아버지 이성계는 애가 바짝 달아 해가 서산마루에 기울 때까지 조급한 속마음을 달래기 위해 반복해서 주변을 서성거리기만 하였다.

강비의 애끓는 소원

한편 뒤늦게야 다음 왕권의 주인인 큰아들 방우가 행방불명이 되었다는 소식을 들은 강비는 두 손을 꼭 모두어 잡고 하느님과 부처님에게 감사 기도를 올렸다. 태조의 첫째 부인 신의 왕후 한씨의 장남이 사라져 자신의 태생이 왕위에 오르기 쉬워졌으니 말이다. 이제 온 세상을 얻게 되었으니 신께 감사해야 하지 않겠는가.

강비의 가슴속에 늘어 붙어 떠나지 않던 큰 근심 중 하나가 방우에 대한 것이었는데, 바로 그 인물이 행방불명이 되었다는 것이다. 방원을 비롯한 다른 전실前室 왕자들은 마주치기만 하면 맞대놓고 원수나 보는 듯이 고함이라도 질러대니 차라리 마음이 놓였지만, 방우만큼은 도무지 마음을 놓을 수가 없는 위인이었기 때문이다.

어떤 사람들은 말수도 없고 그저 점잔만 빼고 있는 그를 보고 사람이 덜 되었다며 수군수군거렸지만, 글 잘하고 글씨도 잘 쓰고 명나라에 사신으로 가서도 고려 공민왕의 친아들인 우왕禑王의 친조親朝를 정정당당히 품청稟請한 것 등을 보아도 모자라는 위인이기는커녕 고려에 대한 자부심이 강한 영민한 인물이라는 것쯤은 알고도 남음이 있었다.

강비는 자기 소생으로 하여금 세자가 책봉되도록 일체 공작을 다 꾸며 놓고 있으면서도, 은근한 근심 덩어리는 고함이나 질러대는 방원이 보다는 오히려 방우에게 있었다. 그런데 방우 본인이 행방불명이 되었다 하니 실로 하늘의 도움이나 마찬가지가 아닌가.

시녀 춘심을 불러 보는데

"춘심이 거기 있느냐."

왕비 강씨의 부름에 어디에 있었는지 춘심이가 얼른 대령했다. 지난날 경덕궁 사랑채에서 정안군 방원과 뜨거운 정을 나눈 뒤라 어딘

지 부자연스럽고 부끄러워하는 빛이 아직은 남아 있었다. 여장부 중에서도 여걸인 강비도 춘심과 방원의 관계만은 아직까지 눈치를 채지 못하고 있었다.

"너는 얼른 가마를 몰아 정도전과 남은 두 대감을 급히 드시라 여쭈어라. 다른 말은 필요 없고 이 말만 전해도 바로 알아들으실 것이다. 경덕궁의 정안군이 눈치채지 못하도록 아무도 몰래 내게 바로 오라고 말씀드려야 한다. 얼른 다녀오너라!"

춘심이가 서둘러 정도전 댁으로 가 왕비 강씨의 말을 전하자 정도전과 남은 두 대감은 입궐하여 먼저 태조 이성계에게로 향했다.

"무슨 일이시오, 두 분 대신."
"전하, 진안 대군께서는 아직도 아무 소식이 없으시온지요."
"자식이 아버지를 버리고 행방불명이라니, 세상에 어찌 이런 일이 있을 수 있단 말이오!"

무척 수척해진 태조의 용안은 노기로 가득 차 있었다.

"망극한 말씀이오나 석가도 왕위를 싫다 하여 입산하였으며, 허유許由 같은 이는 요堯 임금의 왕위 이양 사유를 듣고 귀까지 씻었다 하지 않사옵니까. 전하께서만 겪으시는 일이 아니오니 과히 진념軫念치 마시옵소서."

불난 집에 부채질격인 정도전의 말에 이성계의 눈이 분노로 번쩍 빛났다. 그러나 정도전은 여기서 그치지 않았다.

"전하, 화살은 이미 시위를 떠났으며 미룰 수 있는 시간이 더 이상 없사옵니다. 이를 유념하여 주시옵소서."

이렇게 말을 마친 뒤 두 대신은 바로 강비의 내전으로 향하였다. 이성계에게 실의와 낙담의 검은 그림자만 남겨 놓고 말이다. 강비의 처소로 온 정도전과 남은은 의기양양해 있었다. 그러나 세상일이 마음먹은 데로 되는 경우는 잘 없는 법이 아닌가.

마침 조준과 배극렴 두 대신도 입궐을 하여 이성계에게 적장 입사嫡長立嗣, 즉 한비韓妃 소생인 큰 아들 방우의 세자 책봉을 강력히 주장하고 있었다. 논리가 정연한 배극렴은 다음과 같이 말하였다.

"예로부터 공정한 세자 책봉이 행하여 지지 않은데서 역적모의가 일어났고, 왕자들의 난리 또한 마찬가지옵니다. 전하께옵서는 지보와 용력이 있고 공이 높은 왕자를 하루라도 빨리 고르셔야 하오며, 그 분으로는 바로 정안군이 가장 합당하다 사료되옵니다."

강비의 명에 의하여 정도전과 남은 두 공신을 입시하게 한 춘심이는 돌아가는 길에 방원에게 들려 넌지시 돌아가는 상황을 귀뜸해 주었다. 춘심은 한 번 방원과 관계한 뒤로는 온몸과 마음이 그에게로 쏠리어 있었다. 세자 책봉을 눈앞에 두고 각축이 있으리라는 것을 예상한 방원이 춘심이를 손아귀에 넣어 두었기에 이 칼날같이 아슬아슬한 판국에 소중한 정보들을 쉽게 얻을 수 있었고, 미리 배극렴과 조준, 두 정승을 찾아가서 피를 토하듯 울부짖으며 자신이 왕위를 계승할 적임자임을 강조했던 것이다.

서자 방석을 왕세자로 세우다

어린 서자庶子 이방석을 세워서 왕세자로 삼았다. 처음에 공신 배극렴裵克廉 · 조준趙浚 · 정도전鄭道傳이 세자를 세울 것을 청하면서 나이와 공로로써 청하고자 하니, 임금이 강씨를 존중하여 뜻이 이방번李芳蕃에 있었으나 이방번은 광망狂妄하고 경솔하여 볼품이 없으므로 공신들이 이를 어렵게 여겨 사적으로 서로 이르기를

"만약에 반드시 강씨가 낳은 아들을 세우려 한다면, 막내아들이 조금 낫겠다."

고 하더니, 이때에 이르러 임금이

"누가 세자가 될 만한 사람인가?"

라고 물으니, 장자로서 세워야만 되고 공로가 있는 사람으로 세

워야만 된다고 간절히 말하는 사람이 없었다. 극렴이 말하기를
"막내아들이 좋습니다."
하니, 임금이 드디어 뜻을 결정하여 세자로 세웠다.

―1392년(태조 1) 8월 20일 조선실록 기사

1392년(공양 4 · 태조 1) 8월 20일.

전날 밤 태조 이성계李成桂와 강비康妃는 자리에 든 뒤에도 내내 함께 뜬 눈으로 밤을 지새웠다. 실로 오랜만에 맞이하는 부부의 잠자리였기 때문이다.

이성계는 1392년 3월, 말에서 떨어지는 사고를 당하여 중상을 입었고, 이로 인해 이성계와 강비는 그간 잠자리를 같이할 수가 없었다. 게다가 새 왕조가 열리고 눈 코 뜰 새 없는 하루하루가 이어지다보니 부부간의 관계는 다소 소원할 수밖에 없었다.

간밤 임금 부부는 마치 10년이나 헤어졌던 젊은 부부처럼 정염情炎의 불을 태웠고 또 가슴속을 털어 이야기를 주고받았다. 그리고 날이 밝자 이성계는 커다란 결심의 결과를 공포하게 되었다. 막내 왕자 방석芳碩을 세자로 책봉하리라 마음먹은 것이다. 그 뜻을 누구보다 잘 아는 정도전, 배극렴 등과 같은 신하들도 적극적으로 방석을 추천하고 나서자 이성계는 드디어 방석의 세자 책봉을 만천하에 선포하게 된 것이다.

임금의 뜻이 이러하니 세상 그 누가 이견을 제시하고 나서랴만 주지하다시피 이성계에게는 전처 신의 왕후 한씨 소생의 강성한 아들들

이 있었다는 것이 문제였다. 특히 조선 개국에 엄청난 공을 세운 방원의 존재감으로 해서 태조 이성계가 서둘러 매듭지은 이날의 세자 책봉은 이미 피바람의 앞날을 예고하고 있었다.

금강산이 높다 하나 소나무 아래에 있었다

그 시각, 세자 책봉 소식을 접한 방원은 두 주먹을 불끈 쥐고 치를 떨었다. 그러나 아버지의 결정이니 딱히 어찌 해볼 도리가 없었다. 분노를 삭이지 못하여 어쩔 줄 모르던 방원이 작게 중얼거렸다.

"보잘 것 없는 계집 하나의 베개 밑 송사로 나라의 큰일을 그릇 분부하시다니요, 아버지."

태조 이성계의 이번 결정이 다소 충격적인 것은 사실이지만 강비를 '보잘 것 없는 계집' 이라고 일축해 버린 방원의 표현 또한 과한 데가 없지 않아 보였다. 분하고 억울한 심정 때문이었으리라. 그런데 공신들 가운데서도 대다수가 이번 일을 놓고 얼굴을 찌푸리고 있었다.

"장차 큰 변고가 닥칠 텐데 이를 어찌 막지요?"
"변고 정도면 괜찮겠소. 아마 피바람이 불겝니다."

모두 장차 있을 왕자의 난을 예감하고 있었던 것이다.

한편 태조 이성계의 계비 강비는 흐뭇한 마음을 감추지 못하고 있었다. 신천 강씨인 강비가 하루아침에 호칭이 현비顯妃로 변한 것이다. 현비는 용상에 오른 태조 이성계를 보나 이 나라의 국모인 자기 자신을 보나 세자가 된 아들 방석을 보나, 모든 것이 신기하고 고마워서 하루에도 수십 번씩 '부처님, 감사하여이다'를 연호하였다. 피의 결정結晶이요, 여리디 여린 여인네의 일편단심이 서린 각축의 결과였던 것이다.

방석이 세자로 책봉된 지 일 년이 흐른 어느 날 세자 방석이 강비의 방을 찾았다.

> "세자로 책봉된 뒤에 행세하기가 어려워지셨습니까?"
>
> "예, 어마마마. 「대보잠」大寶箴이라는 글에 이런 말이 있사옵니다."
>
> "그래요, 어떤 말입니까."

방석은 임술년 생이니 금년 나이는 어언 열두 살이 되었다. 세자로 책봉된 뒤로 한 해를 넘겼으니 나이도 달라졌고 몸가짐도 제법 의젓해졌다. 세자의 스승인 서연관書筵官들을 나라에서 으뜸가는 선비들로 골라 글공부를 해서 그런지 세자는 1년 사이에 아는 것이 눈에 띄게 많아졌다. 어머니 강비의 물음에 그는 조용조용 보고 배운 바를 옮겼다.

"내가 높다 해서 충신들이 간하는 말을 거절하지 말지며, 내가 총명하다 해서 어리석은 백성들을 가벼이 여기지 말지니라. 아름다운 궁녀들이며 금은 패옥은 이 나라를 잘 다스려 달라는 뜻으로 그대를 에워 싼 것이며, 듣기 좋은 풍악이나 맛이 있는 음식은 그대의 몸과 마음을 평안히 가져 온 나라 안에 평화스럽게 덕이 미치도록 하라는 뜻으로 세자에게 진상進上되는 것이로다."

"세자."

"예."

아까부터 감격 어린 눈으로 아들 방석의 입을 바라보고 있던 강비가 넌지시 손을 잡으면서 말을 가로막았다.

"이 글이 무슨 글이라고 했지요?"

"「대보잠」이옵니다. 『고문진보』라는 책에 실리어 있는 글로 장온고張縕古 선생이 대대 후세의 임금들에게 경계한 글이라고 하옵니다."

"슬기롭고 슬기로운 지고……."

글도 슬기롭지만 그 글을 술술 풀이해서 어머니 앞에 일러 주는 세자 방석 또한 더할 나위 없이 슬기롭고 기특했다.

"세자가 이렇게 슬기롭고 영특하기에 이 어머니가 목숨을 걸고 세자 자리를 싸워 얻은 것입니다. 앞으로는 더 열심히 공부도 하고 몸도 닦고 해서 아버지 어머니께 효성을 다하도록 하세요. 아시겠습니까?"

"예, 명심하겠습니다."

사실 강비의 아들은 방석만 있는 것이 아니었다. 형인 방번芳蕃은 한 살 위였는데, 그는 이복형들에게 시달려서 성격이 삐뚤어졌는지 걸핏하면 거칠게 쏘고 덤벼드는 난폭한 성격으로 도통 정이 가질 않는 자식이었다. 하지만 방석은 백이면 백 어머니 말에 순종하고 고분거리니, 강비에게는 알뜰살뜰한 정이 온통 쏠리는 그런 아들이었던 것이다.

강비는 기특하기 이를 데 없는 아들의 모습을 지켜보며 새삼 세자 책봉 과정에서 있었던 일들을 떠올려 보았다. 아버지 이성계는 한씨 본처 소생으로 세자를 책봉하지 않을 바에는 강비의 큰 아들 방번으로라도 책봉하려고 마음먹고 있었다. 그러나 강비는 입에 침이 마르도록 칭찬하며 방석을 내세웠으며, 정도전과 남은 등을 시켜 방석을 지지하게 하니 이성계도 방석 쪽으로 마음이 조금씩 기울게 되었고, 1392년 8월 20일에 이르러 방석을 세자로 책봉하게 된 것이다.

방석은 강비의 기대감을 모든 면에서 충족시켜 주었다. 방석의 고분고분한 성격이라든가 효성스러운 마음은 강비에게 늘 기쁨이 되었다. 더구나 오늘은 대보잠이라는 둥 장온고 선생이라는 둥 어머니로서는 알 수도 없는 글과 인물 이야기를 꺼내며 늠름한 모습을 보이고 있지 않은가. 그야말로 눈에 넣어도 아프지 않을 자식이었다.

경복궁에 부는 바람

방석은 이미 장가를 들어서 네 살이나 위인 세자빈 유씨가 있었지만, 아내보다도 어머니가 더 좋아 글공부가 끝나면 자주 어머니 처소인 중전으로 들곤 하였다. 나이 겨우 열두 살이니 아내에 대한 정이 없어서 그렇다고 생각할는지는 몰라도, 적어도 강비만큼은 그렇게 생각하지 아니했다.

'저를 내가 어떻게 길렀는데, 아내가 어머니보다도 더 소중하다는 말인가. 턱도 없지…….'

방석은 이미 혼례를 치루었음에도 불구하고 저녁밥뿐만 아니라 어머니 곁에서 잠을 자는 경우가 종종 있었을 정도로 어머니와 있는 시간이 오히려 많았다.

"해가 어느 사이 서산에 기우는군요. 세자빈이 기다릴 터이니 동궁으로 물러가시겠습니까?"

"어머니 모시고 함께 저녁 수라나 든 뒤에 물러가렵니다."

강비는 공연히 흐뭇하고 기뻐서 남편 이성계와 함께하는 것과는 또 다른 큰 기쁨을 느끼고 있었다. 그렇기에 굳이 동궁(세자궁)으로 물러가게 하지는 않았던 것이다. 이날도 세자는 저녁밥을 먹은 뒤에 여러 이야기를 나누다가 밤이 제법 이슥히 깊어진 뒤에야 세자빈 유씨한테로 물러갔다.

강비는 언젠가 한번 방석에게 이런 일을 물은 적이 있었다.

"세자빈이 좋지 않으십니까? 나이도 열일곱 살이니 이팔청춘에 인물도 천하절색이고 말입니다."

강비의 말대로 세자빈 유씨는 절세미인이었다. 나이는 겨우 이팔이라고 하지만 제법 숙성해서 젖가슴도 두둥실 솟아 나왔고, 허리가 간들거리는 버드나무 실가지 같았다. 그런 며느리를 세자가 어찌 생각하는지 호기심이 일어 은근히 물어본 말이었다.

"징그럽사옵니다. 공연히 내 손을 꼬집을 때도 있고……."

세자 방석의 대답은 엉뚱했다.

방석은 무엇을 생각했는지 말을 채 끝맺지 못하고 얼굴을 붉혔다. 강비는 까르르 웃고 말았다. 세자빈이야 여자이니 이성에 눈을 뜸이 빨랐고, 또 나이도 위이니 짐작이 가는 말이지만 세자는 아직도 나이 열두 살이니 전혀 이성을 알지 모르는 나이였다. 해가 몇 해 더 지나가면 자연히 눈을 뜰 이성이요, 나이가 가르쳐 줄 음양陰陽이리라.

다가오는 검은 그림자

금지옥엽의 아들인지라 방석에게 허물없이 지내다가도 한 번 허점이 보이면 매정하리만큼 잘라 말하는 매서운 성격의 강비이지만 최근에는 마음이 매우 온화한 상태였다. 지난해 8월에는 그 무서운 파동을 겪으면서 방석을 세자 자리에 올려놓았고, 이어 행방불명이 된 전실 큰아들 방우芳雨에게 함경도 동북면의 고원高原 함주咸州 땅을 내리게 하여 계모로서 체면치레는 하였다. 실속이 있는 세자 자리는 자신의 아들이 차지했고 전실의 왕자들은 모두 낙마시켰으니, 강비로서는 자다가도 혼자 웃을 일뿐이었다.

이어 9월에는 눈에 가시 같던 왕씨 성을 지닌 사람들의 거처를 모조리 알아내느라고 술렁거렸고, 10월에는 무학 대사無學大師로 널리 알려진 자초自超 스님을 국사國師로 책봉해서 궁중 예불을 하느라고 한동안 어수선했다. 그리고는 해를 넘기자 도성을 계룡산으로 옮기겠다고 임금이 몸소 충청도 공주 고을까지 행행行幸하였다.

지금도 상감은 갖가지 나랏일로 분주하여 내전으로는 못 올 모양인지 밤은 점점 깊어가고 있건만 소식이 없었다. 강비는 길게 누워 지난 일이며 돌아올 여러 일들, 특히 자신 소생 왕자들의 앞길을 흐뭇한 웃음 속에서 생각하고 있었다.

밤은 어느 사이 이경二更이 가까웠다. 긴 하품이 강비의 붉은 입술 사이로 새어 나왔다. 그러나 이 무렵 경덕궁에서는 귀신도 놀라 뛸 만한 일이 진행되고 있었다.

망신을 자초한 세자빈 유씨

"마마."

깊은 생각에 잠겨 있던 정안군 방원은 방문이 열리자 반색을 했다. 강비의 시중을 담당하던 중전 시비 춘심春心이가 밤중 이경이 되어서 그를 몰래 찾아온 것이다.

"어서 들어오너라."

손을 끌어당긴 방원은 먼저 춘심이의 매끈하게 물이 오른 허리께로 팔을 휘감았다. 한 번 두 번 만나는 횟수가 거듭되는 사이 춘심에게서는 수줍음이 사라져 갔다.

"잠깐이요, 마마."

여느 때와 달리 춘심은 무언가 할 말이 있는 듯 방원을 살짝 밀쳐다. 방원은 춘심의 거동이 수상하다는 것을 금방 알아차렸다. 그는 안으려던 팔을 풀면서 물었다.

"왜 그러느냐?"

"세자빈 마마 유씨가 수상하옵니다."

"뭐라고?"

방원의 얼굴에 비수처럼 날카로운 빛이 스쳤다.

"밤중 삼경三更이면 꼭꼭 내시 이만李萬이라는 놈이 담장을 넘어 침전으로 들거든요."

"뭐라!"

형용키 어려운 외마디 경악이 방원의 입에서 새어나왔다.

"그 말이 정말이냐, 춘심아?"

"그럼요."

거짓말일 턱이 없었다. 이제는 한 배를 탄 방원과 춘심이었다. 목숨을 건 만남을 이어가는 사람들 사이에 어찌 거짓이 있을 수 있겠는가.

"쇤네 눈으로 똑똑히 보았사옵니다."

그날은 무슨 연유인지 삼경이 지나서야 세자 방석이 동궁으로 물러 갔다. 초롱을 들고 앞서 모시던 춘심이가 막 동궁에 이르러 침전으로 걸음을 옮기는데, 검은 그림자 하나가 얼른 뒤꼍으로 사라지는 것을 똑똑히 보았다.

"헉……!"

춘심이가 질겁하며 고함을 치려 하는데 세자가 먼저 말을 걸었다.

"춘심아, 왜 그러느냐? 돌에라도 걸렸느냐?"

춘심이는 가슴이 와들와들 떨리고 수상한 예감이 번개처럼 머리를 스쳤지만 얼른 둘러댔다.

"예, 동궁마마. 어둠 속이라 발부리를 못 보았나이다. 놀라시게 한 죄 죽어 마땅하옵니다."

세자 방석은 그냥 웃고 말았다.

춘심이는 제 처소로 돌아온 뒤 때가 되자 검은 보자기로 몸을 싸고 동궁 담을 지키기 시작했다. 때때로 순라巡邏를 도는 병사들만이 오고 갈 뿐이라 귀신이 나와서 덥석 업어가지 않을까 겁이 났다. 그러나 춘심이는 사랑하는 다섯째 왕자 방원을 위해서 이를 갈며 무서움을 참았다.

목숨을 건 불륜

그러던 어느 날 춘심은 드디어 꼬리를 잡았다. 범인은 내시 이만이었고 상대는 놀랍게도 세자빈 유씨였다. 어김이 있으면 몸이 백 토막이 나서 죽을 일인지라 연 사흘을 지켜서 다시 확인하였다. 이번에는 세자 방석이 자고 있는데도 몰래 침전에서 빠져나온 세자빈이 아래채 헛간에서 이만이라는 놈과 손에 땀을 쥐게 하는 정경情景을 벌였다.

춘심이도 경험이 있는 지라 가슴이 콱콱 막혀 왔고 눈앞이 아찔하면서 오금이 저렸지만 계집의 집념은 강했다. 몸을 숨긴 채 이만이 담을 넘어가는 뒷모습부터 시작하여 세자빈이 소리 없이 앞뒤를 살피면서 방 안으로 사라지는 모습까지 모두 다 두 눈으로 똑똑히 지켜보았던 것이다.

춘심이 비밀스런 이야기를 조심스레 끝내자 방원은 반가운 마음에 춘심의 손을 덥석 낚아 잡으며 외쳤다.

> "고맙구나, 춘심아. 내가 이다음에 용상에 오르면 너는 정일품 빈嬪이다, 빈!"

이렇게 다짐한 방원은 자신이 왕(제3대 태종)이 되자 약속대로 춘심을 후궁으로 명하고 내내 총애하였다.

방원은 기특한 마음에 춘심이를 와락 낚아채어 품 안에 으스러져라 안았다. 방원으로서는 실로 소중한 정보가 아닐 수 없었다. 그러고 보면 방원이 왕위에 오를 수 있도록 해준 것은 배극렴도 조준도 아닌, 힘없고 신분 낮은 한 여인의 치마폭에서 이루어졌다고 볼 수 있지 않을까.

그때 꽃과 같았던 춘심은 호랑이보다 무서운 방원의 품에서 많은 왕자들을 낳아 후일에 영광을 얻으리라고 다짐했을지도 모른다. 그러나 춘심은 방원과의 사이에서 겨우 아들 하나를 얻었는데 그가 바로 태종의 서庶 제1남인 비緋경녕군敬寧君이었다.

후에 춘심은 태종의 첫째 아들 양녕 대군이 폐세자가 되고 나서 하늘같이 믿고 있던 태종께서 혹시나 좋은 소식을 전해주려니 하고 기다리고 있었다고 한다.

그리나 푸른 한강을 허리에 두르고 있는 아차산 기슭에 천년 유택을 마련하고 잠든 효빈 김씨孝嬪金氏 춘심의 꿈, 자신의 영민한 아들을 왕위에 올리겠다는 꿈은 결국 이루어지지 못하였다.

불륜과 불륜

방원은 내시 이만과 세자빈의 불륜을 요리하여 궁궐을 한바탕 뒤엎을 계획이었다. 그러한 계획에 골몰하면서 방원은 자기도 모르게 피식 웃고 말았다. 자신이 춘심과 불륜을 저질렀기에 얻은 불륜에 관한 정보가 아닌가.

사실 당시 방원은 임금이 아니었기 때문에 궁내에 있는 어떤 여성과도 관계할 수 없었다. 따라서 방원은 임금의 여자와 상간했다고 해도 무방하리만큼 엄청난 불륜을 저지른 것이었다. 그런데도 방원은 상대편의 불륜을 알아냈다 하여 뛸 듯이 기뻐하고 있었으니 인간의 이기적인 속성이 대개 이런 것 아닌가 하는 씁쓰레한 생각이 든다. 물론 이만과 세자빈 유씨도 엄청난 짓을 저질렀다는 점에서는 방원과 크게 다를 바가 없으나 방원의 태도가 더 야비해 보이는 것은 필자만의 생각일까.

어쨌든 방원은 이제 겨우 젖비린내를 면한 어린 방석에게 세자 자리를 빼앗기고 모든 걸 감수하자니 식불감미食不甘味요 좌불안석坐不安席이었다. 게다가 오늘 저녁엔 서울 댁 계모 강비에게 '어머니'라는 말 한마디를 어쩔 수 없이 하고 돌아오지 않았던가. 방원에게 요새 하루하루는 음식을 먹어도 모래알을 씹는 기분이요, 앉은 자리는 가시방석과도 같았다. 그런데 이 귀여운 아가씨 춘심이가 사태를 역전시킬 수 있는 큰 정보를 얻어다 넘겨준 것이다.

> '체통을 생명으로 알고 도리를 지고한 신조로 삼는 아버지 이성계이니, 일을 잘만 꾸미면 세자 방석을 몰아내고 그 뒤를 이어 받는 것쯤은 따 놓은 당상이리라.'

이런 생각에 사로잡힌 방원은 춘심에게 고맙다는 정표를 전하기 위해 아낌없는 운우雲雨의 즐거움과 소나기 같은 광열狂熱의 정염을 안겨 주었다. 그러고도 모자라 춘심이를 한동안 사랑스럽게 끌어안고 있던 방원은 날이 밝을 무렵에야 춘심이를 돌려보내 주었다.

방원의 잠복은 시작되는데

날이 밝자 방원은 심복 하인으로 힘깨나 쓰는 놈 둘을 골라 등대等待 시켜 놓고는 어둠이 이슥하게 깃들기를 기다렸다. 하루해가 1년처럼 느리게 지나간 뒤에야 어둠이 왔고, 그 어둠이 또 반년처럼 느릿느릿 지나간 다음에야 삼경이 되었다. 만약을 몰라 이경 초부터 춘심이가 일러준 지점에 거미처럼 붙어 선 방원을 비롯한 하인 둘은 눈에 불을 켜고 있었다. 쥐만 부스럭거리며 지나가도 가슴이 두 방망이질 쳤고 손에서는 땀이 배어났다.

한 가지 난처하고 곤란한 일은 순라 도는 군졸들의 눈이었다. 게다가 시간이 삼경으로 접어들자 때는 6월이라서 모기떼가 사정없이 목덜미며 어깻죽지를 물고 덤벼들었다.

그러나 눈 빠지게 기다리는 내시 이만은 그림자조차 얼씬거리지 않았다. 방원은 밤이슬을 맞아 가면서 밤을 홀딱 밝힌 헛수고가 분해서 이를 갈았다. 며칠을 포기하지 않고 그 일을 되풀이 하였으나 이만은 끝내 얼씬도 하지 않았다.

순간 방원의 머리에는 의심이 스쳐 지나갔다.

'내시 이만이라는 놈이라 했겠다. 내시라면 음양을 모르는 놈인데 운우 삼매라니. 더군다나 하늘같은 세자빈하고. 혹시 춘심이가 잘못 본 것이나 아닐까. 다른 내인內人이나 병사 놈이 비밀스러운 정사를…….'

그날 밤에도 허탕이었다. 분노는 더더욱 머리끝까지 치밀어 올랐다. 춘심이를 불러내면 바로 확인 가능한 일이겠지만 그러다가 강비에게 눈치 채일 우려도 있고 또 아내 민씨閔氏(후일 원경 왕후)에게 들킬 우려가 있으니 그럴 수가 없었다. 춘심이와 방원의 비밀스런 사이를 아는 사람은 아직 하나도 없었다.

생각다 못한 방원은 약주를 두어 대접 들이키고는 심복 내시 한 놈을 불러 들였다. 덕보德寶라고 하는 위인으로 내시들 가운데서는 제법 아는 것이 많다고 뽐내는 녀석이었다. 방원은 내시의 실태를 알아보려고 덕보에게 이것저것 물었다.

"예, 내시 가운데에도 다섯 가지의 분류가 있사옵니다."

"다섯 가지? 허물 말고 말해 보아라. 기휘忌諱할 것 없다."

덕보는 거리낌 없이 방원에게 자세한 사정을 다 말해 주었고 그 덕분에 방원은 큰 의심 한 가지가 풀렸다. 내시도 남자 행세가 가능할 수도 있다는 것이다. 겉으로 보기에는 번데기 같아서 무용지물 같지만 일단 유사시에는 장군처럼 격노하는 부류도 더러 있다는 것이다.

"오히려 시간을 밤새라도 끌 수 있으니 여성들이 법열삼매法悅三昧라고 하는 말씀을 들었사옵니다."

내시들은 내시들로 통한다. 덕보의 말을 자세하게 들은 방원은 더욱 마음이 급해졌다. 인정각人定閣에서 치는 종소리가 기어이 또 삼경을 알렸다. 이슬에 온몸이 젖어 왔다. 이때였다.

오늘도 허탕인가 단념을 하려던 그때에 담 위의 기왓장 소리가 "덜그럭" 가늘게 방원의 귀청을 자극했다. 사람의 그림자가 분명했다. 그림자는 소리 없이 담을 넘어서더니 세자빈 유씨의 침전 마루를 가볍게 두어 번 치고는 아래채 헛간으로 유유히 사라졌다. 하인 한 놈의 침 삼키는 소리가 꿀꺽하고 방원의 귀에 역력히 들려왔다.

이윽고 소리 없이 침전 문이 열리며 세자빈 유씨의 모습이 나타났다. 다음 세대에는 왕비 마마가 될 귀한 세자빈 마마가 속옷 바람으로 모습을 드러낸 것이다. 세자빈은 바람처럼 걸음을 옮겨 이만이 사라진 헛간 속으로 모습을 감췄다.

무너진 세자빈의 운명

하인 한 놈이 앞으로 나가려는 것을 한 팔로 제지한 방원은 푹 뜸을 들였다가 헛간으로 들어섰다.

"커헉."

눈을 돌릴 정도의 정경이 눈앞에 펼쳐져 있었다.

"계수씨, 이 무슨 짓이오!"

방원이 점잖게 한마디 일러 놓고는 눈짓을 하자 하인 두 놈이 들이덤벼 이만을 꽁꽁 결박하였다. 와들와들 떨 뿐, 두 사람의 입에서는 살려달라는 말 한마디조차 없었다. 그들은 이미 모든 일이 끝났다는 것을 잘 알고 있었다.

세자빈 유씨만 남겨 놓은 채 나머지 네 사람은 경덕궁으로 자리를 옮겼다. 나중 일을 생각해서 방원은 증거가 될 말 몇 마디만을 세자빈 유씨한테 남겼다.

일은 나이 어린 세자빈 유씨 하나의 철없는 불장난이요, 천하디 천한 내시 이만이라는 놈의 범 무서운 줄 모르는 미친 행각이었지만 그 파장은 왕실 전체를 들썩이게 된 것이다.

그래도 날은 밝아 오는데

폭풍과도 같은 순간이 지나가면서 6월 19일의 아침은 찾아왔다. 현비顯妃 강씨는 지난 14일부터 연 사흘에 걸친 생일잔치로 인해서 피로

가 겹치는 바람에 이날 아침에는 느지막하게 자리에서 일어났다. 막 세수를 끝마치고 조반 수라를 받으려고 머리며 옷매무새를 손질하는데 밖에서 맹랑한 소리가 들려왔다.

"서울 댁……."

강비는 머리끝이 쭈뼛해졌다. 물으나마나 방원이었다. 방원의 저 소리를 들으면 몸서리가 처지는 강비인데, 이른 아침부터 올라와서 길쭉하게 불러대는 것을 보니 필경 무슨 곡절이 있는 모양이었다.

고약하게 닦아 세우려고 마음을 도사려 먹으면서 뜰을 내다보니 저건 또 웬일인가. 방원이 웬 내시 놈을 꽁꽁 묶어 끌고 와서 서 있는 게 아닌가. 강비는 가슴이 섬뜩했지만 어차피 닿으면 소리가 나는 방원이니, 마음속에 도사려 먹었던 적당한 응수를 입 밖에 내놓았다.

"아침 문안이 빠르시옵니다. 그리고 뭐, 서울 댁이라니요?"

말이 채 끝나기도 전에 방원의 표정이 증오로 이지러지면서 가시 돋친 외마디 악담이 서슴없이 튀어나왔다.

"여보시오, 국모國母면 국모답게 궁중이나 잘 다스리시오. 우리 이씨 왕실이 망하는 꼴을 보려고 이러는 게요? 내시 이만이라는 놈이 어젯밤에 어느 누구하고 추잡한 행투를 범하였는지 아는 게요 모르는 게요? 세자면 다 세자 노릇을 할 성 싶었소?"
"아니……."

강비가 어안이 벙벙해서 미처 말대꾸도 못하고 있는데 방원은 콧방귀를 뀌면서 물러가 버렸다.

"아니, 이놈아! 도대체 네가 누구냐? 무슨 일이란 말이냐?"

도무지 알 수가 없는 일인지라 강비가 묶여 있는 이만의 곁으로 다가서서 묻는데, 이만이 고개를 두 무릎 사이에다 푹 처박고는 모기만 한 목소리로 대꾸했다.

"내시 이만이올습니다."
"그런데?"

강비는 한 치의 짬도 두지 않았다.

"어젯밤의 추잡한 행투라니? 이놈아, 가슴이 답답하구나! 무슨 연유인지 어서 말해 보거라."

이만으로서는 이미 죽은 목숨이니 변명할 여지며 둘러댈 길은 어디에도 없었다.

"흐흐흑!"

솟아 나오느니 울음이요, 한숨뿐이었다. 곁에는 어느 사이에 나왔는지 춘심이가 제법 독기 어린 눈으로 바라보고 있었다. 아차 잘못 입을 열었다가는 눈치 채이기 안성맞춤이니, 다 알고 있으면서도 일언반구 아는 체는 하지 않고 내시 이만의 입에서 나올 소리만 기다리고 있었다.

"어서 말하지 못할까!"

강비의 호령은 얼음장같이 차가웠고 매섭기가 동지섣달 살바람 같았으며 비수의 끝만큼이나 날카로웠다. 울음을 그치지 못하던 이만이 더듬더듬 말을 꺼냈다.

"죽여주옵소서. 소인이… 세자빈 마마와……"

이 말이 채 끝나기도 전이었다. 몇 마디 말만으로도 사연을 짐작한 강비가 충격으로 우뚝 몸을 곧추세우더니 그 자리에 풀썩 주저앉아 버렸다. 숨이 턱에 차서 헐떡거리던 강비는 궁녀가 떠 온 찬물 한 그릇을 겨우 마시더니 앉은 채 손짓을 섞어가면서 분부를 내렸다.

"이 내시 놈을 뒤꼍 곳간으로 끌고 가거라. 아무도 눈치 못 채게

입을 막고 말이다."

곳간으로 자리를 옮긴 강비는 내시 이만에게 하나하나 캐어묻기 시작했다. 방원이 조작한 연극인지도 모를 일이니 몸소 미천한 내시 놈의 추악한 사연을 국문한 것이다. 북천동 사가私家에서 수창궁으로 옮겨 든 뒤였으니 반년도 훨씬 넘는 일이었다.

"망했구나. 우리 모자 네 식구가 몽땅 망했구나. 아이고, 이 일을 어찌 할거나, 이 일을……."

이만과 세자빈이 간통했음이 확인되자 강비는 자신의 앞가슴을 두들기면서 통곡을 하였다. 자신이 꿈꾸던 완벽한 미래가 산산조각이 났다는 사실에 생각이 미치자 강비의 노여움은 폭발하고 말았다. 강비는 불 인두를 가져오게 하여 내시 이만의 아랫도리를 마구 지지기 시작하였다.

"이 잘난 것으로 우리 모자를 망쳐놓다니. 이 놈 천벌을 받을 놈아, 어이구……."

아랫도리가 익어 버린 이만은 이미 넋을 잃었고, 강비의 분노만이 하늘 끝까지 솟구쳐 언제까지고 식을 줄을 몰랐다. 시어머니 된 강비의 마음으로서야 통한이 어찌 골수에 사무칠 일이 아니겠는가. 더군다나 이제 겨우 세자 자리를 쟁취해서 아들 방석으로 하여금 동궁에 들어앉혀 놓고 한숨을 돌리고 있는데, 하필이면 발각이 되어도 방원에게 발각이 되었으니 혀를 깨물고 고꾸라지기라도 했으면 싶은 심정뿐이었다.

곳간 근방에는 아무도 얼씬하지 못하도록 막아 놓고 내관 몇 명만이 어찌할 바를 몰라 서성대고 있었다.

> '상감은 왜 내전으로 안 드실까. 이 서릿발이 휩쓸고 있는데도 상감은 여태 아무 낌새도 모르고만 있단 말인가.'

강비는 공연히 남편의 무심함을 탓하며 아랫입술을 깨물었다.

그러나 그 시각 태조 이성계의 가슴도 천 길 낭떠러지로 무너져 내리고 있었음을 강비는 몰랐을 것이다. 대쪽처럼 곧은 청해백靑海伯 이지란李之蘭이 부들부들 두 주먹을 떨면서 입시하여 간밤의 일을 태조에게 고하고 있었던 것이다. 물으나마나 뻔한 일이지만 방원이 이지란에게 활활 털어놓은 것이다.

> "왕실이 이래가지고서야 어떻게 종묘사직을 안보할 수 있겠습니까. 왕실은 만백성의 귀감이어야 하고, 뭇 창생들의 사표師表가 되어야 하옵니다. 도대체 이 무슨 망신이란 말이옵니까?"

형제간이나 다름없는 이지란이니 흉허물 없이 가슴에 있는 속마음을 마구 털어 놓았다. 태조 이성계는 용안이 창백하게 굳어 있을 뿐 아까부터 대꾸 한마디 없었다.

"왕실 내부의 일이기 때문에 신 이지란은 어느 왕자님을 후사로 삼아야 한다고 말씀 한마디 여쭌 바가 없습니다. 그것은 전하께서 어련히 알아 행하실 바이기 때문에 신은 입을 다물고 있었던 것입니다. 그런데 목숨을 걸고 새 왕실을 창업하셨고 목숨을 걸고 종묘사직을 세우신 보람이 이제 다 무엇이옵니까. 그 원인은 가장 어린 왕자 방석을 왕비 마마의 소청대로 세자로 책봉하신 전하의 처사에 잘못이 계시었다 그 말씀이옵니다."

"크흑……."

고통으로 짓눌린 듯한 외마디 신음이 이성계의 입에서 새어 나왔다. 이윽고 이성계는 두 주먹을 불끈 쥐었다.

"방원이 이놈! 이 죽일 놈이……."

그 말을 듣고 이지란이 가만히 있지 않았다.

"전하, 정안군이 죽을 놈이라니요? 아니면 언제까지 모르고 있었어야 했다 그 말씀이십니까. 이 추악한 사실을 말이옵니다."

"청해백."

괴로운 한마디가 다시 이성계의 창백한 입술에서 터져 나왔다.

"제발 더 이상 아무 말 말아 주시오. 그리고 누구에게도 이 일만은 비밀로 해 주오. 내시 이만이 놈이 내전에 인치引致되어 있다 하니 가봐야 하겠소. 어떻게 생긴 역적 놈인가 보아야겠단 말이요."

아직도 분노가 가라앉지 않아 서 있는 이지란을 뒤로 하고 이성계는 도망치듯이 안으로 들었다. 내심 수치스러움에 얼굴을 들 수가 없었던 것이다.

이때 강비는 중전의 너른 안방으로 옮겨 가 있었다. 마음 같아선 이만을 끌어다가 천참만육天斬萬戮을 해서 죽이라고 하명하고 싶었지만, 뒷일이 있으니 감시만을 잘 시켜 놓고 자리를 옮긴 것이다. 하지만 온몸이 후들거리고 울컥 치솟는 분노는 참을 길이 없었다.

그때 이성계가 들어왔다. 황황히 달려 이르렀으니 시종들이 거래를 올릴 겨를도 없었다. 그러나 강비는 우뚝 서서 못 박힌 채 눈치를 채지 못했다. 자식 훈육訓育을 잘못해서 이 지경이 되었고, 며느리 단속을 잘못해서 하필이면 세자빈이 그 꼴이 되었으니 날벼락을 내려서 화풀이를 하려던 이성계였으나, 이 가긍한 왕비의 뒷모습을 보는 순간 격분한 마음이 애잔한 동정으로 일변하였다. 누구보다도 강비를 잘 아는 사람은 이성계였다. 부부라는 것이 그러한 것이지 아니한가.

'첩의 자식이라 그 모양이요, 첩의 며느리라 그 모양이라고 남들

이 욕할까 봐 저리 죽은 상이로구나.'

측은한 마음에 안타까워진 이성계가 한 발 한 발 다가서서 강비의 조붓한 어깨에 조용히 한 손을 얹었다.

"죽여주십시오, 마마. 신첩이 잘못했습니다."

태조의 손이 닿자마자 강비는 그 자리에 쓰러지면서 통곡하기 시작했다. 그런 강비를 이성계가 안아 일으키며 말하였다.

"기왕에 당한 일이니 어찌하겠소. 여러 사람 더 알기 전에 얼른 뒤처리나 상의해서 분부합시다. 이만은 곳간 속에 감금하여 두었다 들었소."

이성계의 따뜻한 말에 강비는 하염없이 눈물만 흘릴 뿐이었다.

신료들은 세자의 폐위을 간쟁하고

"아뢰옵니다."

이때였다. 승전承傳 내시가 장지문 밖에 이르러 허리를 굽혔다.

"사헌부司憲府 사간원司諫院에서 복합伏閤 상소올습니다."

"복합 상소?"

이성계와 강비는 얼굴이 하얗게 질리면서 서로 마주 보았다. 신하들에게 벌써 소문이 돌았는가 싶어 놀란 것이다. 사헌부에서는 이유와 이원이 중심이 되었고, 사간원에서는 이황(퇴계가 아님)과 민여익 등이 주동이 되었다.

그 외 30명에 가까운 추관秋官과 언관言官들이 이미 편전에 모여 있다는 것이었다. 이성계가 나와 전좌殿座하자 이유李濡가 어전에 깊숙이 허리를 굽히고는 바로 몰려든 이유를 아뢰기 시작했다.

"전하, 세자를 폐하시고 그 사유를 널리 백성들 간에 알리시옵소서. 의혹이 짙은 눈으로 왕실을 보게 되오면 신망을 잃을 염려가 있사옵니다."

이어 사간 이황이 허리를 굽혔다.

"전하, 세자 저하를 경질하시고 다른 왕자님으로 세우신다 하여도 이상하실 일이 전혀 없사옵나이다. 세자 저하 춘추가 이제 열두 살이시니 백성들 간에는 충분히 수긍이 갈 일이 아니옵니까."

"사사로운 정은 한때에 그치지만 대경大經 대법大法을 좇는 일은 나라의 만계 이옵니다."

"궁중에서 그와 같은 추행이 있고서야 그 어찌 구중궁궐이라고 백성들에게 호령을 하실 수 있겠사옵니까."

돌아가면서 한마디씩 떠들어대니 말은 많고 이유 또한 구구했다. 나이 어린 세자를 갈아 치우고 장성한 세자요 공이 있는 세자를 세우라는 것이다.

내내 듣고만 있던 태조 이성계가 이윽고 한마디 물었다.

"방원이 그렇게 말하라고 이르던가?"

"아니옵니다, 전하."

추관과 언관들이 일제히 이성계의 말을 가로막았다.

"그 어찌 정안군의 사주에 의한 주청이겠사옵니까. 왕실을 안보하고 종묘사직을 바로 보좌하고 보호하기 위한 주청이옵니다."

"통촉하시옵소서."

이성계가 또 다시 불쑥 한마디를 내뱉았다.

"천하에 고얀 위인 같으니라구. 왕실의 추악한 일을 널리 선전하여 자신이 세자 노릇을 하려 하다니!"

이날 대노한 이성계는 신료들과 오랜 실랑이 끝에, 언관과 후관 30여 명을 수창궁의 서문 영은문永恩門께에서 기다리게 하고는 그들을 모조리 파직시켜 귀양 길을 떠나게 하였다. 이유는 방원의 사주에 속아 임금에게 엉뚱한 간쟁諫爭을 하였다는 죄목이었다.

그리고 밤이 되자 내시 이만을 능지를 해서 죽여 없앴고, 세자빈 유씨도 사저로 추방해 버렸다.

돌풍은 멈춰 주질 않았다

그런데 사저로 추방되었다는 유씨를 본 사람이나 유씨의 거처에 대해서 아는 사람이 아무도 없으니 행방이 참으로 묘연했다.

"쉬……. 그게, 목을 졸라서 죽였대요 글쎄."

"아니면 강비 마마 성미에 살려 주셨겠소? 아무도 몰래 묻어 버린 게지."

"이씨 왕실이 들어서면 태평성대가 된다더니, 원……."

개성 송도松都의 백성들이 한동안 쉬쉬하는 가운데 억측이 구구했지만, 그 뒤의 소식을 아는 사람은 아무도 없었다.

그런데 그 후유증이라고나 할까. 며칠 뒤에 더 큰 일이 벌어졌다.

"마마, 정안군 마마……"

방원은 이번에는 세자 자리가 자기 차지가 되려는가 해서 기다리고 있었으나 강비의 눈물 바람으로 해서 모든 일이 수포로 돌아가 버리자 혼자 다시 앙앙怏怏 불식不食으로 날을 보내고 있는데, 춘심이가 찾아온 것이다. 사위를 둘러보고 아무도 없자 춘심이가 귀띔을 했다.

"어서 피신하시옵소서. 까딱 늦어지면 돌아가시게 됩니다."
"뭐, 죽어? 내가 말이냐?"
"예. 그 뒤로 내내 중전 마마께서는 수라를 철해 버리셨사옵니다. 창피해서 낯을 들 수가 없으니 돌아가시겠다구요."

아닌 게 아니라 강비는 이만 사건 그 뒤로 꼬박 자리에 누워 식음을 전폐하고 있었다.

"그리고 세자 마마만 보시면 왜 안 죽느냐고 꾸중이시랍니다. 제 계집 하나도 단속 못하는 주제에 하면서 말입니다."
"흥, 그 말 한마디는 옳구나."

방원의 핀잔에 춘심이가 기겁을 했다.

"글쎄, 이러고 계실 때가 아니래도요."

"아니 된다라…. 서울 댁이 식음을 철폐하였으니 아버님이 나를 죽이려 하실 것이다, 그 말이냐?"

"그렇지요. 궁중 소문을 왜 신하들한테까지 퍼뜨려 가지고 이 난리시냐구요."

방원은 깊게 탄식하였다.

"지난번 정몽주를 죽인 뒤에는 죽였다고 펄펄 뛰셨다더니, 또 만만한 게 나 정안군인 게로구나. 아버님은 계집 하나에게 속으시어 언제까지 정신을 차리지 못하시려는지……."

이날로 방원은 길을 떠나 멀리 함경도 경흥으로 도망쳐 버렸다. 물론 선영들이 계시는 경흥이요, 이왕조의 발상지인 경흥이니 아무도 몰래 숨어 살면서 기회를 엿보려는 생각이었던 것이다. 군부인郡夫人 민씨는 눈이 퉁퉁 부어오르게 울면서도 아차 한발이라도 늦는 날이면 생명이 위태로운지라, 도리어 어서 가십사 하고 방원에게 봇짐을 차려 주었다. 이 소식, 그러니까 방원이 어디론지 자취를 감추었다는 소식을 듣고서야 강비는 자리에서 일어나 수라도 들고 머리에 빗질도 하게 되었다.

그런데 이 놀라운 세자빈 파동의 상처가 채 아물기도 전에 다른 또 하나의 뼈아픈 파발이 밀어닥쳐 계상啓上된다. 행방불명되었던 큰 왕자 방우가 죽었다는 것이다.

세자 방석의 탈선

세상에는 단지斷指 효녀라는 말이 있기도 하고 단지斷指 열녀라는 말도 있다. 현비 신천 강씨를 두고 이야기한다면 그녀는 틀림없이 열녀의 순위에 오를 수 있고 또한 단지 열녀로도 꼽을 수 있는 여인일 것이다.

방망이로 자기 손가락을 찧어 흘러나오는 피를 남편 이성계의 입안에 흘려 넣은 강씨를 뉘라서 열녀라 하지 않으랴. 강비의 피를 넘긴 이성계는 차츰 의식을 차렸다.

의식이 돌아온 이성계는 혁명 동지이며 아끼고 믿는 신하인 정도전, 남은 등을 모두 물러가게 하고 중전 강비만을 침상 옆에 있게 하였다. 태조의 행동에 눈치 빠른 강비가 그런 기미를 놓치지 않고 물었다.

"상감, 신첩에게 하실 말씀이 계시온지오."

"글쎄…, 사람들이 물러가고 중전과 함께 있으니 지나간 세월이 돌이켜지오."

몸져누워 있는 남편을 지키고 있는 강비 또한 지난날을 아련히 돌이켜 보았다. 태조가 등극하던 그해에 강비에게 가장 기억에 남는 일은 뭐니 뭐니 해도 방석이 세자로 책봉됨으로써 느꼈던 어머니로서의 기쁨이었다.

태조는 다시 눈을 감았다. 천군만마로 벌판을 달리던 젊은 날의 기백은 이제 다시는 되살아나지 않을 것이다. 혼비황릉지묘魂飛黃陵之廟라 했던가. 혼백이 이미 저승길을 오락가락하던 이성계는 또다시 알아듣지 못할 말을 달삭이고 있었다. 강비는 이러다가 이성계를 영영 떠나 보내게 되는 것 아닌가 싶어 더럭 겁이 났다.

"상감, 여기는 경복궁 강녕전 새궁전이옵니다. 잡다한 기억은 떨쳐 버리고 정신을 차리십시오."

그러나 몽롱한 시선을 전각 천장에 던져 놓은 이성계는 계속하여 헛소리를 할 뿐이었다.

"상감이 어찌하다 이렇게 기진해 지셨을까…. 세자야, 세자 거기 없느냐?"

강비가 먹먹함을 혼자 참다못해 세자를 찾자 문밖에 있던 제조상궁이 황급히 아뢰었다.

"마마, 세자 마마는 지금 강녕전 안에 계시지 않사옵니다."
"상감의 환후가 촌각을 다투는데 세자는 대체 어디에 있단 말이냐! 어서 세자를 들라 이르거라!"

그 시각 세자는 무얼 하고 있었나

"어서 옷을 벗지 않고 뭐하는 게냐! 이젠 뭐 부끄러워 할 처지가 아니잖은가?"

그때 세자 방석은 기녀 향옥을 데리고 한창 수작을 부리고 있었다. 궁궐 안에 기생을 불러 들여서 대낮부터 벌거숭이로 놀아난다는 소문은 상궁들의 입을 통하여 급기야 사부師傅 함부림咸傅霖의 귀에까지 흘러 들어갔다.

함부림의 점잖은 얼굴이 금새 소태를 씹어 먹은 사람처럼 일그러져 버렸다. 함부림이 부리나케 의관을 정제하고 서둘러 강녕전 앞에 당도했을 때에는 또 다른 사태가 그를 맞이하고 있었다. 세자의 방종을 강비에게 알리러 갔던 함부림은 이제 막 시작된 무당의 푸닥거리로 인하여 차마 입을 열 수가 없었다. 상궁이 함부림이 온 사실을 전하자 강비는 붉은 얼굴로 미안함을 표하였다.

"춘당 사부春唐師傅, 상감의 환후가 도저히 차도가 없기에 이러는 것이니 이해해 주시오."

강비는 남편 태조 이성계의 회복이 이제는 순전히 무당의 힘에 달려있다고 믿고 싶었다. 그러나 미처 이성계가 회복한 기쁨을 나눌 사이도 없이 현비 강씨는 또 다른 불행을 받아들여야만 했다.

"뭐라고요? 춘당 사부, 세자가 기생을 궁내로 불러들였단 말입니까?"

"예, 중전 마마. 말을 안 들으려는 무예별감에게 호령하고 호령한 끝에 사가의 천기를 불러들여 오늘까지 몇 차례나 농락을 하였다 하옵니다."

워낙 어처구니가 없는 일이라 강비는 숫제 말을 잇지 못하였다. 도저히 사실이라고 믿을 수가 없었던 것이다. 세자의 방종이라니. 세자 방석은 행실이 너무나도 얌전하여 오히려 평상시에 나무라오던 강비였다. 사부 함부림의 입에서 나온 세자의 탈선은 왕실의 체통 문제에 앞서 왕실의 운명과 관련이 있는 일이었다.

강비는 한 사람의 지어미로 돌아가서 아들의 장래를 점쳐 보고는 이내 고개를 가로저었다. 혼인을 한 몸으로서, 또한 앞날이 구만리 같이 창창한 젊은이의 탈선을 생각해 보면 이해되고도 남을 일이다.

함부림은 그 모양을 바라보고 있자하니, 모든 불찰이 자기 때문에 빚어진 것만 같아 죄송스러운 마음을 금할 길이 없었다.

불행의 그림자는 그대로인데

그 시각 세자의 처소에서는 언제나처럼 향옥이 세자 앞에 다소곳이 앉아 방석의 노리개 감이 되고 있었다.

"지금 영을 거역하려 하는 것이냐, 어서 그 속옷을 벗거라!"

"마마."

향옥은 울상이 되어 세자를 우러러보았다.

처음에 세자가 제 몸을 요구해 왔을 때는 그래도 귀한 세자와 인연을 맺게 되는 것이 기대되기도 하였고 호기심이 나기도 하였다. 그러나 한번 세자의 몸을 알아버린 향옥으로서는 그 나약하고 장난기 섞인 세자의 응석이 못내 짜증스러워지는 것이었다.

"마마, 오늘 벌써 몇 번째이옵니까? 미구에 상감이 되실 지존한 몸이오니 젊어서부터 아낄 줄 알아야 하옵니다."

방석은 그렇지 않아도 세자빈 유씨와 이만과의 간통으로 인한 혼란스러움이 해소되지 않은 이때에, 기녀에게서 그런 말을 듣게 되었다는 사실에 더욱 기분이 틀어져 심기가 사나워졌다.

"그래, 끝까지 내 영을 듣지 않겠다 그 말이냐?"

"어찌 지존의 분부를 거역하겠습니까. 그러나 마마, 지금은 환한 대낮이옵니다. 행여 웃어른들이 눈치챌까 두렵사옵니다."

"이 대궐 안에서 내 위에 있는 어른이 몇이나 되기에 이리 겁을 내는 게냐?"

세자 방석은 기생 향옥의 허리를 끌어안고 막무가내로 속옷을 벗기려 들었다. 이렇게 되면 할 수 없는 노릇이었다. 세자빈의 몸 하나만 알고 있던 세자 방석인지라 사가에서 뭇 사내놈들을 녹여 온 기녀 향옥의 교태에는 정신을 차리지 못하였다. 어리고 나약한 방석의 몸에서 어떻게 그런 힘이 솟아나는지 모를 일이었다.

이렇게 두 사람이 한창 뒤엉켜있는 데 세자궁 밖에서 벼락 같은 강비의 목소리가 들려 왔다. 세자와 향옥은 소스라치게 놀라 벌떡 일어나 앉았다. 또다시 강비의 칼바람 같은 부름이 있었으나 둘 다 얼굴만 파랗게 질린 채 자리에서 움직이지 못하였다. 안에서 아무런 대답이 없자 강비는 문고리를 잡아당기기 시작했다.

세자 방석은 어마마마가 어떻게 알고 찾아온 것일까 너무도 당황스러웠으나, 언제까지나 모르는 체 그냥 있을 수만은 없는 일이었다. 방 안의 향옥이 허겁지겁 서둘러 벗은 몸을 감싸기를 기다리던 세자 방석은 안으로 잠근 문고리를 벗겼다.

문이 열리자 안으로 들어 온 강비는 족제비 같은 두 눈으로 방 안을 훑듯이 둘러보다 한쪽 구석에 웅크리고 앉아 와들와들 떨고 있는 향옥에게 못 박혔다. 세자는 어쩔 수 없이 벼랑 끝에 서 있는 자신의 상황을 수습해야 된다는 사실을 받아들이고는 입을 열었다.

"어마마마, 아바마마 시탕은 하지 않으시고 웬일로 이곳에 오셨습니까?"

"시탕이라? 시끄럽다! 네 입에서 지금 시탕을 운운하는 것이냐?"

냉정을 가장하고 부드럽게 세자를 대하려던 강비는 순간 날카로워졌다.

"제가 시탕 이야기를 왜 하지 못한단 말씀입니까?"

온순하던 방석이 너무도 당당하게 나오자 당황한 것은 오히려 강비 쪽이었다. 하지만 강비는 다시 마음을 다잡고 향옥을 바라보며 냉랭한 어조로 말하였다.

"우선 저 애부터 궁 밖으로 내보내도록 해야겠다. 네 이름이 무엇이냐."

"향옥이라 하옵니다. 소녀는 아무것도 모르옵니다. 무감 오라버니들이 와서 궁중에 잔치가 있으니 가자는 바람에 그래서 들어왔을 뿐이옵니다. 중전 마마…"

강비는 향옥의 말은 들은 척도 하지 않고 쨍한 목소리로 홍 별감이라는 자를 불렀다. 향옥은 이제 속절없이 죽었구나 싶었다.

강비의 말이 떨어지자 밖에서 미리 기다리던 홍 별감은 곧장 안으로 들어왔다. 강비는 와들와들 떨고 있는 향옥을 가리키며 궐문 밖으로 데리고 나갈 것을 명하였다. 서릿발처럼 차가운 강비의 영을 받은 홍 별감이 이내 교군을 몰아세우자 힘깨나 씀직한 교군 네댓 명이 구석에 웅크리고 있는 향옥을 바깥으로 끌고 나갔다.

세자의 투정

향옥을 태운 가마가 저만치 사라지자 강비는 혼잣말처럼 말하였다.

"휴우, 내 등골에 식은땀이 다 나는구나."

그리고는 세자 쪽으로 고개를 돌려 다시 한 번 침착을 가장하고 조용히 말을 건냈다.

"저런 천한 기생이 드나드는 것을 누가 보지는 않았겠지요, 세자?"

"보았으면 어떻고 아니 보았으면 또 어떻다는 겁니까? 어마마마는 소자를 언제까지 코흘리개 어린애로 여기시는 겁니까."

두 볼에 불만이 가득 고인 얼굴로 세자 방석은 강비한테 항의를 하였다. 강비는 가급적 세자의 비위를 건드리지 않으려고 애쓰며 말하였다.

"세자는 지금 아바마마 환후가 위중하신데 외도 삼매경에 빠져 있어도 좋다 그런 말씀입니까."

세자 방석은 그동안 가슴 속에 쌓아왔던 말들을 쏟기 시작하였다.

"말씀 올리지요. 어마마마는 소자가 변변치 못하여 방원이 형님이 세자 자리를 노리는 거라고 말씀하셨지요? 어마마마는 아바마마 병환이 위중하신 것도 모두 소자 탓이라고 생각하시는 것 같사옵니다. 하지만 소자는 어마마마가 생각하고 있듯이 그렇게 어린 애가 아니옵니다. 소자는 보여드리고 싶었습니다. 궐문 밖에 사는 기생하고 외도를 할 수 있을 만큼 자랄 대로 다 자란 소자의 모습을 말입니다. 죽은 세자빈이 내시 이만 따위와 탈선을 할 때처럼 소자가 어리지 않다는 사실을 어마마마한테 알려드리고 싶었단 말씀입니다!"

태조가 생사를 왔다 갔다 하는 이때에 이와 같은 세자의 투정을 듣는 강비의 마음은 미어지는 것만 같았다.

'이렇게 철부지인 위인을 온갖 고초 끝에 세자로 책봉하였단 말인가.'

어린 시절 세자의 총명함에 항상 흐뭇함을 느꼈던 강비는 지금 세자의 철없는 모습에 가슴이 답답하고 앞날이 막막할 따름이었다.

"못났습니다……. 기생하고 외도하는 것이 어른이고, 세자 노릇이라고 말씀하시는 겁니까? 만일 세자가 기생 아이하고 놀아나더란 소문이 그 원수 같은 방원의 귀에 들어가는 날에는 우리 모자

꼴이 어떻게 되는지를 모르십니까? 당장에라도 세자 자리에서 쫓겨날 수 있다는 사실을 정녕 몰라서 이리 방만하게 행동하시는 거냔 말입니다!"

다른 것은 다 덮어 둘 수 있지만 세자 자리에서 쫓겨나는 일만은 일어나서는 안 될 일이었다. 어머니인 강비의 호된 꾸지람에 세자 방석은 겨우 이성을 찾고 어머니께 사죄를 올렸다.

권세 앞에 희생된 청춘

밤낮없이 굽이쳐 흐르는 강물은 당장 무엇이든 삼켜버릴 것 같은 기세였다. 한강漢江과 서강西江 언덕바지 잡목들이 빽빽하게 들어찬 벼랑 아래로 시퍼렇게 굽이쳐 흐르는 강물 속 깊이는 아무도 가늠하는 이가 없었다. 어느 때는 사람의 키보다 두어 발 더 깊다고도 하고, 또 어느 사공은 물굽이 속에 휘말려들어 갔다가 이상한 괴물을 보고 겨우 살아나왔다는 등 전해지는 이야기가 구구했다.

흉흉한 이야기가 전해지는 이 서강 일대에는 대낮에도 행인들의 발길이 뜸하였다. 이따금 고기잡이 배들이 지나가는 수가 있었으나 억센 물굽이로 인해 미리부터 겁을 먹고 저만큼 떨어져서 그 끝으로 돌아가기가 십상팔구였다.

향옥을 가마에 메고 달려온 교군들이 땀을 뻘뻘 흘리며 그 서강에

닿았다.

"자자, 여기쯤에다 가마를 세우세."

눈 아래로 시퍼렇게 흐르는 강물을 바라보면서 교군들은 이마에 솟은 구슬 같은 땀방울을 닦아 내었다. 요동치는 가마를 보며 교군 하나가 홍 별감에게 말하였다.

"고것 참, 요동만 치지 않았더라도 힘이 한결 덜 들었을 텐데 아주 기진맥진입니다요."

이 말을 듣고는 남은 교군들도 저마다 한마디씩 내뱉었다.

"기왕 황천길로 보낼 바에야 내게 하룻밤 소원이나 풀어주고 보내면 오죽이나 좋을까."

"뉘 아니랍니까, 활짝 피어난 꽃송이 같던데 아깝습니다요."

"자, 그만들 쉬었으니 이제 다시 일을 시작하도록 하세."

교군들이 군침을 삼키는 소리에 홍 별감이 나무라는 소리를 하자 그들은 찔끔하고 입을 다물고는 얼른 가마 문을 열어 큼지막한 자루를 들어내었다. 꿈틀대는 자루 안에는 방석과 관계를 맺다 쫓겨난 향옥이 들어있었다. 살기 위해 자루 안에서 몸부림치는 향옥을 빨리 처리하지 않고 교군들은 시간을 끌어가며 농지거리가 이만 저만이 아니었다.

"허, 이 사람들. 빨리 강물 속에 던져 버리지 않고 뭐하는 겐가?"

교군들의 미적거림을 보다 못한 홍 별감이 재촉하자 그제서야 교군들은 큼지막한 가죽 자루를 번쩍 치켜들었다.

"꽃 같은 청춘에 어쩌다가...... 자 던지세. 하나, 둘, 셋!"

첨벙하고 강물 위로 떨어지는 물소리를 듣고서야 교군들과 홍 별감은 발길을 돌렸다. 철없는 세자 방석의 노리개로 궁궐 출입을 하였던 기녀 향옥은 이렇게 아무도 모르게 강물 속에 수장되고 말았다.

서강으로 나갔던 홍 별감은 대궐로 돌아와 아무도 보는 이 없이 무사히 일을 마쳤음을 강비에게 보고하였다.

"잘 하였다."

강비는 이 한마디를 남기고 남편 이성계의 환후를 걱정하며 바로 무당의 굿 풀이 장소로 향하였다.

그 후에 일어난 일들

타고난 신분이라는 것도 결국 사람이 만들어 놓은 것이지만 그 굴레는 한 여인의 청춘을 삼켜 버리고 말았다. 무소불위의 생살여탈권은 누가 준 것인지, 칼자루를 쥐었다고 칼날을 아무렇게나 휘둘러서는 안 되었을 것이다. 우주의 섭리가 무엇인가. 물 흐르듯 세상을 순리대로 살다가라고 보이지 않게, 들리지 않게 우리 인간들에게 가르쳐주고 있지 않은가.

몸에 맞지 않는 큰옷을 입은 강비는 결국 자신이 입고 있던 옷자락에 걸려 넘어진 꼴이 되고 말았다. 강비는 그렇게 세자 책봉에 애착을 버리지 못하였지만, 결국에는 칼자루를 쥐고 있을 만큼의 기력도 보존하지 못하였다.

방석의 세자 책봉에 계속된 불만을 품으며 끊임없이 세자 찬탈의 기회를 노리던 신의 왕후 한씨의 소생 방원은 드디어 1398년(태조 7) 1차 왕자의 난을 일으키게 된다. 자신의 불안한 마음이 화병이 되어 나타난 것인지 이 일이 계기가 되어 강비는 건강이 좋지 못한 이성계보다도 더 먼저 세상을 등지고 말았다. 강비는 궁궐 안주인의 자리를 뒤로 한 채 궁 밖의 판내시부사 이득분李得芬(내시 출신)의 집에서 한을 남기고 세상을 떠난 것이다.

강비는 이처럼 어린 나이에 21년이나 연상인 태조보다 앞서 세상을 떠남으로써 이미 노경에 든 태조로 하여금 깊은 실의에 빠지게 하였다. 강비는 승하 후에 신덕神德이라는 시호를 받고 1669년(현종 10년)에

순원현경順元顯敬의 휘호를 추상追上받았다. 그리고 고종태황제가 칭제건원稱帝建元한 후 황후에서 고황후高皇后로 추존되었다. 황후의 능은 정릉貞陵으로 본래 서울 장안의 정동貞洞에 있었으나, 1409년(태종 9)에 서울 성북구 정릉동으로 천장遷葬한 후 전례典禮가 폐지되고 능침은 황폐되었으며 위패도 종묘에 봉안되지 않았다. 그러나 현종 연간에 능력을 개축하여 면모를 되찾게 하고 위패도 종묘의 태조실에 배향하였으며 다른 능과 같은 전례를 받들게 되었다.

그래도 본인은 물론 자신이 남겨 놓고 간 본인의 소생 특히, 세자 방석의 앞날을 걱정하면서 편히 눈 감지 못하였을 것이다. 그리도 아끼던 세자에 대한 걱정 틈으로 한강의 고기밥이 되어 버린 불운한 기생 향옥의 넋도 함께 빌고 떠나갔을까.

일이 안되려니 그리되었는지 모르겠으나 세자에 책봉되었던 방석은 아내인 세자빈 유씨의 불륜 그리고 그 충격을 제대로 해소하지 못하고 일으킨 본인의 탈선에 더해, 세자에 책봉되지 못한 이복형들의 불만을 극복하지 못하였다. 결국 방석은 방원이 일으킨 왕자의 난으로 인해 방원 일당에게 살해당하는 비참한 결말로 짧은 생을 마치고 만다.

한 여인의 피눈물

화려했던 겉모습과는 달리 이성계와 인연을 맺을 때부터 불행의 씨앗은 싹트고 있지 않았을까. 기록을 보면 이성계가 고려의 장수 신분으로 황해도 곡산으로 사냥을 나갔을 때의 일이다. 심한 갈증을 느껴 우물을 찾아간 이성계는 우물가에 있던 어린 처녀에게 물 한 바가지를 청하였다. 그러자 처녀는 우물 옆에 있는 버드나무 잎을 따 물 위에 띄워 바쳤다. 연유를 물으니 처녀는,

> "장군의 갈증이 심해 보이기에 물을 갑자기 마시면 몸에 해로울까 염려되어 나뭇잎을 불며 천천히 마시라는 뜻으로 그리한 것이옵니다."

라며 총명한 대답을 하였다.

그 말을 들은 장군 이성계는 어린 처녀의 깊은 사려에 감탄하여 처녀의 집으로 찾아가 청혼을 하였다. 그 어린 여인이 바로 강씨, 즉 신덕 왕후神德王后이다.

왕후는 고려 말 상산부원군象山府院君 강윤성康允成의 딸로 태어났다. 그래서 이성계는 역성혁명을 할 때 자신에게 많은 도움이 되리라 여겼으나, 뜻밖에도 걸림돌에 부딪치고 만다.

역사의 뿌리에 섰던 이성계의 처남, 신천 강씨의 제일 큰 오빠는 고려의 봉군호로 안릉 부원군安陵府院君 강득룡康得龍으로 이성계의 혁명에 동조하지 않았다. 강득룡은 관악산 허리에 있는 의상대義湘臺에 올라 불사이군不事二君을 외치며 송경(현 개성)을 바라보고 연주戀主의 눈물을 흘리다가 굶어 죽은 것이다. 그 후 의상대의 명칭은 연주대로 바

꿔었다.

관악산은 서울에서 가까운 경기 오악五岳(북악, 감악, 관악, 심악, 송악)에 드는 산으로서, 의상대는 신라의 진평왕과 성덕 왕조 때 명승 의상대사가 삼막사를 창건할 때 의상대라는 바위에서 기도와 수량을 한 곳으로 알려져 있다.

또한 이성계의 친형인 이원계李元桂도 동생이 계획하는 역성혁명에는 동조할 수 없다 하며 스스로 목숨을 끊고 말았다.

그 외에도 자신의 울타리가 되어 줄 사람들이 모두 등을 돌리니 그때마다 강비에게 밀려오던 실망은 이만저만이 아니었을 것이다. 게다가 우여곡절 끝에 본인 소생을 세자 자리에 올려놓았으나 항상 불안한 마음을 떨칠 수 없었으니, 강비의 인생은 살아있는 내내 불안과 안타까움으로 점철되었던 것이다.

결국 자신이 심어 놓은 과목에 병이 들어 한 개의 열매도 따지 못하고 단명하였으니 그를 가리켜 한 많은 여인이라 하지 않을 수 있겠는가.

비운의 모자母子를 만나러 가는 길

집을 비워주고 이사 간 신덕 왕후를 뵙던 날

겨울은 항상 춥고 음산함을 뿜어내는 철이기도 하지만 필자가 신덕 왕후를 찾아뵙던 날은 유난히도 춥고 힘없는 가랑잎들만 나뒹구는 날이었다. 게다가 검은 구름마저 왕비의 유택을 감싸고 있었다. 우선 왕비께서 잠들어 계시는 서울시 정릉동貞陵洞 유택에 올라 한평생 허리 한번 펴지 못하고 서 있어야 하는 운명을 타고 난 문신석文臣石에게 다가가 말씀을 올렸다.

"왕후를 긴히 뵙고 가야 하는 손님이 왔다는 말을 좀 전해주십시오."

신덕 왕후 묘소 전경

그러자 문신석이 필자에게 손님께서는 오시려거든 따뜻한 봄이나 가을에 오시지 않고 이 추운 계절에 왔느냐며, 다음에 또 올 기회가 있다면 오늘 같은 날은 피해서 오라고 공손히 대답하면서 왕후의 무덤으로 안내하였다. 문신석의 안내를 받아 왕후를 알현하려 간 필자는 왕후와 꿈결 같은 대화를 나누기 시작하였다.

"이곳으로 이사 온 지 5백 년이 되도록 어느 누가 찾아온 일이 없었는데, 그대는 뉘시기에 이 추운 날 찾아오시었소."

라며 필자를 맞이하는 왕후의 유택 앞에 서서 말하였다.

"말씀드리기가 무척 어렵습니다만, 왕후 마마의 파란만장했던 생애에 조의를 표하고자 이렇게 방문하게 되었습니다. 그토록 많은 역경을 치러내고 왕세자 자리에 올린 아드님이 비참한 결말을 맞이하게 되었으니, 어머니로서 그 아픔과 한이 얼마나 깊으시겠습니까."

왕후는 다 지나간 일이니 어쩔 수 없다는 듯이 담담히 말하기 시작했다.

"어쩌겠소. 세상사란 어차피 내 마음대로 되는 것이 아니거늘. 더구나 자식의 일이란 더욱 그렇지 않습니까. 하지만 아직까지도 서운한 일이 하나 있습니다. 당시에 내가 이사를 가지 않겠다고 했는데도 옛집 정동貞洞을 비워 두고 인적이 드문 호호막막한 이곳으로 이사를 시킨 일도 손님은 알고 있겠지요."

필자가 고개를 끄덕이자 신덕 왕후의 이야기는 계속 이어졌다.

왕후는 결국 조선 제3대 임금으로 등극했던 방원이 강제로 유택을 이거시켜 마음이 편치 않았을 것이다. 거기에다 정동 유택에 있던 석물은 청계천 수표교 공사에 사용되어지지 않았는가.

"그때 방원이는 그렇다 치더라도 방번과 방석은 한번 다녀갔어야 옳지 않겠소. 그래도 한 가지 위안이 되었다면 전실의 소생이긴 하지만 보장된 왕의 길을 내던지고 입산하여 죽은 방우 내외가 다녀가고, 둘째 왕자 방과芳果(제2대 정종定宗)도 자식들을 앞세워 찾아와 어마마마 노여움을 푸시라며 위로를 하고 갔다오."

씁쓸한 어조로 말하던 왕후는 필자에게 한 가지 부탁을 하였다.

대문 앞에 서 있는 늙은 고목

"손님은 이곳에 오르면서 대문을 지키고 서서 나와 함께 늙어 온 주목 한 그루를 보았겠지요. 그 나무가 늙고 속앓이를 심하게 하다가 가슴을 수술하고 힘없이 서 있는 것을 말이오."

왕후의 심정이 그대로 드러나는 이야기에 필자가 다시 한 번 고개를 끄덕이자

"언젠가 방석한테 갈 일이 있다면 어미가 전한다고 한 말씀만 전해 주시오. 미우나 고우나 자식 이기는 부모는 없다고. 미운 마음은 잠시고 애처로운 마음은 이 작은 가슴에 항상 담아 놓고 있다고 말입니다."

부탁의 말을 마친 왕후는 마지막으로 폐출된 유씨의 뒤를 이어 들

어온 며느리, 세자빈 심씨에 대한 당부를 잊지 않았다.

신덕 왕후 유허비

"세자빈 말이오. 사위 한번 잘못 얻어 생목숨을 빼앗긴 친정아버지 심효생 사돈 일도 그렇고 시집을 잘못 와서 피 울음만 삼키며 파란 청춘이 시들 때까지 승복 한번 벗지 못하고 세상을 마친 내 불쌍한 며느리 말입니다. 지금까지도 남편인 세자를 보호하겠다고 등 뒤에 감추고 살아가고 있다는 그 가여운 아내의 곪은 가슴을 꼭 치유해 주어야 한다고 세자에게 전해주시오. 왕자도 세자도 아닌 평범한 지아비로서 말입니다."

마지막 당부를 하는 신덕 왕후의 울먹이는 목소리가 필자에게 가슴 아프게 들려왔다.

아! 무상하구나. 『조선왕조실록』 「태조」편을 보면 절반의 기록이 신천 강씨와 그 소생들에 대한 것인데.

이런 생각이 들어 필자는 왕후의 유택을 돌아서면서 그 씁쓸한 마음을 어디에 비유할 길이 없었다.

비운의 세자는 무덤마저 지키지 못하고

우직한 이숙번의 칼날에 세상을 떠난 세자 방석은 처음 묻힌 장소에서 오랫동안 유실되었다가 1823년(순조 23) 후손들에 의해 지금의 장소로 옮겨졌다.

항상 그러했지만 필자가 방석 왕자의 묘소를 찾던 날도 힘겹기는 마찬가지였다. 경기도 광주시 중부면 엄미리에 있다는 말만 듣고 찾아나선 길은 험하기 그지없었다.

중부면 엄미리라는 곳은 은고개라고 이름난 고개였는데, 그곳에 도착하여 아무리 찾아보아도 의안 대군의 묘소를 아는 사람은 없었다. 은고개는 필자가 한번 다녀왔던 길이었기에 혹시나 하고 은고개를 끼고 흐르는 계곡을 따라 다녀보았다.

계곡 입구에서부터 음식점이 즐비하였고 행락객들은 몰고 온 차량을 아무렇게나 세워두었다. 계곡 음식점들은 주로 보신탕을 파는 곳이었는데, 그 주변으로 볼썽사납게 윗옷을 벗고는 삼삼오오 모여 화투 놀이를 하는 무질서한 광경에 눈살이 절로 찌푸려졌다.

한양에서 김 서방 찾는다는 말처럼 대략적인 지형을 따라 골짜기 끝가지 가게 되었는데, 그곳에 자리를 잡고 장사하는 사람들조차 아무것도 아는 바가 없었다. 할 수 없이 길을 돌아서 가려다 한 번만 더 찾아보고 돌아가자는 생각에 30도를 오르내리는 숨 막히는 언덕길을 올라갔다.

그런데 두 갈래로 갈라지는 언덕길 좁은 통로에 있는 커다란 안내판이 눈에 들어왔다. 그리고 선명하게 세운 간판 사이로 짧은 각목에 의안 대군 묘소 입구라는 푯말을 드디어 발견하였다. 반가운 마음에 피로도 잊고 안내판을 따라 가파른 언덕길을 올라보니 30여 개의 돌계단이 나를 기다리고 있었다.

겨우겨우 그 돌계단을 지나 묘소에 다다르자, 멀리 험한 길 왔다며 세자 내외가 반가이 맞아주는 듯 목까지 차오르는 더위를 잊게 해 줄 시원한 산바람이 한아름 안겨왔다.

묘소 주변에는 서울 근교에서는 보기 드문 한적한 풍경이 펼쳐져 있었다. 뻐꾸기와 이름 모를 산새들이 애절한 울음을 토해내고 있었고, 묘역을 둘러싼 잡초 사이로 여름을 알리는 싸리나무 꽃이 곱게 피어 있었다. 필자에게는 그 꽃들이 고운 심성과 그 심성만큼이나 아름다운 외양을 지니고 있었다는 세자빈 심씨의 넋처럼 여겨졌다.

의안 대군(방석) 묘소 전경

무덤은 상하로 나란히 조성되었고 잔디는 어느 집의 안마당처럼 곱게 다듬어져 있었다. 자세히 살펴보니 앞쪽의 묘소는 세자빈 심씨의 무덤이었고 뒤쪽은 왕자 방석의 무덤임을 알 수 있었다.

문신석이 두 기나 놓여 있는 것이 처음에는 이해가 되지 않았는데, 찬찬히 살피니 세자빈 심씨의 묘소가 먼저 조성되었기에 한 벌의 문신석이 놓여 졌고, 방석의 묘는 다른 곳에서 이장하면서 문신석을 옮겨와 세운 것으로 보였다. 애통하게 짧은 생을 마감한 두 분의 영혼과 체백이 430여 년 동안의 기다림 끝에 함께하게 되었다고 생각하니 새삼 가슴이 먹먹해 왔다.

싱그러운 풀 냄새에 도취하여 잠시 쉬고 있자니 외로운 두 분의 혼령이 자신들의 평온함을 방해 말고 이제 그만 필자의 갈 길로 떠나라고 재촉하는 듯하였다. 그래서 신덕 왕후가 부탁하셨던 가슴 아픈 당부만을 전해드리고 발걸음을 돌렸다.

생은 한 조각 구름일지니 그 생에 대한 애착의 끝을 느슨하게 잡고 살아가는 지혜가 우리 모두에게 필요한 것이 아닐까. 내려오는 길에 문득 떠오른, 방원의 정적이면서 두문동 현賢의 한 분이신 길재吉再 선생의 시 한편으로 필자의 이번 기행을 마무리할까 한다.

청산 자부송아 어이 누었는다.

광풍을 못 이기어 뿌리째 누웠노라.

아마도 양공良工을 만나거든 날 옛더라 하여라.

저 푸른 산에 비스듬히 기울어진 소나무야, 너는 어째서 그렇게 누워 있느냐?
모진 바람을 이기지 못해서 그만 뿌리째 쓰러져 버렸구나.
혹시 그대가 양공을 만나거든 내가 여기 있더라고 말을 전해다오. 그에게 바로잡아 세워 달라 할 터이니.....

* **양공**良工 | 재주와 기술이 뛰어나 무엇이든 잘 고치는 장인

불륜의 왕실사

목숨과 바꾼 몹쓸 사랑

화의군

수양 대군의 야심

조선 제4대 세종 임금은 살아생전에 열여덟 명의 아들을 얻었다. 그 중 소헌 왕후 심씨 소생으로는 여덟 명의 아들이 있었는데 첫째가 조선 제5대 임금 문종이요, 둘째는 훗날 문종의 아들 단종을 죽이고 왕위를 찬탈함으로써 조선 제7대 임금이 된 수양 대군(제7대 세조)이다. 그리고 수양 대군 밑으로 안평 대군과 임영 대군, 광평 대군, 금성 대군, 평원 대군, 영응 대군이 있었다.

아버지에 이어 임금이 된 문종은 몸이 병약하여 재위 2년 4개월 만에 승하하고 12세에 불과한 단종에게 왕위를 물려주었다. 문종은 죽기 전에 권신 김종서, 황보인 등에게 어린 왕을 부탁한다는 고명을 남겼다. 이와 함께 수양 대군과 안평 대군을 위시한 장성한 동생들에게도 나라의 앞날을 부탁해 놓았다. 이들 모두는 죽어 가는 문종 앞에서 고명을 받들 것을 약속한 바 있었다.

그러나 충성심으로 똘똘 뭉친 권신 세력과 팽팽하게 맞서면서 야심을 키워가는 인물이 있었으니 바로 수양 대군이었다. 수양 대군은 한명회, 권람 등과 같은 모사들의 도움 속에 무인 세력을 결집하여 호시탐탐 왕위 찬탈의 기회를 노리고 있었다.

이때 수양의 첫째 동생 안평 대군은 황보인, 김종서 등과 같은 권신들과 제휴를 맺고 수양 대군에 맞서 인사 행정의 하나인 황표정사黃票政事로 장악함으로써 조정의 배후 실력자로 떠올랐다. 어린 단종 입장에서는 황보인, 김종서와 함께 안평 대군이라는 존재가 있었기에 마음이 사뭇 든든했을 것이다.

이처럼 수양과 안평 두 형제가 왕위 찬탈과 어린 조카 보호라는 각기 다른 목적을 가지고 팽팽하게 대립하는 바람에 조선의 정국은 한치 앞도 내다볼 수 없는 불안한 상황이 이어지고 있었다.

그러나 1453년(단종 1) 계유년의 문이 열리면서 양측의 팽팽했던 대립은 급격하게 수양 대군 쪽으로 기울기 시작했다. 마침내 그해 10월, 왕실을 보호한다는 명목 아래 김종서와 황보인 등을 급하게 제거해 버린 수양 대군은 연이어 동생 안평 대군 부자마저 강화도 교동에 유배하였다가 사사함으로써 정권을 장악했다. 이것이 그 유명한 계유정난癸酉靖難이다.

수양 대군은 사후조치로써 이미 제거된 김종서와 가까운 인물이라

하여 이징옥을 파직시켰다. 그렇지 않아도 김종서가 살해된 것에 분노를 느끼고 있던 이징옥이 난을 일으켜 한때나마 조정에 불안감을 안겨주기도 하였으나 난은 곧 평정되었다.

난세를 맞은 사람들

계유정난을 통해 정적들을 제거하고 이징옥의 난을 평정함으로써 동요하던 지방의 민심까지 안정시킨 수양 대군의 입지는 한결 확고해졌다.

그러나 그에게는 아직 경계해야 할 대상들이 남아 있었다. 광평 대군과 평원 대군은 젊은 나이에 요절했으니 그렇다 치더라도 동복형제 중에 아직 임영 대군과 금성 대군이 남아 있었고, 이복형제 가운데도 영빈 강씨 소생 화의군이 도사리고 있어 안심할 단계가 아니었던 것이다. 그중 임영 대군은 훗날 수양 대군의 즉위를 보좌해 줄 정도로 호의적인 인물이었다. 따라서 수양 대군의 시선은 자연스럽게 금성 대군과 화의군 쪽으로 쏠렸다.

한편 수양 대군의 야심이 만천하에 드러나자 비록 힘은 부족하지만 어린 단종의 왕권을 보호하려는 세력이 서서히 의지를 모아가기 시작했다. 이들 중에는 집현전 학사로 대표되는 세종 시절의 학자들도 있었고, 금성 대군으로 대표되는 왕실 세력도 있었다. 특히 금성 대군은 계유정난으로 수양의 야심이 명백해지자 어린 조카를 보호해야겠다고 결심하고 사병을 키워가기 시작했다.

이러한 금성 대군을 항상 지지하였으며, 그가 행한 일에 연루되어 훗날 고초를 겪기도 했던 인물이 바로 화의군이었다. 그러나 이 글의 주인공이기도 한 화의군은 결코 해서는 안 될 사랑 때문에 인생을 망친 사람으로 더 유명하다.

수양 대군의 왕위 찬탈과 단종 살해, 숱한 충신들의 죽음……. 비운의 임금 단종으로부터 세조에 이르는 시대를 규정해 보라고 한다면 누구나 이런 단어들부터 떠올릴 것이다. 한마디로 비극적인 시대였다. 이러한 시대를 살아가는 인생들일수록 삶은 혼란스러울 수밖에 없다. 살아가는 태도 또한 제각각이어서 시대의 아픔에 정면으로 맞서 싸우는 용감한 사람들이 있는가 하면 마음으로는 정의를 지지하면서도 실제 삶에서는 실천이 뒤따르지 않았던 사람들, 철저하게 시대의 요구를 외면한 채 권력에 충성한 사람들도 있었다.

그렇다면 화의군은 어느 편에 속한 사람이었을까?

세조의 물음에 입을 다물고

화의군은 1425년(세종 7) 세종 임금의 두번째 비인 영빈 강씨 사이에서 태어났다. 이름은 영瓔, 자는 양지良之로 아홉 살에 화의군에 책봉되고, 열두 살 때 박중손의 딸 군부인 밀양 박씨를 아내로 맞아들였다.

화의군의 장인 박중손은 15세에 성균시에 합격한 문재로 단종 초에 수양 대군을 도와 왕위에 오르게 한 공으로 응천군에 봉해졌다. 따라서 세조의 왕위 찬탈보다 단종의 왕위 사수가 정의였다고 판단해 볼 때, 박중손은 시대의 요구를 외면한 사람이라고 할 수 있을 것이다.

이런 박중손의 딸 군부인 박씨를 아내로 맞아들인 그해에 성균관에 입학한 화의군은 아주 어려서부터 용감하고 민첩한 기질이 엿보였고 글 또한 잘했다고 전해진다.

화의군은 자라면서 부모를 섬기고 아버지 세종 임금에게 진충하려는 뜻이 깊어서 일찍이 시를 지어 말하기를,

> "사람이 세상을 살아감에 있어서 충과 효가 가장 중요하니 '충' 하면 나라가 보전되고 '효' 하면 능히 세상을 바로잡을 수 있다."

하고 하며 항상 왕자나 대군들과 화목하는 데 힘쓰니 세인들이 모두 흠모했다. 아버지 세종도 왕자 화의군의 뛰어난 재능과 성품을 일찍이 알아보고 훈민정음을 편찬하는 데 협력하게 하였다.

이렇듯 부왕 세종의 총애를 받을 정도로 뛰어난 인물이었기 때문에 수양 대군은 금성 대군과 함께 화의군이 늘 신경에 거슬렸다. 그래선지 수양 대군은 어느 날 화의군을 불러들여 속마음을 떠 보았다. 그때는 바야흐로 수양 대군의 야심이 세상에 널리 알려진 때였고, 이에 따라 반발하는 무리들이 사방에서 웅성거리며 일어서고 있었다. 이를 모를 리 없는 수양 대군이 자신을 반대하는 무리들을 어찌 처리했으면 좋겠느냐고 화의군에게 물은 것이다. 그러나 화의군은 묵묵부답으

로 일관하였다. 아무리 피를 이어받은 형제라고 하지만 화의군은 수양 대군을 믿지 않았다. 동복동생인 안평 대군 부자를 유배지에서 사사시킨 장본인이 바로 그 아니던가.

화의군이 끝내 자신에게 마음을 열지 않자 수양 대군은 저질러 놓은 짓이 있으면서도 형제들이 왜 자꾸 자신에게 등을 돌리는지 모르겠다고 한탄하면서 매우 섭섭해 했다. 특히 수양 대군은 총명한 화의군에게 적잖이 기대를 걸고 있었다. 화의군이 형제의 정으로 자신에게 다가와 주기를 말이다. 그랬기에 배신감에 치밀어 오르는 분노를 삭일 길이 없었던 수양 대군은 즉각 측근들에게 화의군의 동태를 면밀히 주시하라고 명령했다.

봄은 찾아 왔는데

우리나라 속담에 털어서 먼지 안 나는 사람 없다고 했다. 신처럼 완전한 존재가 아니기에 사람은 잘잘못을 함께 안고 살아가는 존재인 것이다.

화의군은 뛰어난 능력을 지녔으나 여색을 무척 탐하여 몇 차례 물의를 일으킨 적이 있었다. 1441년(세종 23)에는 임영 대군과 함께 사가의 여인을 남장시켜 궁내로 데리고 들어가려다가 수문장에게 발각되는 바람에 직첩과 과전을 몰수당했다. 이 일로 6년 가까이 어려운 시절을 보내다가 1447년(세종 29)에야 다시 화의군에 봉해졌다. 그러나 그는 그로부터 2년 뒤인 1449년 다시 말썽을 일으키고 만다. 조관朝官의 기첩을 빼앗아 개인의 욕망을 채우려다가 발각되는 바람에 다시 직첩을 몰수당한 것이다. 이듬해에 문종이 즉위하면서 화의군에 재차 봉해지기는 하였지만 화의군의 여성 편력은 그칠 줄을 몰랐다. 수양 대군은 이러한 화의군의 됨됨이를 잘 알고 있었기에 언제고 여자와 관련된 일로 올가미에 걸려들 날이 오리라 확신한 것이다.

한편, 수양 대군 앞에서 침묵으로 일관한 일로 화의군은 앉으나 서나 마음이 편치 않았다. 동생이라 해도 정치적 걸림돌이라고 판단될 때는 거침없이 제거해 버리는 것이 수양 대군이었다.

"책잡히지 않도록 조심, 또 조심해야 할 게야."

자신의 목숨이 경각에 달렸다고 판단한 화의군은 스스로 이렇게 독려하며 경계하듯 주변을 둘러보았다.

그러나 결국 그는 조심하고 또 조심해야 할 상황임에도 분별없이 여자를 탐하다가 수양 대군이 쳐 놓은 덫에 걸려들고 말았다.

형제의 여자를 범하다

그 사건을 설명하자면 세종 임금과 소헌 왕후 심씨 사이에서 일곱 번째 왕자로 태어난 평원 대군平原大君의 일생을 잠시 더듬어 볼 필요가 있다. 평원 대군이 세상에 남기고 간 애첩 초요경楚腰輕과 화의군 사이에 불붙은 사랑 이야기가 이 글의 주요 뼈대이기 때문이다.

평원 대군은 세조와 화의군 사이에 알력이 일어나기 9년 전인 1445년(세종 27) 1월에 천연두를 앓다가 19세의 젊은 나이로 요절했다. 좌의정 남양 홍씨 이용의 딸에게 장가들었던 때라 대군의 죽음은 한층 안타까웠다. 대군의 묘소는 경기도 포천군 소흘면 이곡리 산기슭에 있다. 그곳을 찾아가 보면 19세 젊은 왕자의 신분을 알리는 비석 한 쪽만을 안은 채 대군은 봉사손奉祀孫 제안 대군(조선 제8대 왕 예종의 둘째 왕자) 내외의 보살핌 속에 잠들어 있다. 평원 대군은 외양이 준수하고 성품이 호쾌한 남아 중의 남아였다고 전해진다.

그렇게 잘생긴 왕자에게 접근한 한 여인이 있었다. 경국지색이라는 말이 딱 알맞을 정도로 미색이 뛰어난 여인, 초요경이었다. 초요경은 육체가 풍만하고 굉장히 정열적인 여인이었는데 본디 신분은 미천한 관기였다.

어찌 보면 모든 불행의 원인은 그녀의 내면에 들어찬 정열 때문이었는지도 모를 일이다. 초요경은 남편 평원 대군이 죽자 왕실의 원찰인 고양 땅 대자암에 자주 드나들며 제를 올리고 불공을 드렸다. 일찍이 남편을 잃었으니 그렇지 않아도 정열적인 여인의 몸과 마음에 주체하지 못할 열기가 가득했을 것은 불을 보듯 훤한 노릇이었다. 결국 초요경은 남편의 명복도 빌고 자기 가슴속의 불도 끄려는 의도로 대자암 나들이를 자주 한 것이었다.

그런데 대군의 제를 올리는 것이다 보니 왕족들도 동행을 하는 때가 많았다. 화의군과 초요경 사이에 뜨거운 감정이 싹터 오르게 된 것도 우연찮게 대자암까지 동행한 것이 계기였다.

이때 옆에 있던 초요경이 시숙이기도 한 화의군을 유심히 바라보다가 말을 걸었다.

"아주버님, 일기가 불순한데 이렇게 나오셔서 제까지 올려주시니 감사하오이다."

"우리 모두 대왕의 혈통을 이은 형제간인데 수고될 것이 있나? 그보다 자네가 청춘을 홀로 보내니 앞날이 딱하구먼."

"염려해 주시니 더욱 감사합니다."

이야기 끝에 초요경은 싱긋 웃었다. 본디 아름다운 얼굴에 미소까지 어리니 사내의 마음이 녹아날 지경이었다. 그런데 제가 끝나자마자 초요경이 대자암 외딴방 조용한 곳으로 화의군을 청하는 것이 아닌가.

화의군은 순간적으로 현기증을 느꼈다. 숱한 여자들을 품에 안아 보았지만 이런 가슴 떨림은 처음이었다. 그렇다고 초요경의 뛰어난 미색 때문만은 아니었다. 한 나라의 왕자로서 초요경 정도 되는 미인을 품에 안아 보는 것쯤은 그리 어려운 일이 아니었다. 그렇다면 무슨 까닭으로 이처럼 가슴이 쿵쿵 뛰는 것일까. 바로 평원 대군이 총애하던 여자라는 점 때문이었다. 형제가 총애하던 여자를 품게 될지도 모른다는 두려움과 죄책감, 그리고 금기에 대한 기대감이 이처럼 화의군의 마음을 사춘기 소년의 그것처럼 두근거리게 만드는 것이었다.

화의군은 초요경이 가리킨 방으로 걸어가다 말고 걸음을 멈췄다. 정말 이래도 되는 것일까? 그러나 화의군은 스스로 던진 물음에 답할 틈도 없이 재차 걸음을 옮겨 놓기 시작했다. 색을 자제하지 못하는 화의군의 성정으로는 초요경이 뿜어내는 아름다움과 유혹을 뿌리치기에 역부족이었을 것이다.

마침내 화의군이 방문을 열고 들어서니 조촐한 음식상이 마련되어 있었다. 화의군은 음식을 먹는 둥 마는 둥 하며 눈으로 초요경을 탐하느라 여념이 없었다.

이렇듯 은근한 화의군의 눈길에 화답하듯 초요경의 몸은 달아올랐고, 그 뜨거운 몸뚱이를 향해 화의군의 손이 스멀스멀 다가왔다. 평원대군이 죽은 지도 어언 1년 남짓. 초요경은 1년 동안이나 홀로 지내다가 뜻밖의 남자에게 안기자 가눌 길 없는 정염 속으로 휘말려 들었다. 그렇게 두 사람은 뒤엉킨 채 기나긴 밤을 불태웠다.

남편의 형이니 화의군은 초요경에게 시숙인 셈이었다. 다른 사람 같으면 부끄럽고 망측하여 감히 생각조차 못할 일이건만 대자암 외딴 방에서 뒤엉킨 이래 탕아와 탕녀가 되어 버린 그들은 오히려 그 부끄러운 관계에 더욱 묘미를 느끼고 있었다. 그리하여 두 사람은 기회 있을 때마다 은밀하게 만나 관계를 맺었다.

화의군은 이따금 금성 대군 집에 가서 활을 쏘며 풍류를 즐겼는데 이럴 때면 초요경도 청하여 춤과 노래를 부르게 하면서 흥겹게 놀았다. 비록 관기 출신의 첩이라고는 하지만 아우가 사랑하던 여자를 불러 놓고 이렇듯 방자하게 즐기니 눈살 찌푸려질 일이 아닐 수 없었다.

비밀은 숨어 있길 싫어한다는데

물은 그릇에 차면 넘치고 고운 꽃은 시간이 지나면 그 생명을 다한다 하였다. 화의군의 비행은 마침내 마당에서 꿀을 빨던 나비가 높은 담장을 팔랑팔랑 넘어가듯 세상 사람들의 귀로 퍼져가기 시작했다.

그 사실이 수양 대군의 여러 모사꾼 중 한 사람이었던 권람에게 알려진 것은 1455년(단종 3 · 세조 1) 봄이었다. 권람은 구실이 없어 한이었는데 마침 잘 됐다고 속으로 웃으며 곧 수양 대군의 집으로 달려갔다.

권람은 수양 대군의 집을 찾는 손님들 중 가장 낯이 익은 사람이라 들어서기만 하면 모두가 반겼다. 본디 사람이 좋다고 평을 받는 권람은 하인배나 어린아이들과도 곧잘 친했다.

> "어서 오십시요. 권 갱랑(권람의 별명) 나리."
>
> "오냐. 그 동안 별일 없이 지냈느냐? 그런데 너만 공신이 못되어 섭섭하구나. 잘하면 너희도 나중에 벼슬할 수 있으니 참고 기다려라."

그날도 계유정난 때 김종서를 죽인 바 있는 수양 대군의 하인 임운이 아는 체를 하며 다가오자 권람은 친근한 말을 건네며 걸음을 재촉했다. 이윽고 권람이 사랑에 들어서자 수양 대군이 반갑게 맞이했다.

"어서 오게, 권 갱랑. 그대야말로 장자방보다 나을 때가 많아."

"과찬이십니다."

장자방은 한명회의 별명이다. 사실 수양 대군에게 1등 공신은 누가 뭐래도 권람이었다. 권람은 용무가 있어서 왔으면서도 시침을 뚝 뗀 채 한동안 한담을 나누었다.

수양 대군과 모사 권람의 역모

수양 대군은 알고 있었다. 권람이 일없이 자신을 방문하지 않았으리라는 사실을. 하여 한담을 나누면서도 권람의 얼굴을 가만히 살피곤 하였다. 그런 수양 대군의 속내를 모를 리 없는 권람이 한순간 깊은 생각에 잠겼다가 천천히 입을 열었다.

"이제 대군께서 용상에 앉으실 때가 온 것 같습니다."

수양 대군의 눈썹이 꿈틀 움직였다.

"권 갱랑, 방금 뭐라고 했나?"

수양 대군이 당황한 어조로 묻자 권람은 의미심장하게 웃으며 앞으로 다가앉았다. 수양 대군이 기다렸다는 듯 목소리를 낮추며 물었다.

"권 갱랑, 어떻게 하면 용상에 앉는다는 게지요?"
"금상(제6대 단종)께서 상왕이 되시면 간단하게 해결될 일 아니겠습니까."

수양 대군은 보일 듯 말 듯 미소를 지었다. 그 또한 때가 그리 머지 않다는 것을 막연하게나마 느끼고 있던 터였다.

"우선 그렇게 되려면 대군과 군들을 쫓아내셔야 합니다. 모두가 자리를 노리고 호시탐탐하는데 자리는 하나뿐인데 될 말입니까?"
"형제가 많아서 참으로 귀찮구먼."

수양은 낯을 찡그리며 투덜거렸다. 형제가 많다는 것이 이처럼 귀찮고 머리 아플 줄은 몰랐다. 모조리 쓸어다가 외딴 섬 같은 곳에 가두어 놓고 싶은 때도 많았다. 모사 권람이 기다렸다는 듯 수양의 가슴에 불을 놓았다.

"요즘 들어 금성 대군이 자기 집에서 무사들을 양성하고 있다 합니다. 그대로 두면 큰일을 저지르고 말 것입니다."

이야기를 듣고 깜짝 놀란 수양 대군이나 간신처럼 낮게 속삭이는 권람이나 그 순간 생각은 같았다. 이 일을 미루다가는 졸지에 큰 변을 당할 수 있으므로 그들보다 먼저 손을 써야 한다는 것이었다.

"결단을 내리셔야 합니다."

권람은 수양 대군의 결심을 재촉하였다. 기왕에 여기까지 이야기가 되었으니 끝을 보는 것이 이로웠다. 그런데 수양 대군이 갑자기 이맛살을 찌푸리며 권람을 바라보았다.

"그런데 구실이 있어야 그것들을 때려잡을 것 아닌가? 구실이 문제야, 구실!"

권람은 수양 대군이 이런 말을 꺼낼 줄 알았다는 듯 활짝 웃으며 본론으로 들어갔다.

"요즘 금성 대군과 화의군이 한창 재밌게 어울려 다니고 있습니다."
"금성 대군하고 화의군이?"
"그렇습니다. 그런데…… 이것 참 말씀드리기가……."
"뭔지 어서 얘기해 보게."
"돌아간 평원 대군의 첩 초요경이 화의군과 간통을 하더니 이제는 동거를 한다 합니다. 소문이 장안에 쫙 퍼졌으니 왕실의 체통을 생각해 엄벌에 처하지 않을 수 없습니다. 게다가 공공연히 금성 대군 집에서 유희를 즐기며 초요경까지 끌어들이고 있다 하니……."

무언가 결정이 되면 신속하게 움직이는 추진력을 갖춘 것이 수양 대군이었다. 그는 바로 다음날 의정부 상신과 육조의 판서들로 하여금 빈청에 모여 화의군과 금성 대군 문제를 포함한 국사 전반을 공론하게 하였다. 그런데 이야기가 한창 진행되던 중 단종이 나타났다. 좌의정 정인지가 목청을 가다듬으며 단종에게 아뢰었다.

"전하, 아뢰옵기 황공하오나 금성 대군이 최근 사병을 대대적으로 양성하여 무언가 일을 꾀한다 하옵니다. 일의 전후를 환히 캐내어 엄벌에 처해야 할 줄로 아뢰옵니다. 통촉해 주옵소서."

수양 대군이 무사들을 양성하는 것은 아무렇지도 않고, 금성 대군이 조금 움직이는 것은 큰 흠이란 말인가. 좌의정 자리에 앉은 사람의 발언이라고 하기에는 한편으로 기울어도 한참 기운 의견이 아닐 수 없었다. 그런데도 정인지는 부끄러운 줄 모르고 점점 언성을 높였다.

"황공하옵게도 금성 대군뿐만 아니라 화의군에게도 큰 문제가 있사옵니다. 작고한 평원 대군의 첩 초요경을 데리고 살며 나라의 풍기를 문란케 하고 있으니 말입니다. 천인공노할 일을 저지른 화의군과 금성 대군을 즉각 엄벌에 처하소서."

정인지의 칼날 같은 혀가 금성 대군과 화의군을 무참하게 도마질하자, 이번에는 우의정 한확이 혜빈 양씨 이야기를 들고 나왔다. 혜빈 양씨가 왕명을 어기고 무단으로 궁궐 출입을 했다는 주장이었다.

원래 혜빈 양씨는 궁중 출입이 제한된 상태로 당시 단종 곁에는 그를 지켜줄 모후도 그 어떤 세력도 존재하지 않았다. 다만 성군 세종의 후궁이자 훗날 직접 젖을 먹여 단종을 키운 혜빈 양씨가 있을 뿐이었다. 그러나 그녀는 후궁의 신분이었기에 단종에게 해 줄 수 있는 일이 아무것도 없었다. 그런데도 단종의 측근 인물들을 철저하게 배제시키려는 수양 대군의 뜻에 따라 혜빈 양씨까지 궁궐 출입을 제한받고 있었다.

어린 단종은 혜빈 양씨가 무척 그리웠다. 단종에게 어머니의 따뜻한 품을 가르쳐 준 여자였으니 당연한 노릇이었다. 하여 단종은 혜빈 양씨를 궁으로 불러들였으며 손수 거처까지 마련해 주었으니 무단출입은 아닌 셈이었다. 그런데도 한확은 혜빈이 자의로 왕명을 어긴 것처럼 몰아붙이고 있었다.

목숨과 바꾼 얄궂은 사랑

권람의 간사한 입에서 시작된 이번 일로 단종의 측근 인물들은 그야

말로 추풍낙엽처럼 떨어져 나갔다. 하다못해 영양위 정종(조선 제5대 왕 문종의 부마)마저 형조판서에서 물러났으며 그와 인연을 맺은 자들 또한 남김없이 관직을 내놓아야 했다. 어떻게 하든 단종의 수족을 잘라버리려는 수양 대군과 그 모사들의 음모는 이처럼 철저했다.

이쯤에서 금성 대군과 화의군 이야기로 다시 돌아가 보기로 하자. 정인지와 한확이 운을 떼고 한명회와 권람 등이 모두 찬성 발언을 하여 그날로 이들에 대한 처벌이 내려졌다.

금성 대군은 고신告身이 모두 삭탈되어 아무것도 아닌 사람이 된 채 삭녕(현 경기도 연천)에 유배되었다가 경상도 순흥(경북 영주군에 속한 옛 순흥부)으로 이배되었고, 화의군은 어머니 영빈 강씨와 함께 전라도 익산군 금산으로 유배되었다. 그리고 초요경은 남도 아닌 시숙을 꾀어 풍기를 문란케 한 죄로 관노가 되어 변방으로 쫓겨 갔다. 아울러 혜빈 양씨에게는 다시 궁중 출입을 금한다는 영이 내려졌다.

적실 아우의 애첩을 데리고 살다가 화를 당한 화의군은 그 후 어떻게 되었을까. 요염하게 놀아나다가 관노 신세가 된 초요경과 달리 왕자 화의군은 1460년(세조 6) 36세의 젊은 목숨을 그만 빼앗기고 말았다. 결국 얄궂은 사랑을 목숨과 바꾼 셈이었다.

한편 순흥에 있던 금성 대군은 단종 복위를 도모했던 성삼문, 박팽년 등과 같은 충신들이 줄줄이 처형되고, 단종마저 노산군으로 강봉된 채 강원도 영월로 유배되자 순흥 부사 이보흠과 모의하여 단종 복위 운동을 이어가고자 하였다. 고을 군사와 향리를 모으고 도내 사족들에게 격문을 돌려 의병을 일으키고자 했던 것이다. 그러나 계획된 거사를 미처 실행하기도 전에 관노의 고발로 금성 대군의 꿈은 산산조각나 버렸다. 1457년(세조 3) 반역 죄인이 되어 형장의 이슬로 쓸쓸하게 사라져 갔던 것이다.

역사의 수레바퀴 밑에서 신음하는 자들

역사는 인생 교육서

위치도 알려지지 않은 선현의 묘소를 찾아다니고, 실록을 위시한 사료들을 일일이 뒤져가며 그분의 생애를 글로 정리하느라 한바탕 부산을 떨고 나면 늘 까닭 모를 공허감과 경계심이 몰려든다.

단 한번 주어진 생애를 흙탕물에 빠진 사람처럼 허우적거리다가 마감해 버린 선현의 모습을 바라보며 어느 결에 품게 된 연민 때문이다. 연민은 역사를 객관적으로 바라보지 못하게 하는 하나의 적 아닌가.

필자는 매번 역사는 반복된다는 사실을 깨닫는다. 지금 우리 앞에 벌어지는 일들이 구체적인 상황만 조금 다를 뿐 수백 년 전에도 일어났다고 생각해 보라. 옛사람들이 그러했듯 갈등의 순간이 닥쳤을 때 어떤 선택을 하느냐에 따라 우리의 인생은 극과 극으로 갈린다. 그래서 필자는 외쳐대곤 한다.

> "정신 똑바로 차리고 살자. 앞이 캄캄하여 어떤 선택을 해야 좋을지 모를 때는 지나간 역사를 돌이켜 보자."

그러고 보면 역사는 살아 있는 인생 교육서인 셈이다.

세조 시대를 풍미한 사람들의 사후

필자의 머릿속으로 수없이 많은 사람들의 모습이 명멸하는 불꽃처럼 스쳐가고 있다.

권력욕을 어쩌지 못하고 조카 단종을 죽였으며, 수많은 사람들의 목숨을 가차 없이 끊어 버린 수양 대군. 그런 그가 만들어 놓은 역사의 페이지 속에서 아첨과 아부를 일삼았던 정인지, 한확, 한명회, 권람. 그리고 어린 조카를 지키고자 힘껏 일하다가 동복형에 의해 불귀의 객이 되어 버린 안평 대군과 금성 대군. 마음으로는 단종 임금을 지켜주고 싶었으나 여색에 눈이 멀어 자신의 삶을 망쳐 버리고 만 화의군.

이들은 지금 어느 곳에 누워 있을까. 죽인 자, 죽이게 한 자, 죽임을 당한 자, 이 모두가 어두운 역사의 수레바퀴에 깔려 신음한 피해자라

정인지 영정과 묘소

고 하면 잘못된 표현일까? 필자는 이들의 유택을 한번 찾아가 보기로 하였다.

금성 대군, 혜빈 양씨, 화의군 등의 생살여탈권을 가졌던 수양 대군은 지금 광릉光陵이란 보잘 것 없는 푯말을 안고서 경기도 양주 땅 진접읍 부평리에 묻혀 있다. 돌개바람 같았던 그 막강한 세력을 어디다 두고 이렇게 홀로 초라하게 묻혀 있는지 궁금하기만 하다.

한편 관모官帽가 떨릴 정도의 세력을 앞세워 한 시대의 역사를 소용돌이치게 만든 1등 공신 정인지는 충청북도 괴산군 불정면 외평리에 유택을 마련했다. 영의정과 하동 부원군이라 새겨진 빗돌에 의지하여 예전의 막강했던 권세를 자랑하고 있는 듯하나 필자가 보기에는 그저 허망할 따름이었다.

정인지는 부인과 함께 묻혔는데 묘소를 마치 왕릉같이 꾸며 놓았다. 그러나 필자는 그런 것에는 관심이 가지 않았고, 다만 정인지의

한확 묘소

비문을 누가 지었는지 관심이 있어 살펴 보았다. 비문을 지은 사람은 바로 강희맹姜希孟이었다. 강희맹은 세종 때 형조판서를 지냈고, 예종 때에는 청년 장군 남이南怡를 죽인 공으로 익대공신이 되었으며, 성종 때에는 이조판서와 좌찬성을 지낸 인물이다.

필자는 정인지의 묘소를 천천히 둘러보면서 까닭 모를 감회에 젖어 들었다. 그는 세상에 태어나 83년간이나 살면서 온갖 부귀를 누렸으나 곧지 못했던 그의 인생살이를 보여주듯 묘소에는 찾아오는 이 하나 없었다. 이곳에 묻힌 지 528년. 그 유구한 세월을 비웃듯 한가한 유택 위로 흰 구름만 쉬엄쉬엄 지나가고 있었다.

필자는 다시 한확을 만나기 위해 길을 달렸다. 한확은 명나라에 가서 탈취한 세조의 왕위를 승인 받고 오는 길에 객사한 사람이었다. 한강이 내려다보이는 경기도 남양주 땅 조안면에 묻혀 있지만 그것이 누구의 묘소인지 아는 사람은 드물었다.

필자는 버릇처럼 비문을 지은 사람의 이름을 확인하고는 피식 웃음

한명회 묘소

부터 나왔다. 유자광 · 이이첨과 함께 조선의 세 간신으로 이름 높은 폭군 연산의 수족 임사홍任士洪이 비문을 지었다니 말이다. 그 비문을 자랑스레 껴안은 좌의정 한확이 지하에서 무슨 생각을 하고 있을지 궁금하기만 하다.

한확의 묘소에서 다시 길을 나선 필자는 차례로 세조의 모사 한명회와 권람을 만나 보았다. 한명회는 부관참시라는 추형을 받고 현재의 천안 근처 경부고속도로 변에 묻혔는데 자동차 소음이 심하다고 몹시 불평을 하는 듯했다.

권람 초상

'모사 한명회 나리! 그대가 죽인 원혼의 울음소리보다 자동차 소음이 더 심한가요?'

권제(좌)와 권근(우)의 묘소

묘소를 천천히 둘러보는데 누구의 묘소인지 알려주는 표석인 빗돌은 누가 도끼질을 해 놓았는지 알아볼 길이 없었다. 미우나 고우나 존중해 주어야 할 우리 선민先民인 것만은 틀림없는 사실이지만 한명회의 인생 역정을 곰곰 돌이켜 보니 비웃음이 저절로 나왔다.

한편 세조가 장자방보다 나을 때가 많다고 극찬하던 권 갱랑 권람의 묘소는 충청북도 음성군 생극면 방축리 안골에 있다. 석학 권근 할아버지와 우찬성이었던 아버지 권제와 함께 잠들어 있었는데, 언제고 금성 대군이나 화의군 자손들이 찾아와 험악하게 과거의 일을 따져 물을까 두려워 전전긍긍하지 않을까 하는 생각이 들었다. 대학자 권근은 지하에서나마 못난 손자의 일로 가슴 아파하고 있으리라.

어느덧 저녁 해가 서산머리를 붉게 물들이고 있었다. 내친김에 화의군의 묘소도 다녀오고 싶은 생각이었으나 필자의 역사 기행은 여기서 일단 멈춰야 할 것 같았다. 빠른 시일 내에 왕자의 유택을 다녀오리라 마음먹으면서 필자는 쫓기듯 산을 내려오기 시작했다.

화의군 묘소

왕자의 유택을 찾아가는데

따뜻한 봄 햇살이 내리비추는 토요일 오후, 찬 기운과 포근한 봄기운이 자리다툼을 하느라 분주한 이때에 필자는 지금으로부터 549년 전, 36세의 젊음을 얄궂은 사랑과 맞바꾼 왕자 화의군의 일생을 한번 더듬어 보고자 서울시 은평구 진관동으로 달려갔다.

우리 민족의 영산 북한산을 비스듬히 바라보고 있는 화의군의 유택은 묘소라기보다는 살아 있는 사람의 집인 양 잘 조성되어 있었다. 무덤의 주인을 알리는 고태스러운 빗돌은 437세란 나이를 자랑하며 나그네의 눈을 사로잡았다. 마치 곱게 늙어가는 아름다운 옥녀의 자태인 양 꽃무늬가 곱게 박힌 의관을 쓰고 있었다. 그러나 비석에는 애석하게도 칼자국이 하나 남아 있었다. '화의군지묘' 和義君之墓라고 간단 명료하게 적힌 묘비였다.

우리들은 살아가면서 '제일, 가장, 많다, 좋다, 곱다' 라는 말을 즐겨 사용한다. 그러나 '제일, 가장, 많다, 좋다, 곱다' 의 기준이 어떻게 매겨지는지 누가 묻는다면 선뜻 대답하기가 어려울 것이다.

필자는 지금까지 전국을 돌면서 어림잡아 3천여 곳의 묘소와 사적지, 유적지, 탑, 불상, 천주교 순교지 등을 카메라에 담아 왔다. 오죽하면 모아 놓은 그 사진을 본 아내가 우리나라에서 죽은 사람의 영혼이 제일 많이 모인 곳이 바로 우리 집이라고 했을까. 아내의 말마따나 필자는 임금, 영의정, 좌의정, 우의정, 충신, 절신, 열신, 간신, 역도, 반역자, 장군, 모사, 평민, 노비 등을 가리지 않고 유택이 있는 곳이면 어디든 찾아다녔고, 사진에 그 모습들을 담은 후에야 글을 남기곤 하였다.

화의군의 유택을 감싼 울타리는 일명 곡장이라고 하는데 어느 부호의 집 담장 같아서 적이 놀랐다. 또한 그 아름다움으로 따지더라도 전국에 산재한 묘지의 곡장들 중 단연 최고라고 할 만했다. 알맞게 높인 묘 봉분과 벌은 차츰 갈색 옷을 벗고 파란색 옷으로 갈아입을 채비를 하고 있었다.

이곳에 있는 석물들은 곡장과 마찬가지로 하나 같이 곱고 아름다워 상석이며 향로석, 장명등, 망주석을 차례차례 둘러보는데 탄성이 절로 나올 정도였다. 특히 문무인석은 살아 있는 듯한 모습으로 위엄을 더했다. 이렇게 조상의 무덤을 정성스레 꾸며 놓은 것은 후손들의 자랑거리가 아닐 수 없었다.

여성군

화의군의 묘소 아래쪽으로는 그의 둘째 아들 여성군驪城君 번幡을 포함한 여러 사람의 묘가 조성되어 있었다. 화의군과 혈맥은 물론이요 정신의 맥이 닿는 사람들의 묘소였다.

묘소에는 사당과 신도비도 세워 놓았다. 내용을 잠깐 살펴보았더니 화의군은 시호를 1747년(영조 23) 충경忠景이라 받았다고 하니 사후 276년 후에 시호를 받은 셈이다. 후손들의 끈질긴 노력에 의한 것이라 하겠다.

후손들은 화의군의 위패를 경상북도 영주 땅에 있는 죽계서원竹溪書院(주로 단종 복위에 희생된 충신의 위패를 모시는 곳)에도 모셨다. 또한 영월의 장릉 내에 있는 충신단에는 형제지간이자 수양 대군의 손에 그 운명을 맡겼던 다섯 왕자(안평 대군 · 금성 대군 · 화의군 · 한남군 · 영풍군)의 위패가 모셔져 있다. 역사는 지금 그들 모두를 충신이라 부르고 있으며, 다섯 왕자 외에도 충신 27명의 위패가 더 모셔져 있다.

장릉충신단

위패

장인과 사위는 가는 길이 달랐다

세조 때 계유정난 1등 공신 박중손이 화의군의 장인이라는 사실은 앞에서 이미 밝힌 바 있다. 추측해 보건데 사위도 자식과 다름없는 만큼 노선을 함께하자고 화의군에게 권유했을 것이 틀림없다.

박중손의 체백滯魄이 쉬고 있는 경기도 파주시 오금리를 찾아보았다. 그곳엔 마을 입구부터 세력가의 힘이 눈에 보였다. 신도비각이며 묘소 규모 면에서부터 묘전에 놓인 장명등까지 모든 것이 문화재로 지정이 될 만큼 유명세를 타고 있었다.

필자는 그 모든 것을 무시한 채 고인에게 정중하게 인사를 드린 후 한번 물어보았다. 필자 특유의 상상력이 또 우습게 펼쳐지는구나, 하며 독자들은 웃고 있을는지 모르겠지만 필자는 몇 백 년의 시공과 산 자와 죽은 자라는 한계를 뛰어넘어 박중손과 진지하게 이야기를 나누고 싶었다.

"선생님, 지금 서울 은평구에 있는 사위 화의군과 따님 박씨를 만나 뵙고 오는 길입니다."

"으음……."

묘소에 찾아와서 굳이 말을 거는 필자의 의도를 알아차린 듯 박중손이 무겁게 한숨을 내쉬는 것처럼 느껴졌다. 혹 박중손이 사위와 딸에 대해서는 할 말이 없다고 이야기하지 않을까 싶어 필자는 서둘러 본론으로 들어갔다.

"선생님, 사위도 자식이라고 하지 않습니까. 혹시 화의군이 젊은 나이로 죄인 아닌 죄인이 되어 유배지에서 어머니 강씨와 함께 세상을 떠날 때 한번쯤 구명 운동 같은 걸 해 볼 생각은 안 해 보셨습니까?"

이렇게 물어 놓고 한참을 기다렸지만 박중손은 끝내 대답이 없었다. 상대가 말을 하지 않으니 그냥 돌아서는 수밖에 없었지만 무척 아쉬움이 남았다.

역사적으로 박중손과 화의군 같은 예는 종종 볼 수 있기는 하다. 고려 말 조선 초에는 아버지, 아들, 형 그리고 동생, 숙부, 조카가 왕조 교체라는 명분에 의하여 서로 가는 길이 달랐던 적도 있다. 그러나 박중손과 화의군의 사정은 왕조 교체기가 아니기에 좀 달라 보인다.

정치란 정말 무섭다는 것을 느끼게 하는 대목은 이외에도 수없이 많다. 수양 대군이 김종서를 죽이자 김종서의 부장이었던 이징옥이 반란을 도모했다. 이에 따라 정국은 혼란에 휩싸였다. 그런데 그때 조정에서는 이징옥을 징치할 방법을 찾는 한편으로 징옥의 형인 이징석李澄錫을 압박하여 더욱 충성하도록 유도했다. 이것이 정치의 이면에 서린 무서운 점이 아닌가 사료된다. 동생을 징치의 대상으로 삼되 그 형을 두텁게 대하면서 압박하여 형제 간의 정을 끊고 소기의 목적을 달성하고자 한 것이었으니 말이다.

긴 세월이 흘렀지만 이 땅에서 펼쳐지는 정치는 여전히 큰 변화가 없는 것 같다. 비단 정치판뿐만 아니라 우리 인간 세상 일그러진 모든 것들의 속내를 들여다보면 인간의 욕심이라는 것이 번득이는 칼날처럼 도사리고 있다.

아무튼 박중손 선생과 화의군의 영혼이 뒤늦게나마 서로 만나 장인과 사위의 정을 다시 나누면서 왕위 찬탈이라는 불명예스러운 역사 속에서 갈 길을 달리해야 했던 사정을 속 시원하게 털어놓았으면 좋겠다는 생각이 들었다.

불륜의 왕실사

패륜 군주에게 죄를 묻다

연산군

부끄러워도 우리 역사다

사적인 자리에서건 공적인 자리에서건 어쩌다 연산군 이야기가 나오면 덜컥 걱정부터 앞서는 것은 왜일까. 대학생을 위시한 어린 청년들과 이야기를 나눌 때 특히 걱정이 더 많이 되는데 이는 연산군이 남긴 부끄러운 역사 때문이다. 사실 연산군이 폭군이었다는 사실은 누구나 익히 아는 바다. 그런데도 청년들은 연산이 저지른 패륜과 폭정을 일일이 열거하며 구체적으로 설명해 주면 하나 같이 얼굴을 붉힌다. 간혹 듣기 역겹다고 노골적으로 싫은 소리를 하는 사람도 있다.

사정이 이렇다 보니 연산군과 관련된 글을 쓰는 지금도 걱정을 떨쳐내지 못하겠다. 연산군 이야기는 이미 수차례 다루어졌음에도 혹,

독자들이 혐오감을 느끼지는 않을까 염려되는 까닭이다.

만물의 생김새가 다 다르듯 인간의 모습도 제각각이다. 이 기회에 모난 인생들의 면면을 살펴보고 내 삶의 거울로 삼겠다, 이렇게 편하게 생각하는 것은 어떨까. 부끄러운 역사일수록 널리 알려 후손들의 판단과 분발을 이끌어내야 한다고 생각하기에 감히 연산군 이야기를 시작해 보려 한다.

연산군과 임사홍의 등장

때는 1494년(성종 25) 갑인년. 서른일곱의 성종 임금은 스물다섯 해 동안의 통치를 끝으로 승하한다. 슬하에 연산 세자와 진성 대군, 계성군, 안양군을 포함한 열다섯 왕자와 일찍 세상을 떠나 임금의 가슴을 아프게 했던 신숙 공주와 혜숙 공주, 열한 명의 옹주까지 모두 스물아홉 명의 자녀를 세상에 남겼다.

비록 폐비 윤씨 소생이었으나 중종이 세상에 태어나기 전이라 연산군은 1483년(성종 14) 2월 여덟 살의 나이로 어렵지 않게 왕세자 자리에 오를 수 있었다. 적통을 이어받은 유일한 왕자였던 까닭이다. 이때는 연산의 어머니 윤씨가 폐위된 지 5년째 되는 해이기도 했다.

왕세자가 된 연산이 성종에 이어 왕위에 오른 것은 19세 때였다. 따라서 어머니 없이 지낸 기간만도 무려 16년이 되는 셈이었다. 그 기간 동안 연산은 중종의 모후 정현 왕후의 보살핌을 받으며 탈 없이 자랐다. 그런데 놀라운 것은 연산이 정현 왕후를 친모로 알고 있었다는 점이다. 연산이 이런 착각을 한 것은 성종의 단호한 조치 때문이었다. 어린 연산을 위하여 폐비 윤씨에 관한 일을 모든 이에게 함구하라고 명령한 것이다. 따라서 연산은 자신의 친모가 폐비 윤씨라는 사실을 알 길이 없었고, 이런 사정이다 보니 자신을 보살피며 살갑게 대해주는 정현 왕후가 친모이겠거니 여겼다.

그러나 사람은 본능적으로 제 핏줄을 알아보는 법이다. 연산은 정현 왕후에게 알게 모르게 거리감을 느꼈을 것이 틀림없다. 폭군 연산을 두둔하고 싶지는 않지만 그의 어린 시절을 살피다 보면 저절로 측은한 마음이 들기도 한다. 어머니와 생이별을 한 것도 서러운데 친할머니 인수 대비로부터 지독하다 싶을 만큼 미움을 받은 것이 연산이었기 때문이다.

그렇다면 인수 대비는 어찌하여 연산을 그토록 미워했던 것일까. 폐비 윤씨를 극도로 미워하여 궁에서 쫓아내 버리고 나니 덩달아 그 자식인 연산에게까지 정이 떨어졌으리라고 보는 편이 옳을 것이다. 결국 연산은 감정 싸움을 벌이는 할머니와 어머니의 틈바구니에서 애꿎은 희생양이 되어 버린 셈이었다. 그러고 보면 인수 대비와 정현 왕후는 울분과 공포, 외로움에 사로잡힌 채 어린 시절을 보낸 연산이 폭군으로 거듭나는 데 일조한 사람들이었다.

연산에 관한 후세의 평은 대개 일치한다. 본래부터 학문을 싫어하고 음흉하며 변덕스럽고 잔인한 성벽을 가진 사람이라는 부분이 특히 그렇다. 성장기의 환경은 그 사람의 인격 형성에 지대한 영향을 끼친다. 따라서 선천적으로 물려받은 성격 탓도 있겠지만 어린 시절에 겪은 불행이 희대의 폭군을 탄생시켰다고 봐도 무리는 아닐 것이다.

연산의 무도함을 잘 아는 성종은 차기 대권과 관련하여 고민이 많았다. 오죽하면 당시 7세에 불과한 중종에게 마음이 끌렸겠는가. 그러나 성종은 끝내 세자를 폐하고 중종에게 대권을 넘겨주는 일만은 단행하지 못하였다.

조선 제10대 임금으로 즉위한 연산군은 즉위하자마자 폭군 기질을 유감없이 발휘했다. 부왕 성종이 그렇게 사랑하던 꽃사슴을 활로 쏘아 죽였는가 하면 별다른 이유도 없이 영의정을 갈아 치워 버렸다. 이렇듯 사태가 심상치 않게 돌아가자 연산의 됨됨이를 익히 알고 있던 신하들은 불길한 예감을 떨쳐내지 못하고 앞다퉈 관직을 내놓고 향리로 돌아가 버렸다.

그러나 연산에겐 심복 중의 심복이 하나 남아 있었으니 승문원 감정 임사홍이 바로 그 사람이었다. 각종 문헌을 살펴보면 성종조와 연산조에 들어와서 임사홍이 등장하지 않는 기록을 찾아볼 수 없을 정도이다.

여기서 임사홍이 누구인지 잠시 살펴보자. 임사홍의 본관은 풍천으로 좌찬성 임원준의 아들이며, 효령 대군의 셋째 아들 보성군의 사위이다. 또한 아들 광재는 예종 임금의 부마이며 숭재는 성종의 부마이다.

이쯤 되면 임사홍은 조용하고 편안한 삶을 살아갈 수도 있었을 것이다. 그러나 사람이 워낙 간교하고 음흉하다 보니 사돈 성종으로부터 신임을 받지 못하였고 그러한 연유로 변방을 떠돌다가 성종이 죽은 뒤에야 한양으로 되돌아왔다. 이때 연산과 인연을 맺게 된 그는 오래지 않아 가장 총애 받는 신하가 되어 연산이 폭군의 길을 걷는 데 크나큰 영향을 주었다.

간신의 입질은 시작되는데

폭군 기질을 일찌감치 드러냈다고 앞에서 설명했지만 사실 연산이 처음부터 폭군으로 군림한 것은 아니었다. 즉위 후 4년 가까운 기간 동안 미약하게나마 한 나라의 임금다운 치적을 남겼다는 점이 이를 증명한다. 암행어사를 파견하여 관리들의 기강을 바로잡고 백성의 민심을 살폈으며 변방 안정책과 함께 문화 정책에도 힘을 기울인 것이 바로 그것이었다. 물론 부왕 성종이 나라의 기틀을 착실하게 다져놓은 탓에 큰 노력 없이도 성종 시절과 크게 다를 바 없는 질서가 유지되었다는 점을 간과할 수 없지만, 그렇다고 해서 연산의 치적이 퇴색되는 것은 아니다.

그러나 연산은 즉위 4년을 채 넘기지 못하고 폭군의 면모를 서서히 드러내기 시작했다. 그 시발점이 된 것은 부왕의 신임을 크게 받던 사림 세력과의 갈등이었다. 연산은 그들의 집요한 간언과 학문 강요에 진저리를 치다 못해 사림 세력을 깡그리 제거해 버릴 음모를 꾸미기에 이르렀다.

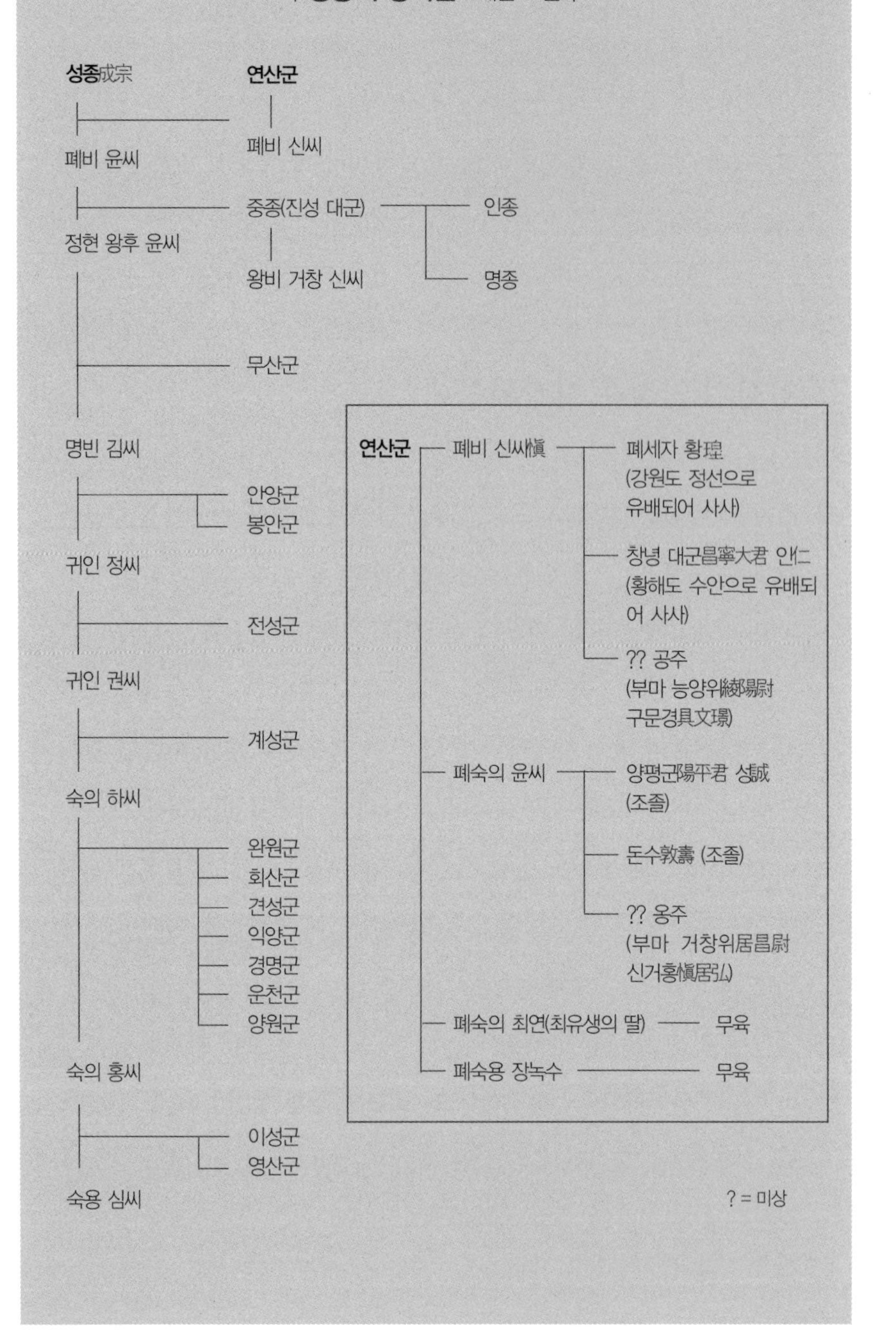
| 성종의 왕자들 2대군 14군 |
성종成宗
연산군
폐비 신씨
폐비 윤씨
중종(진성 대군)
인종
정현 왕후 윤씨
왕비 거창 신씨
명종
무산군
명빈 김씨
안양군
봉안군
귀인 정씨
전성군
귀인 권씨
계성군
숙의 하씨
완원군
회산군
견성군
익양군
경명군
운천군
양원군
숙의 홍씨
이성군
영산군
숙용 심씨
연산군
폐비 신씨愼
폐세자 황璜
(강원도 정선으로 유배되어 사사)
창녕 대군昌寧大君 인仁
(황해도 수안으로 유배되어 사사)
?? 공주
(부마 능양위綾陽尉 구문경具文璟)
폐숙의 윤씨
양평군陽平君 성誠
(조졸)
돈수敦壽 (조졸)
?? 옹주
(부마 거창위居昌尉 신거홍愼居弘)
폐숙의 최연(최유생의 딸)
무육
폐숙용 장녹수
무육
? = 미상

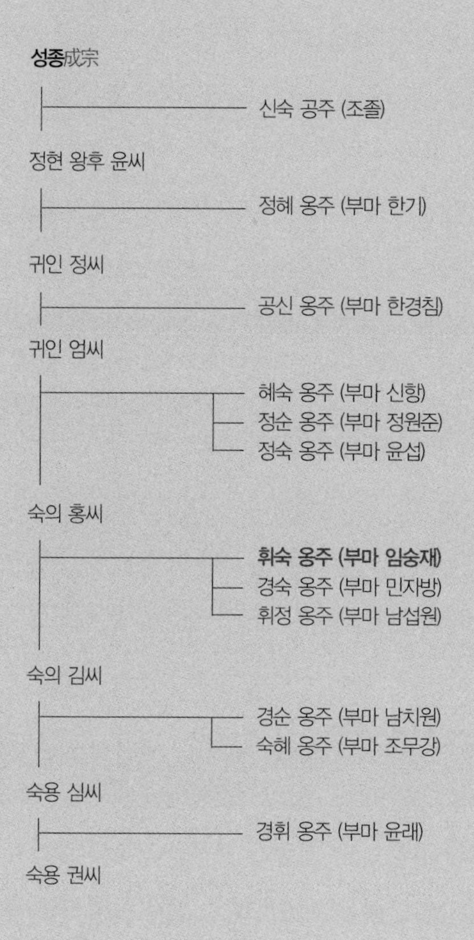
| 성종의 공주 · 옹주들 1공주 11옹주 |
성종成宗
신숙 공주 (조졸)
정현 왕후 윤씨
정혜 옹주 (부마 한기)
귀인 정씨
공신 옹주 (부마 한경침)
귀인 엄씨
혜숙 옹주 (부마 신항)
정순 옹주 (부마 정원준)
정숙 옹주 (부마 윤섭)
숙의 홍씨
휘숙 옹주 (부마 임숭재)
경숙 옹주 (부마 민자방)
휘정 옹주 (부마 남섭원)
숙의 김씨
경순 옹주 (부마 남치원)
숙혜 옹주 (부마 조무강)
숙용 심씨
경휘 옹주 (부마 윤래)
숙용 권씨

이때 마침 불거져 나온 것이 김종직의 조의제문弔義帝文 사건이었다. 김종직이 조의제문을 통해 세조의 왕위 찬탈을 헐뜯었다는 이극돈과 유자광의 고변이 있자, 연산은 이 기회를 놓치지 않고 사림 세력을 모조리 처형해 버렸다. 이것이 그 유명한 무오사화戊午士禍였다.

눈엣가시 같았던 사림 세력을 제거하며 조정을 장악한 연산은 이때부터 날이면 날마다 향연을 베풀었고 결국 국고는 곧 바닥나 버렸다. 그리하여 궁색하게 짜낸 계획이 백성에게 무거운 세금을 부과하는 한편 공신들에게 나누어 준 공신전을 몰수하는 것이었다.

힘없는 백성이야 속수무책으로 당한다지만 훈구 대신을 위시한 공신들은 달랐다. 특히 무오사화를 기화로 세력을 회복한 훈구 대신들은 연산의 정책에 정면으로 맞서며 불협화음을 일으켰다.

이때 연산의 정책에 맞서며 훈구 대신들이 주장한 것은 공신전을 회수하는 대신 연회의 횟수를 줄여달라는 것이었다. 훈구 대신들의 이 같은 요구는 당연하고 정당한 것이었다. 그러나 상대가 연산군이었던 만큼 그들은 돌이킬 수 없는 실수를 저지른 셈이다. 연산은 훈구 대신들이 자신의 방종을 견제하려고 들자 속이 뒤틀린 나머지 훈구 대신들을 제거해 버리기로 마음먹었다.

이때 연산의 계획을 두둔하고 나선 것이 바로 임사홍과 연산의 비 신씨의 오빠 신수근이었다. 특히 임사홍은 자신이 권력의 중심에 설 절호의 기회라고 여기고는 훈구 대신 제거를 적극 찬동했다.

간사하기 이를 데 없는 임사홍은 한 발 더 나아가 연산을 격동시키고자 성종 임금이 함구하라고 명령한 바 있는 폐비 윤씨 이야기를 연산에게 넌지시 알려 주었다. 이제껏 정현 왕후를 친어머니로 알고 있었던 연산은, 자신의 생모가 폐위된 것도 모자라 사사되고 말았다는 이야기를 들은 순간 그동안 잠재되어 있던 분노가 결국 폭발하게 된다. 이로써 연산은 피로 얼룩진 숙청을 단행하기에 이른다.

연산은 곧 사건과 관련된 성종의 후궁 엄 귀인과 정 귀인을 죽이고, 그녀의 아들 안양군과 봉안군마저 사사해 버렸다. 그 뿐만 아니라 자신의 어머니를 폐위시키는 데 결정적 역할을 한 할머니, 인수 대비를 머리로 들이받아 절명케 했다.

인수 대비를 죽이는 과정까지가 분노한 연산의 처절한 복수극이었다면 이후에 펼쳐진 피비린내 나는 살해극은 훈구 대신들을 제거하려는 정치적 판단의 결과물이었다.

연산은 어머니 윤씨의 폐위와 사사 사건을 더욱 확대하여 당시 이를 주장했거나 방관한 자들을 남김없이 찾아내어 죄를 물었다. 살아있는 사람들은 물론이려니와 심지어 이미 죽은 한명회, 남효온, 윤필상, 정창손, 한치형 등 훈구 재상들 거의 대부분의 묘를 파헤쳐 부관참시를 시행하는 몸서리가 쳐지는 참상을 펼친다.

그런데 연산은 이에 더하여 무오사화에서 살아남은 사림 세력마저 이번 일에 얽어매어 깡그리 제거해 버린다. 이로써 연산 곁에는 바른 말을 할 줄 아는 신하는 한 명도 남지 않게 되었다. 바야흐로 폭군 연산의 전성시대가 활짝 열린 셈이었다.

폭군에서 희대의 패륜아로 거듭나다

1502년(연산군 8) 9월, 오곡이 풍성하게 여물어 가는 임술년 가을이었다. 왕비 신씨와 대신들의 건의로 여섯 살에 불과한 연산 임금의 첫 왕자 황이 당당하게 세자로 책봉되었다. 위로는 임금을 포함한 대신 관료들과 아래로는 일반 백성에 이르기까지 세자 책봉을 경사롭게 여기지 않는 자가 없었다.

원자元子인 황은 이때 연산군의 아버지인 성종成宗의 친형, 월산 대군의 사저에 있었다. 큰할머니가 되는 부부인 박씨를 매우 따랐기 때문이다. 박씨 또한 원자를 매우 사랑하여 기꺼운 마음으로 양육해 주고 있었는데 이러한 인연이 한 여인의 가슴에 못을 박고 연산군의 폐위를 앞당기는 사건으로 연결될 줄은 당시만 해도 아무도 몰랐다.

마침내 원자를 세자로 책봉하고 백관의 하례를 받던 날이었다. 세자 책봉 예를 끝내고 연산군은 잔칫상이 마련된 외전 앞뜰로 행차하였다. 그 뒤에는 임금의 측근에서 운검雲劍을 하다가 근래에 판부사가 된 임사홍이 따르고 있었다. 이변을 몰고 다닌다는 임사홍의 출현에 늘어선 백관들은 불안한 기색을 감추지 못했다.

외전 앞뜰 잔치 마당에는 임사홍의 주선으로 장안에서 뽑아 올린 일등 무희 60명이 오색찬란한 색동옷을 입고 즐비하게 늘어서 있었다. 이제 곧 이들의 현란한 춤사위와 함께 잔치 자리는 무르익을 터였다.

연산의 곁에는 그림자같이 따르는 장녹수도 앉아 있었다. 오늘은 60명을 여섯 줄로 세웠으나 다음은 80명으로 여덟 줄을 세우겠다고 간살을 떠는 장녹수가 연산은 그저 미덥기만 했다. 흥이 난 연산군은 판부사 임사홍을 돌아보며 칭찬하는 것도 잊지 않았다. 일찍이 볼 수 없었던 호화판 궁중 연회가 마음에 들었던 것이다.

"임사홍 판부사."

홍취가 도도해진 연산이 임사홍을 가까이 불러 세웠다.

"더 이리 좀 오시오. 귀를 가까이……."
"예, 전하. 말씀 내리십시오."
"홍취는 도도한데 한 가지 섭섭한 게 있구려."

임사홍을 넌지시 끌어당긴 뒤에 내뱉은 연산의 목소리에는 탐욕과 욕정이 진하게 배어 있었다.

"좌고우면左顧右眄이라 하였으니 왼편도 보고 바른편도 건너다보아야 맛이 아니겠소?"

듣고 있던 임사홍은 지당하신 말씀이라며 굽실거렸다.

"그런데 왼편에는 아무도 없지 않소? 바른편에는 장녹수가 있으니 말할 것 없거니와 왼편에는 그에 필적할 만한 미인이 없으니 그것이 부족이란 말이오."

연산군의 말이 떨어지기 무섭게 임사홍의 자신만만한 대답이 이어졌다.

"전하, 있사옵니다."

"그게 사실이오?"

연산군은 다소 놀랐으나 곧 반색을 하며 벌쭉 웃었다. 장녹수에 필적할 만한 미인이 있다니 빨리 그 미인을 보고 싶어 조급증이 났다. 그리하여 무희들에게는 후한 사례를 해 주면서 잔치를 물리었다.

"자, 임사홍 판부사 이제 잔치가 끝났으니 아까 말한 그 미인이 누군지 알려주시오. 대체 누구요?"

임사홍이 일순 갈등하는 기색을 비쳤다. 그도 그럴 것이 그가 이야기하는 미인이란 부부인 박씨였기 때문이다. 연산에게는 백부가 되는 월산 대군의 부인이니 임사홍 자신이 생각하기에도 말도 안 되는 수작이 분명했다. 백모를 여자로 바라보며 그 아름다움을 논하는 조카가 세상 천지에 어디 있단 말인가. 연산군의 거듭된 물음에도 임사홍이 시원스레 대답하지 못하는 이유가 여기에 있었다.

"빨리 고하지 않고 뭘 망설이는 게요?"

"바, 바로 월산 대군의 미망인이신 부부인 박씨이신 줄 아뢰옵니다."

"뭐이? 백모?"

"예. 인물로 따진다면 장숙원(장녹수)보다도 한 등 위인 줄로 아옵니다."

"음음. 하지만 백모라서……."

연산이 말까지 더듬으며 난색을 표했다. 조금 전까지만 해도 박씨가 연산의 백모라는 이유로 눈에 띄게 망설이던 임사홍이었다. 그러나 그는 곧 간신다운 기질을 마음껏 발휘하기 시작했다.

"상감 전하. 예로부터 여자는 촌수를 따지지 않는 법이라 했사옵니다."

여자라고 촌수를 따지지 말라는 법이 어디 있을까. 임사홍의 빤한 수작이었다. 그러나 듣던 중 반가운 소리라는 듯 연산의 얼굴에 화색이 돌았다.

"오오. 그랬던가? 으음……. 그럼, 그리로 갑시다."

참으로 손발이 척척 들어맞는 군신이 아닐 수 없었다. 임사홍이 선뜻 일어서며 길을 잡자, 연산군은 못 이기는 척 따라나섰다.

가는 내내 연산의 머릿속에는 과댁으로 있는 백모, 부부인 박씨의 아름다운 얼굴이 떠올랐다. 그곳에 가서 다시 연회를 베풀다 보면 백모의 섬섬옥수를 그러쥘 수도 있으리라. 그리고 백모의 손을 그러쥐는 것이 일의 시작이 될 것이다. 제아무리 거대하고 견고한 배도 밑바닥에 난 조그만 구멍이 원인이 되어 침몰해 버린다고 하지 않던가.

'아주 천천히, 그러나 집요하게……'

연산은 이렇게 중얼거리며 뜨겁게 달아오른 가슴을 애써 찍어 눌렀다.

임사홍이 이끄는 어가는 곧 육진장포六鎭長布 무명베 한 수레와 비단 한 수레 그리고 감, 귤, 꿀과 같은 과일과 주안酒案 등 예물을 싣고 경운궁(덕수궁) 옆 월산 대군의 사저로 향하였다.

왕비의 가슴은 무너져 내리고

한편 연산이 부부인 박씨의 사저로 향했다는 소식을 뒤늦게 접한 왕후 신씨는 하늘이 무너지는 듯한 슬픔에 잠겼다.

신씨는 일찍이 정업원淨業院에서 있었던 일이 되풀이될지 모른다는 불길한 예감을 떨쳐내지 못했다. 정업원은 현재의 서울시 동대문구

숭인동 청룡사 옆 뜰에 자리한 집이다. 본래 세조 임금이 단종 비 송씨에게 위로 차원에서 지어준 집인데 송씨는 정업원에서 한 번도 살지 않았다. 그 대신 사찰의 부속 건물로 쭉 사용되었는데 연산군 당시에는 비구니들이 이곳에서 살고 있었다. 그런데 어느 날 취기가 도도하여 정업원으로 향한 연산이 여승 8명을 돌아가며 욕보였고 그런 일이 있고 나서 여승들은 모두 자결해 버렸다.

정업원 여승 자결 사건을 떠올리는 사이 왕비 신씨의 불안은 한층 가중되었다. 얼굴이 백짓장처럼 하얗게 질린 왕비는 결국 자리를 박차고 일어섰다.

"도저히 안 되겠구나. 이대로 있다가는 또 변이 날 것인 즉 어서 백모님 댁으로 가 봐야 하겠다."

왕비가 길을 나서려 하자 김 상궁이 앞을 가로 막았다.

"마마께서 납시면 아니 되옵니다. 부디 월산 대군 사저로는 납시지 마옵소서."

"상감마마께옵서 취하시는 거동이 요즘 들어 심상치 않습니다. 만일 중전마마께옵서 가로막고 나서시다가 선비先妣 마마 윤씨처럼 혹 사약이라도 받자오시면 어찌하시렵니까?"

"남편이 온당치 못한 일을 행할 때는 목숨을 걸고 가로막는 것이 부녀자의 도리니라. 하늘이 분노할 일을 행하시려고 하는데 어찌

내가 구중궁궐에 누워 가만히 보고만 있겠느냐?"

김 상궁의 말뜻은 이랬다. 그러나 왕비는 단호했다. 말을 마치자마자 그녀는 곧바로 월산 대군 사저로 향했다. 1502년(연산군 8) 9월 15일, 원자가 세자로 책봉되던 날 석양의 일이었다.

한편, 연산군과 함께 월산 대군 사저로 가면서 임사홍은 아무리 생각해도 안심이 되지 않았던지 넌지시 입을 열었다.

"전하, 아뢰옵기 황공하오나 여자에겐 촌수가 없는 것이라 해도 백모나 숙모는 역시 부모이오니 눈치를 보시면서 손을 쓰셔야 하옵니다."

"걱정 마오. 처음부터 성급하게 하지 말라는 뜻이렷다."

그야말로 죽이 척척 맞는 다정한 임금과 신하의 행차였다. 염치라고는 모르는 임금과 그 신하의 밀담이기도 했다.

오래지 않아 월산 대군의 사저에 당도한 연산과 임사홍은 부부인 박씨가 의복을 정제하고 나와 인사를 할 때까지 조용조용히 귓속말을 나누었다. 그러나 오가는 말은 조금 전 길에서 나눈 내용과 크게 다를 것이 없었다.

별안간 행차를 한 연산은 사사롭게는 조카이지만 임금이다 보니 부부인의 예는 한 치 어김이 없었다. 그런데 왜 이리 가슴이 떨리는지 알 수 없는 노릇이었다. 심심찮게 들려오는 연산군의 행악이 자신에게도 이어질지 모른다는 염려 때문이었다. 그러나 부부인은 이내 고개를 저었다. 아무리 그래도 자신은 임금의 백모 아니던가. 이런 생각을 하자 다소 마음이 안정되었다. 부부인은 그저 지나가는 길에 문안차 들렀으려니 여기며 연산이 기다리는 방으로 갔다.

"상감. 홀로 사는 백모를 딱하게 여기시어 많은 선물을 하사하시고 몸소 행행하여 주시니 성덕이 하늘 같사옵니다."

부부인 박씨는 정중하게 문안 인사를 올렸다. 연산군도 안석에서 일어나 맞절을 하였다. 아무리 지존이라 하나 백모이니 앉아서 절을 받을 수만은 없었던 것이다.

수인사가 끝나자 연산군은 부부인 박씨를 넌지시 건너다보았다. 과연 중년의 원숙한 티가 그대로 흐르는 뛰어난 미인이었다. 연산은 이글이글 타오르는 마음속의 정염을 가까스로 숨기며 입속의 침을 꿀꺽 삼켰다.

'미인, 미인 하더니 참으로 대단한 미인이로구나!'

언젠가 먼발치에서 언뜻 본 일이 있긴 하지만 이렇듯 가까이에서 보는 것은 처음이었다. 새삼스레 자신의 눈이 참 어둡다는 생각이 들었다. 이런 미인을 옆에 두고 엉뚱한 곳에서 목메어 찾고 있었으니 말이다.

먹이를 앞에 둔 야수처럼

연산의 입가에 회심의 미소가 흘렀다. 당장이라도 달려들어 들끓는 애욕을 채우고픈 마음뿐이었다. 그러나 서두른다고 될 일이 아니라는 사실을 잘 알기에 연산은 침을 꿀꺽 삼키며 마음을 안정시켰다.

"나랏일과 왕실 일에 쫓기다 보니 그동안 문안 한번 못 드렸습니다. 홀로 세월을 보내시는 백모님이 어찌 소일 하시는지 보고 싶어 들렀습니다."

연산의 수작은 자못 능청스러웠다. 연산의 속내를 아는지 모르는지 부부인 박씨는 그저 황감할 따름이었다.

"성은이 하해와 같습니다. 운수 기박하여 어느 사이 과부 생활이 14년이옵니다."

연산 임금이 무슨 마음을 먹고 있는지 알 길이 없는 부부인 박씨는 얼굴에 불안한 기색을 그대로 드러내고 있었다.

"임사홍 판부사, 술이며 안주를 가져온 모양이던데 어찌하였소? 모처럼 백모님을 뵈었으니 잔치를 열어 위로하여 드립시다."

부부인 박씨는 너무나 황공하여 몸 둘 바를 몰랐다. 내관들이 비취잔에 남실남실 넘치도록 국화주를 가득 부어 14년 동안이나 홀로 지낸 부부인 박씨에게 올렸다. 부부인 박씨는 술을 사양했다. 홀몸이 된 후 오랫동안 정절을 지키며 살아온 중년 여인의 얼굴에는 범접할 수 없는 기품이 감돌았다. 연산군은 이제나 저제나 때를 기다리는 굶주린 야수처럼 부부인 박씨를 흘끔흘끔 건너다보고 있었다.

그런데 바로 이때 왕비 신씨의 행차가 월산 대군의 사저로 들이닥쳤다.

검은 손길은 잠시 피했지만

중전의 행차가 뜻밖이었기에 연산 임금은 적이 놀랐다. 웬일로 이곳까지 왔느냐고 물으니 중전은 변함없는 기색으로, 상감께서 홀로 계시는 백모님을 위로하여 드리려고 임어하셨다 하기에 중전만 지키고 있을 수가 없어서 나왔다고 대답했다. 천연덕스럽게 왕비를 맞이하긴 하였으나 서운한 마음만은 좀체 가라앉지 않는 연산이었다.

반면에 부부인 박씨는 잔뜩 움츠렸던 가슴을 활짝 펴며 중전 신씨를 반겼다. 이윽고 기품 있는 두 여인의 웃음소리가 월산 대군 사저를 밝게 울리기 시작했다.

그 모습을 보며 연산 임금은 쓴 입맛을 다실 수밖에 없었다. 손에 다 들어온 대어를 놓친 어부의 기분이 바로 이러할 터였다.

반대로 부부인 박씨는 왕비의 행차로 자신에게 닥친 절체절명의 위기를 가까스로 넘길 수 있었다. 그러나 한차례 고비를 넘겼다고 하여 일이 완전히 끝난 것은 아니었다. 연산 임금과 임사홍이 마음먹기에 따라 언제든 되풀이될 수 있는 일이었기 때문이다.

박씨의 정절은 연산에 의해 꺾이고

월산 대군의 사저에서 아무 소득도 없이 돌아온 이후 연산 임금은 부부인 박씨 생각에서 좀처럼 벗어나지 못했다. 앉으나 서나, 눈을 뜨나 감으나 부부인 박씨의 원숙미 넘치는 아름다운 외모가 떠올라 정신을 차릴 수 없었다.

견디다 못한 연산은 임사홍을 은밀하게 불러들여 연회를 마련하라고 일렀다. 그 뜻을 재빨리 알아차린 임사홍은 즉시 명대로 연회 준비를 서둘렀고, 따로 사람을 보내 부부인 박씨를 궁으로 데려오게 하였다.

연산 임금이 부른다는 명을 받자 박씨 부부인은 가슴이 철렁 내려앉았다. 그러나 어명을 받고 핑계를 댈 수도 없는 노릇이어서 황황히 입궐하는 수밖에 없었다.

이윽고 부부인 박씨가 연회 자리에 나타나자 연산은 제법 점잖게 인사를 건네고는 술잔을 기울이기 시작했다. 그러다가 싫다고 사양하는 백모의 손을 은근슬쩍 잡고 억지로 잔을 받게 한 다음 술을 한 잔 가득히 채워 주었다.

마지못해 술잔을 받아든 부부인 박씨에게 연산이 채근하기 시작했다.

"백모님을 위로해 드리려고 특별히 마련한 자리이니 어서 쭉 드십시오."

임금 앞에서 사양하는 것도 한두 번이었다. 연산의 채근을 견디다 못한 부부인 박씨는 결국 잔에 든 술을 모두 마셨다. 잔이 비기를 기다렸던 연산은 다시 박씨의 잔에 술을 채웠다. 그러고는 어서 마시라고 다시 집요하게 채근했다. 서너 차례 임금의 청을 거절하던 박씨는 이번에도 견디지 못하고 술을 마셨다. 이렇게 마신 술이 몇 잔인지, 박씨는 가슴과 얼굴로부터 온몸 구석구석으로 취기가 빠르게 번져가는 것을 느끼며 한숨을 푹 내쉬었다.

술기운으로 발갛게 물든 박씨의 얼굴은 한층 아름다워 보였다. 그 모습을 잔뜩 취한 눈으로 바라보던 연산은 의기가 도도해졌다.

"취하셨습니까?"

"예, 취하는군요."

연산은 큰 소리로 웃음을 터뜨리며 장녹수에게 명하여 부부인 박씨를 침전으로 데려다 주라 하였다. 같은 여자가 안내해 준 탓이었을까. 부부인 박씨는 별다른 의심 없이 침전으로 들어가 취한 몸을 눕혔다.

십여 년 동안이나 월산 대군의 묘 곁에 홍복사라는 절을 짓고 남편의 명복을 빌며 홀로 살아온 박씨는 결국 숙원 장녹수와 임사홍, 연산이 쳐놓은 덫에 단단히 걸려들고 말았다. 불처럼 이는 취기를 잠시 다스리고자 침전에 누웠을 뿐인데 예상도 하지 못했던 잠이 마구 쏟아지기 시작했다.

꿈이었을까. 침상에 누워 곤하게 잠을 자다가 이제 막 눈을 뜨려는데 꽃향기가 은은하게 퍼졌다. 그와 함께 무언가 묵직한 것이 다가와 박씨의 몸을 빼근하게 내리눌렀다. 죽었던 남편이 10년 만에 살아 돌아온 것일까. 박씨는 묵직한 물체를 마주 부둥켜안으며 깊은 숨을 몰아쉬었다.

짐승 같은 연산에게 짓밟혔다는 사실을 부부인 박씨가 안 것은 이튿날 동틀 녘이 되고 나서였다.

"하하하. 백모께서는 얼굴이 보통 여자보다 뛰어나게 예쁘시지 않습니까. 그런 분을 그대로 둘 수는 없는 일이지요."

이것이 부부인 박씨를 범하고 나서 연산이 처음으로 한 변명이었다. 부부인 박씨는 두 눈이 둥그레져서 자신의 흐트러진 모습을 확인하고는 목 놓아 통곡하기 시작했다.

"으흐흐. 어찌할거나. 이 노릇을 어찌할거나."

연산에게 욕을 당한 박씨는 원통하고 분하여 어쩔 줄을 몰랐다. 그러나 사람 죽이기를 한 마리 파리 죽이듯 하는 미친 왕 앞에 드러내놓고 자신의 심사를 표현할 수는 없었다. 박씨의 심사가 어떠하든 연산의 눈에는 박씨가 백모이기 이전에 아름다운 여인으로만 보일 뿐이었다. 연산에게는 슬픔과 수치심을 어쩌지 못하고 잔뜩 일그러졌다가 붉게 변하곤 하는 박씨 부인의 얼굴이 더욱 돋보이는 것만 같았다.

드디어 원통한 시간도 암담한 순간도 다 지나고 삼각산 마루에 뿌연 아침 햇살이 비치고 있었다. 궁중에서는 인륜을 저버린 추악한 일이 간밤에 벌어졌는데 동쪽 누리에서 환히 쏟아지는 햇살은 밝기만 하였다.

밤새 몹쓸 짓을 저지르느라 잠을 설친 연산은 그 시각까지도 깨어날 줄을 몰랐다.

"얘들아, 비자婢子야."

부부인 박씨는 비자들을 보기도 부끄러워 낮은 목소리로 불렀다.

"날이 더 밝기 전에 대궐을 빠져나가야겠으니 교군 채비를 속히 분부하여라."

뜬 눈으로 밤을 새운 비자가 주인을 위하여 급히 교군을 대령시켰다.

먼저 떠난 임이 원망스러워

부부인 박씨가 탄 가마는 이른 새벽의 서늘한 공기를 뚫고 경복궁을 빠져나왔다. 몸을 더럽힌 죄가 두려워 황황히 빠져 달아나는 중이었다. 누구든 붙잡고 원망을 맘껏 쏟아내고 싶은 심정이었으나 이미 돌이킬 수 없는 일이 되고 말았다. 그러나 이 답답한 심사를 풀 수 있는 길은 보이지 않았다.

마침내 월산 대군 사저 앞에 도착하여 언뜻 살피니 가을 햇살이 사저를 따스하게 비춰주고 있었다. 박씨는 부신 눈을 어쩌지 못하고 눈을 감았다. 그 순간 남편 월산 대군이 눈꺼풀 안쪽에 숨어 있었던 것처럼 또렷한 형상을 이루며 떠올랐다. 흠칫 놀란 박씨는 눈을 떴다.

> 공산에 우는 뻐꾸기야 너는 어이 우짖느냐.
>
> 너도 나와 같이 말 못할 사연이 있느냐.
>
> 아무리 피나게 울어본들 대답이나 하더냐.

뻐꾸기 울음이 허망하게 들려왔다. 부부인 박씨는 그 소리를 듣고 있자니 먼저 떠난 월산 대군이 그렇게 원망스러울 수가 없었다. 뼈에 사무치는 그리움과 원망이 그녀로 하여금 이러한 시구를 남기게 하였을 것이다.

소식은 걸음보다 빨랐다

부부인 박씨는 적개좌리공신에 오른 바 있는 박중선의 딸이자, 훗날 중종반정을 성공시키며 정난공신 1등이 되고 영의정에 오른 박원종의 누님이기도 하였다.

당시 박원종은 강원도 관찰사로 재직 중이었는데, 부부인 박씨의 사저로 연산군이 거둥했다는 소식을 뒤늦게 전해 듣고는 기가 막힌 나머지 주먹을 불끈 쥐며 치를 떨었다.

"누님에게 무슨 일이든 생기면 결코 가만있지 않으리라."

그 당시 박원종의 거처지는 강원도 원주에 있는 강원 감영이었다. 따라서 서울 소식이 원주까지 전해지자면 며칠 정도 시간차가 나는 것은 어쩔 도리가 없었다. 그렇지 않아도 연산군의 미움을 받으며 좌천을 거듭하다가 강원도까지 밀려온 박원종이었다. 바른 말 하는 사람, 충성심을 가진 사람이 몸을 보전하기 어려운 난세를 맞아 박원종은 외직을 전전하며 때를 기다리는 것도 크게 나쁘지 않으리라 생각했다.

산천도 세월이 흐르면 변하지 않던가. 지금은 폭군이라는 말을 듣고 있으나 때가 되면 연산 임금도 변하리라 믿고 싶었던 것이다.

그러나 연산이 자신의 누님 부부인 박씨의 처소에 흑심을 품고 거둥했다는 소식을 접한 순간 박원종은 희망을 잃었다. 아니, 미련을 버

◉ 적개공신敵愾功臣

책록된 해와 공적	등급			
	1등	2등	3등	4등
1467년(세조 13) 이시애李施愛의 난을 토벌한 공	귀성군龜城君	김국광金國光	영순군永順君 부溥	
	이준李浚	허유례許惟禮	**율원군**栗元君 **종**徖	
	조석문曺錫文	이운로李雲露	한계미韓繼美	
	강순康純	이덕량李德良	선형宣炯	
	어유소魚有沼	배맹달裵孟達	민발閔發	
	박중선朴仲善	이형손李亨孫	오자경吳子慶	
	허종許琮	이종생李從生	최유림崔有臨	
	윤필상尹弼商	이서장李恕長	우공禹貢	
	김교金嶠	김순명金順命	정종鄭種	
	남이南怡	김관金瓘	정준鄭浚	
	이숙기李淑琦	구겸具謙	이양생李陽生	
		박식朴植	차운혁車云革	
		김백겸金伯謙		
		어세공魚世恭		
		오자치吳自治		
		정숭로鄭崇魯		
		장말손張末孫		
		손소孫昭		
		오순손吳順孫		
		심응沈膺		
		윤말손尹末孫		
		김면金沔		
		맹석흠孟碩欽		

비고
- ⊙ 강순, 남이, 정숭로, 장말손, 민발 1468년(예종 즉위) 추탈, 민박 다시 복작
- ⊙ 유자광은 1468년 추록
- ⊙ 차운혁은 1469년 적개공신 2등으로 추록

렸다. 더 이상 연산의 신하로 남아 있고 싶지 않았다. 이런 결심을 굳히자 이상할 정도로 마음이 편안해졌다. 그는 곧 강원도 관찰사 자리에서 물러나고자 사표를 썼다.

그런데 박원종이 강원도 관찰사 자리에서 채 물러나기도 전에 설마 했던 끔찍한 일이 벌어지고 말았다. 연산이 마침내 부부인 박씨를 범하고 만 것이다. 그 소식은 이제 곧 박원종에게도 날아들 것이었다. 누님에게 무슨 일이 생기면 결코 가만있지 않으리라고 스스로에게 맹세하였듯 박원종이 연산을 향하여 비수를 품는다면 또 한차례 피바람이 몰아칠 것은 불을 보듯 훤한 노릇이었다.

부부인 박씨의 품계를 높이다

한편, 해가 중천에 솟아오른 뒤에야 눈을 뜬 연산은 늘어지게 기지개를 켜며 자리를 둘러보았다. 그러나 옆자리에 있어야 할 박씨가 보이지 않았다. 연산은 내관을 소리쳐 불렀다.

"백모는 어디 갔느냐! 부부인 박씨 말이니라."

내관은 몹시 난처한 기색으로 대답을 올렸다.

"몹시 황망하신 모습으로 대궐을 빠져나가셨사옵니다."

"오. 그래그래! 가신 것은 섭섭하다마는 일은 매우 재미있게 되었구나, 하하하."

흡족해 하던 임금은 다시 내관을 불렀다.

"그러하면 어젯밤 부부인 박씨와 내가 쓰던 비단 금침이며, 베개며 금은으로 만든 술잔 등은 잘 아껴두어라. 두고두고 기념 삼아 쓰리라. 그리고 부부인 박씨에게는 작호를 올려 승평 부대부인으로 하고 박원종은 강원 감사로부터 승차를 시켜 소환할 것이니라. 그러한 뜻을 조정에 전지하여라."

연산군은 이 정도면 부부인 박씨도 섭섭해 하지 않을 것이라고 생각했다. 그는 다시 흐뭇하게 웃으며 내관을 보내어 승평 부인의 부대부인 승차陞差와 동생 박원종의 경기 감사 승차를 명하였다. 승평 부인에게는 다시 그 관과 의복을 특이하게 해 주고 은으로 만든 책을 쓰게 하여 품계를 왕의 부인과 같이 하라 하였다.

부대부인이란 부인보다도 한 계급이 높은 것이었다. 부부인이라는 것만 하여도 대군의 부인이라야 얻는 칭호인데 부대부인은 그것보다 더 높아 대자 하나를 더 붙인 것이다. 그것은 정일품 이상의 품계로서 문무관 중 최고에 해당하는 지위였다.

부부인도 정일품이지만 정일품 이상 품위가 없기 때문에 부부인 박씨에게 대자 하나를 더 붙여 부대부인으로 높여준 것이다.

타오르는 원한을 어찌 하리

욕을 당한 부부인 박씨 소식을 박원종이 접한 것은 그리 오래지 않아서였다. 그는 도저히 믿을 수가 없어서 소식을 가져온 자를 붙잡고 두 번 세 번 되물었다. 그러나 돌아오는 대답은 똑같았다. 허물어지듯 바닥에 무릎을 꿇고 엎드린 박원종은 손에서 피가 나도록 땅을 치기 시작했다. 복수심에 사로잡힌 그의 눈에서 시퍼런 빛이 뿜어져 나왔다.

"두고 봐라. 이 원수! 두고 봐!"

그는 경기 감사로 승차한다는 첩지를 손에 쥔 채 악을 썼다. 그 모습을 지켜보는 사람들은 대부분 박원종을 측은하게 여겼으나 두고 보자는 말만은 믿지 않았을 것이다. 일개 감사에 불과한 자가 임금을 원수로 삼았을 때 돌아올 결과는 뻔했기 때문이다. 그러나 박원종은 자신의 말대로 후일 연산군에게 원수를 갚고야 만다. 연산의 종말을 앞당긴 사람 중 하나가 바로 박원종이었으니 말이다.

박원종이 분을 삭이지 못해 몸서리를 치는 동안 연산은 부대부인 박씨를 궁중으로 다시 불러들였다. 처음에는 술기운에 의식을 잃고 욕을 당했던 것이라 다만 뉘우치며 목숨을 끊지는 않았다. 그러나 이젠 상황이 달랐다. 두 눈 뻔히 뜬 채 연산에게 당하였으니 말이다. 싫다고 거부해도, 벗어나기 위해 몸부림을 쳐도 연산에게는 통하지 않았다.

박씨 부인은 양심의 가책 때문에 견딜 수가 없었다. 그간에도 몇 번이나 생을 마감하려고 하였으나 그때마다 연산이 미리 눈치 채고 자진할 기회를 앗아가니 죽는 것마저 마음대로 할 수 없는 처지였다.

괴로웠다. 단순한 여염집 아낙네라 해도 견디기 어려운 수치였으니, 부대부인은 하루하루 살아가는 것이 괴로울 따름이었다.

"내가 이 죄를 어찌 다 받을꼬."

깊은 한숨과 함께 이렇게 뇌일 때마다 연산을 죽여 버리고픈 마음이 들었다. 그것이 어렵다면 사람의 도리도 잊은 천하의 패륜아라고 욕이라도 맘껏 퍼붓고 싶었다. 그런다고 속이 시원해질 리 없겠지만 어떤 식으로든 가슴에 쌓인 응어리를 풀지 않으면 억울하고 원통해서 못 견딜 것 같았다. 그러나 이 또한 안 될 일이었다. 어느 누가 보더라도 제정신이 아닌 연산이 박씨에게 모욕을 당하고 심기가 뒤틀리기라도 하는 날이면 어떤 끔찍한 행악을 벌일지 상상 조차 하기 두려웠다. 어쩌면 박씨를 괘씸하게 여긴 나머지 그녀의 친족을 모조리 죽여 없앨지도 몰랐다.

연산은 박씨의 기분 따위는 안중에도 없었다. 그저 궁으로 불러들여 욕심을 채우기 바빴고, 목적을 이룬 뒤에는 잔치를 열어 여러 사람으로 하여금 춤추고, 노래 부르고, 흥청망청 마시게 하였다. 간혹 광대를 불러들여 놀이를 보여주고, 값진 패물이나 비단을 내려 주기도 하였으나 박씨에게는 모든 것이 고통의 연속일 뿐이었다.

박씨는 연산에게 불려가는 날 외에는 머리를 싸매고 드러누워 지냈다. 그러던 어느 날, 월산 대군이 꿈에 나타나 박씨를 크게 꾸짖었다. 처음엔 자신의 행위를 못마땅하게 여겨 그러는 줄로만 알았다. 그런데 그 때문이 아니라 박씨와 동침한 후 연산이 돌연 월산 대군의 묘에 쇠말뚝을 박아 버렸다는 것이다.

결국 박씨 부인은 기동하지 못할 만큼 앓아누워 버렸다. 게다가 언제부턴가 다달이 있어야 할 것을 거르게 되자 점차로 생에 대한 의지마저 잃어가게 되었다.

> "나는 인륜에 어그러지는 일을 당하고도 살고 있구나. 저 세상에 계신 대군을 장차 어찌 만난단 말인가."

박씨 부인이 왕과 불륜의 관계에 있다는 소식은 이제 궁중에서 모르는 사람이 없을 정도였다. 강원 감사 박원종의 귀에까지 들어갔으니 지척에 있는 후궁들이야 어찌 그 사정을 모르랴. 처음에는 후궁들도 소리를 죽여 수군거렸으나 나중에는 드러내 놓고 야단들이었다.

> "백모라고 하는 양반의 행실이 어찌 이리도 추악하단 말입니까?"
> "누가 아니랍니까. 주상께서 강제로 범하셨다고 날마다 대궐에 불려와 시침을 해야 합니까?"
> "망측하기 이를 데가 없사옵니다. 혀를 깨물고 죽을 일이지 그래 지금까지 살아 있어야 한단 말입니까?"

"인륜 도덕이 땅에 떨어졌지 뭡니까. 우리 모두 중전 마마께 이 사실을 아뢰어 부대부인 박씨를 요절냅시다."

후궁들은 서로 맞장구를 쳐가며 약속이나 한 듯 길길이 날뛰었다.

후궁들이 힘을 합하는데

지아비 연산이 정업원 여승들과 당숙부 제안 대군의 애첩이었던 장녹수, 거기다 백모인 부대부인 박씨까지 욕을 보였으니 비록 후궁이라 한들 그대로 있을 수만은 없는 일이었다. 그리하여 숙의 윤씨를 비롯하여 내명부로 봉작을 받은 30여 명의 후궁들이 중전으로 우르르 몰려갔다.

떼로 몰려간 후궁들은 중전에 당도하자 수선을 피워댔다. 중전은 갑자기 들이닥친 한 떼의 후궁들이 모여 있는 중전 앞뜰을 내다보며 두 눈을 크게 떴다. 또 무슨 소란이 일어났는가 싶어 지레 가슴이 철렁 내려앉았다.

그때 지밀상궁이 다가와 후궁들이 몰려온 까닭을 알려 주었다. 왕비는 참담한 심정이 되어 눈을 감았다. 왕비라고 해서 연산 주변에서 일어나는 일을 몰랐던 것은 아니다. 다만 마찬가지로 자신들의 속을 끓였던 후궁들의 입을 통해 지아비의 광인 같은 행적을 들어야 한다는 사실이 기가 막혔을 뿐이다. 왕비의 눈에서는 주체하지 못하게 눈물이 쏟아졌다.

"시간이 갈수록 더 광폭해지는 상감을 대체 어찌해야 한단 말인가. 바른 말은 도대체 마이동풍이요, 심기 사나우면 죽이는 것으로 응수하실 뿐이니……."

왕비는 귀를 막고 눈을 감은 채 탄식을 거듭했다. 그래도 후궁들의 소란은 그치지 않았다. 지엄한 존전이라고 상궁들이 아무리 만류해도 소용없었다.

"중전 마마, 부대부인 박씨를 소환하시어 극형으로 치죄하셔야 합니다."

저들에게는 과연 허물이 없어서 저러는 것일까. 왕비는 지난날들이 주마등처럼 스쳐갔다. 저들 때문에 눈물과 한숨으로 지샌 밤이 얼마나 많았던가. 후궁들의 염치없는 행동에 기가 막힌 왕비는 꾹 다문 입술을 떼지 않았다.

"아니 궁중이 오랑캐의 소굴로 변하여도 모르는 척 눈을 감고 있으시겠다, 그 말씀입니까?"

후궁 하나가 눈까지 희번덕이며 대들었다. 저들이 더 흥분하기 전에 막아야겠다고 생각하며 중전은 조용히 입을 떼었다.

"난들 왜 괴롭지 않겠습니까마는 허물은 부대부인께 있는 것이 아니라 상감에게 있소. 더군다나 백모이시거늘 그리하였다가 소문이나 크게 나면 그 책임을 누가 지지요?"

"그렇다고 그대로 둘 일도 아닙니다. 사약이라도 내리셔야 하옵니다."

"사약이요?"

"그렇습니다. 아무리 상감의 영이 지엄하시다 해도 인륜에 어긋나는 일인데 어찌 더러운 목숨을 이어간단 말입니까? 스스로 목숨을 끊지 못하는 양반이라면 사약이라도 내리셔야 합니다."

남의 사정을 조금도 돌보지 않고 남의 허물만 가지고 물러설 줄 모르는 후궁들에게 왕비는 호통이라도 한번 쳐주고 싶었지만, 입에서는 자신도 모르는 사이에 넋두리가 새어 나오고 있었다.

"사약을 내리라지만 그도 그럴 수는 없소. 피를 토하고 죽어도 울화는 울화대로 남아 있을 것이오. 승평 부대부인에게 내릴 사약이 있다면 당장 내가 마시려오. 내가 먼저 마시고 차라리 이 기막힌 세상을 잊어버리겠소."

왕비의 눈에서 다시 눈물이 흘러 내렸다. 그간 기막힌 꼴을 수없이 당하고도 이를 깨물며 참아 온 왕비였다.

왕비의 눈물을 목격한 후궁들은 할 말을 잊은 채 멍하니 서 있다가 하나 둘씩 자기 처소로 돌아가 버렸다.

남은 길은 죽음뿐

그러나 일은 그것으로 끝나지 않았다. 처소로 돌아온 후궁들은 월산 대군의 사저로 시비들을 보냈다. 후궁들로부터 차송된 시비들은 월산 대군 사저에 당도하자 목소리를 높였다.

> "거래 올리십시오. 궁중에서 선물함이 이르잖소. 연지분 곱게 단장하시고 잔치 자리에 또 임석하시라는 어명이시오. 어서 속히 꽃송이 같이 새색시로 단장하십시오!"

넓은 안방에 죽은 듯이 누워 있던 승평 부대부인 박씨는 기겁을 하며 일어났다. 가슴이 섬뜩하게 떨려왔다. 시비들이 외치는 조롱의 소리는 계속 들려왔다.

> "성은을 받아 부대부인으로 승차하셨기에 노랑 저고리와 다홍치마로 축하 인사요."

10년이 넘도록 수절해 왔던 박씨 부인에게 노랑 저고리와 다홍치마는 야유도 이만저만한 야유가 아니었다.

"으흐흐. 이내 신세를 어찌할꼬? 내가 금수처럼 이 욕을 받게 되다니……. 여보 대군 나으리, 왜 함께 데려가시지 않고 혼자 남겨두어 이 곤욕을 받게 하십니까! 여보 대감!"

승평 부대부인은 이불을 뒤집어쓰며 오열을 토하였다. 가슴이 터지고 피가 끓어오르는 오열이었다. 밖에서는 시비들이 지르는 소리가 성화같았다.

승평 부대부인 박씨는 이제 더 주저할 것이 없다고 생각했다. 욕스러운 세상에는 더 이상 아무런 미련도 없었다. 다만 저승에서 기다리고 있을 월산 대군을 떳떳하게 만날 수 없는 것이 애통할 따름이었다.

여인은 한을 뿌려놓고

승평 부대부인 박씨는 눈물을 수습하고는 조용히 일어나 앉아 떨리는 손으로 붓을 들었다. 하얀 화선지 위를 소리 없이 달리는 붓끝을 따라 새까만 먹물이 서럽게 얼룩져 갔다.

'아……. 나는 이렇게 인륜에 어그러지는 일을 당하고 사람으로서는 얼굴을 들고 다닐 수 없게 되었다. 조상님에게도 죄를 짓고 하늘에도 죄를 지었으니 이 죄를 어찌 씻을 수 있겠느냐! 이 억울하고 분통한 일을 다만 죽음으로써 청산하는 바이다. 네가 혹시 기회가 있으면 이 한을 풀어다오. 못난 죄인은 떠난다.'

쓰기를 마친 승평 부대부인은 하인을 불렀다. 그리고 여러 번 되풀이하여 다짐을 받은 후 유서를 건네주었다.

"너, 이것을 깊이 간직해 두었다가 내 아우 박원종 영감이 오시면 꼭 전해 다오. 명심하여 잊어서는 아니 된다."

잠시 뒤 승평 부대부인 박씨는 독약을 마시고 조용히 한 많던 세상을 떠났다. 가련한 여인의 생은 이렇게 비극적으로 마감되고 말았다.

한 많은 여인의 죽음 뒤에는

"뭐라! 누님이 스스로 목숨을 끊으셨다구?"

월산 대군 댁 하인은 눈물을 흘리며 한 장의 유서를 꺼내어 놓았다. 박원종은 전해 받은 누님의 유서를 받아들고선 피를 토하듯 울부짖었다.

'아, 이럴 수가……. 정말 이럴 수가 있단 말인가.'

박원종은 눈물이 앞을 가려 유서를 읽을 수가 없었다. 어찌하여 누님은 스스로 목숨을 끊었는가. 그럴 수밖에 없었을 누님의 참담한 심정이 날카로운 칼끝이 되어 가슴을 찔러대는 것만 같았다. 박원종은 부들부들 떨리는 손으로 눈물을 씻어낸 뒤 유서를 고쳐 잡았다.

> '이 글은 씻을 수 없는 죄를 지은 나의 마지막 글이 되겠다. 추악하다 버리지 말고 끝까지 읽어다오. 애당초 대감께서 세상을 뜨실 때 따라서 가지 못하고 목숨을 붙여 두었던 것은 매년 한 번씩 찾아오는 기제사에 향화나마 내 손으로 피워드려 명복을 빌어드리고자 함이었다. 그런데 오늘날 몸이 더럽혀지고 오욕을 남긴 채 세상을 뜨게 되었다. 생각하면 세상에 태어난 것이 천추의 한이구나. 자초지종을 말하면 이렇다…….'

읽기를 마친 박원종의 두 눈에서는 굵고 뜨거운 눈물이 주르르 굴러 떨어졌다.

> "알겠습니다, 누님. 알겠습니다. 두고 보십시오. 내가 이 원수를 꼭 갚고 말 것입니다. 누님의 피맺힌 원한을 풀어드리고 말 것입니다."

눈물이 번지던 박원종의 두 눈에서 한순간 시퍼런 불빛이 일었다. 장차 이 나라에 일어날 핏빛 함성을 예고해 주는 서슬 어린 눈빛이었다.

연산은 아직도 미련이 남았는가

"아니, 승평 부대부인이 음독 자결을 하였다고?"

"예."

"그거 괴이하구나. 판부사 임사홍을 빨리 들라 해라. 한시가 급하구나."

내관이 분부를 받고 어전을 물러났다. 백모인 승평 부대부인 박씨가 세상을 떴다 하니, 연산은 못내 아쉬운 얼굴이었다.

오래지 않아 연산의 부름을 받고 입시한 임사홍이 허리를 굽혀 부복했다. 연산은 처음부터 기색이 좋지 않았다.

"임사홍 판부사, 존호를 올리고 그 아우 박원종의 관직까지 높여 주었는데 백모가 자결을 하였다니 이게 웬일이란 말이오?"

연산은 임사홍을 보자 마자 책망부터 앞세웠다. 간신 임사홍은 연산이 노하는 기색을 보자마자 행여나 자신에게 화가 미칠까 두려워하며 머리를 굴렸다.

"신이 곰곰 생각해 보니 전하께옵서 더욱 젊고 아름다운 절세가인으로 장숙원과 함께 쌍벽을 이루도록 하시라는 하느님의 분부이신 것 같습니다."

"하느님의 분부?"

"그러하옵니다. 하늘에는 별이 총총이요, 산에는 초목금수들이 밀생이고, 나라에는 백성이 살아나가는 것이 우주 현황이온데 어찌 부대부인 한 분이 세상을 뜨셨다 하여 성려를 하시나이까?"

연산이 임사홍의 이야기를 듣고 보니 그도 그럴 듯했다. 그러나 백모이기에 앞서 아끼는 여인이 죽었다는 데서 오는 아쉬움만은 좀처럼 가시지 않았다.

"답답하구나. 부대부인만한 인물이 쉽사리 없을 터인데 어찌 마음이 쓰이지 않는단 말인가?"

연산이 자신의 말을 못 미더워 하자, 임사홍은 스스로 사람이길 포기한 듯한 소리들을 마구 쏟아내기 시작했다.

"아니옵니다, 전하. 천만의 말씀이옵니다. 위로는 사대부집 아낙네들로부터 아래로는 기생, 여승, 비자, 유부녀에 이르기까지 하늘의 별처럼 많은 여인네들 가운데서 그 어찌 전하의 마음에 드실만한 미인이 없사오리까. 잔치를 크게 베푸시어 전하께서 친히 간택을 하시면 그 또한 흐뭇한 일 아닌가 삼가 아뢰옵니다."

그즈음 정사를 팽개친 지 이미 오래인 연산은 술과 여인을 얻기 위해서 살아가는 야수에 불과했다.

"그래도 부대부인만한 미인을 얻기는 어렵지 않겠소?"

"부대부인 박씨야, 아무리 인물 자색이 뛰어나다 할지라도 이미 중년이 아니옵니까? 그보다 고운 미인은 많고 많사옵니다."

"오! 그것 참 그럴싸한 말이구먼. 그렇게 하면 경국지미인傾國之美人을 찾을 만하겠소?"

"전하, 여부가 있사오리까. 보천지하普天之下는 막비왕토莫非王土인데 전하의 나라 안에 전하께서 찾으시는 미인이 어찌 없으며 전하께서 차지하지 못하실 미인은 또 어디 있겠습니까?"

연산의 굳었던 마음이 금시에 녹아 버렸다. 임사홍의 간악한 꾀가 왕의 불편한 심기를 일시에 풀어 버린 것이다. 역사에 일찍이 없었던 간물 임사홍의 꾀는 그만큼 큰 조화를 부렸다.

이런 인물이었기 때문에 성종 임금 때는 사돈 지간이었음에도 변방으로 내쫓기는 몸이 되었던 것이다. 그러나 이제 엽색가 연산 임금 곁에서 용이 구름을 만난 듯 조화를 부리게 된 임사홍이었다.

폭군 연산의 만행

이제 연산은 간신 임사홍을 앞세워 미색의 여인들을 전국에서 마구잡이로 잡아들이기 시작했는데, 그렇게 모아들인 여자의 수가 2천 명이 넘었다고 한다. 그런가 하면 여색에 눈이 멀어 원각사를 다만 술 마시는 유희장으로 만들어 놓았으며, 사냥터를 조성하기 위하여 수많은 민가를 헐어 버리기까지 하였으니 백성들에게는 군주가 아니라 원수인 셈이었다.

태조 이성계가 나라를 세울 때 유교를 국시로 받아들인 것에서 볼 수 있듯 조선은 예의를 숭상하는 국가였다. 그러나 연산은 예를 숭상하기는커녕 갖은 만행으로 백성의 원망을 샀다. 박원종이 복수의 칼을 갈고 있는 그때라도 폭정을 그만두고 나라를 잘 다스렸다면 그의 종말은 좀 더 늦춰졌을지도 모를 일이다.

그러나 연산은 스스로 명을 재촉하듯 폭정과 패륜 행위를 계속 이어가고 있었다. 당숙부와 백부의 여자를 범해 버릴 정도인데 연산군에게 거리낄 것이 무엇이었을까.

그는 앳된 처녀부터 부녀자들까지 닥치는 대로 끌어다가 욕을 보이고 심지어 대신들의 부인까지 겁탈했다 하니 말해 무엇하랴. 이와 함께 말로 형용 못할 폭정으로 백성들과 관료들을 죽이고 고문하는 것이 연산의 하루 일과였다.

간신 임사홍도 죗값을 치르다

우리 속언에 그 형에 그 아우다, 그 아버지에 그 아들이다, 그 시어머니에 그 며느리다, 라는 말이 있다. 여기서는 과연 그 임금에 그 신하라고 해야 할 것 같다. 이글이글 타오르는 연산 임금의 정열에 기름을 부어댄 것이 간신 임사홍이기 때문이다. 연산에게는 신분의 고하도, 결혼 여부도, 젊거나 나이 많음도 상관없었다. 그저 아리따운 용모를 갖춘 여자가 눈에 띄면 무자비하게 끌어다 놓고 능욕을 일삼았다. 연산이 그런 짓을 맘 놓고 할 수 있도록 멍석을 깔아준 인물이 임사홍이었기 때문에 죗값으로만 치면 둘은 우열을 가리기가 힘들었다. 그런 임사홍이 오래지 않아 죗값을 톡톡히 치르게 되었으니 세상사가 그렇게 허망하기만 한 것은 아닌 모양이다.

임사홍에게는 아들이 여럿 있었는데 첫째 아들은 예종의 현숙 공주와 혼인을 하여 부마가 된 풍천위 임광재이며, 둘째는 김종직의 문하생으로 뛰어난 인품과 학식을 지녔던 임희재였고, 셋째는 희재와 비슷한 성향을 가진 임문재였다. 마지막으로 넷째는 성종의 둘째 옹주인 휘숙 옹주와 혼인한 임숭재가 있었다.

임광재와 임숭재는 아버지 임사홍을 닮아 음흉하고 간교하였는데, 스스로 채홍사採紅使가 되어 연산 임금에게 충성을 다 했다. 이와 달리 임사홍의 아들 중 가장 쓸만한 이는 임희재였다. 그는 항상 연산 임금과 아버지 임사홍의 행동에 못마땅한 감정을 내보였는데, 아버지 임사홍의 방 병풍에 요순 임금을 찬양하는 시를 써 놓은 것도 그런 이유에서였다. 그리고 이러한 올곧은 행동이 그에겐 비극의 씨앗이 되고야 만다.

어느 날이었다. 사냥 길에 올랐던 연산이 별안간 방향을 바꿔 임사홍의 집을 방문했다. 병풍에 시가 적힌 것도 몰랐던 임사홍은 별 생각 없이 자신의 방으로 연산을 안내했다. 그런데 방 안을 천천히 둘러보던 연산의 얼굴이 한순간 차갑게 굳어졌다.

祖舜宗堯自太平　조순종요자태평
秦皇何事苦蒼生　진황하사고창생
不知禍起蕭墻內　부지화기소장내
虛築防胡萬里城　허축방호만리성

순 임금 요 임금을 본받으면 저절로 태평성대가 될 것이다.
진나라 시황제는 어찌하여 창생들을 괴롭혔던가.
화가 자기 집 담 안에서 일어날 줄 모르고
공연히 오랑캐를 막는다고 만리장성으로 쌓았구나.

병풍에 적힌 시의 의미를 다시 한 번 음미해 보던 연산의 얼굴이 벌겋게 달아올랐다. 요순堯舜처럼 정치를 잘하면 천하가 저절로 태평해질 것인데 왜 성문을 막고 궁궐의 담을 높이고 하여 죄 없는 백성을 괴롭히느냐 하는 뜻으로 연산의 비정을 비난하는 내용이었다. 연산은 앞에 앉은 임사홍을 무섭게 노려보다가 노기에 찬 음성을 쏟아냈다.

"이 글을 보니 이젠 경도 믿지 못하겠구려!"

연산이 임희재의 글을 가리키며 임사홍에게 눈을 부라렸다. 그제서야 제 집에 있던 병풍 속 내용을 확인한 임사홍은 진땀을 흘리며 말문을 열었다.

"전하, 제 자식 희재란 놈은 성행이 불순하여 신도 평소에 걱정이 많았사옵니다. 집안의 화근 덩어리가 그놈인가 하옵니다."

임사홍의 궁색한 변명을 듣고 있던 연산은 마침 잘 됐다는 듯 소리쳤다.

"그럼, 내가 경의 아들을 죽여줄까요?"

가슴이 철렁 내려앉는 소리였다. 임사홍이 벌벌 떨며 아무 말도 못하자, 연산은 그 즉시 임희재를 잡아들여 일시 귀양 보냈다가 그곳 유배지에서 죽여 버렸다.

보통 사람이라면 자신의 자식을 죽인 사람을 결코 용서하지 않았을 것이다. 원수 같은 그 대상이 임금이라서 어찌해 볼 도리가 없다면 최소한 벼슬을 그만두고 조정으로부터 등을 돌리기라도 하였을 것이다. 합당하지 않은 이유로 아들을 죽인 사람에게 충성을 다할 수는 없는 노릇일 테니 말이다. 그러나 임사홍은 원망을 품기는커녕 연산에게 더욱더 충성하였고 그 증표로 잔치까지 열었다고 한다. 자식을 내팽개칠 정도로 냉담하고 간악했던 것인지, 공포에 자식을 내팽개칠 정도로 비굴한 모습을 보인 불쌍한 인물이든지 어떤 이유로도 그의 행위는 정당화될 수 없을 것이다.

이런 임사홍의 행태를 보고 하늘도 노해 버린 것일까. 오래지 않아 임사홍의 집안에 또 한차례 끔찍한 비극이 찾아오고 만다.

채홍사 임숭재의 죽음

채홍사란 연산이 아름다운 여자들을 끌어 모으려고 전국에 파견하던 임시 벼슬아치였다. 임사홍의 넷째 아들 임숭재도 아버지를 따라 이 일을 맡아 하면서 툭하면 몹쓸 짓을 저지르곤 하였다. 마음만 먹으면 얼마든지 여자들을 품에 안을 수 있었으니 말이다.

그런데 그즈음 연산은 또다시 천인공노할 음모를 마음속에서 키워 가고 있었다. 임숭재의 부인 휘숙 옹주를 마음에 담고 있었던 것이다. 휘숙 옹주는 성종 임금과 숙의 김씨 사이에서 출생한 연산의 배다른 동생이다.

연산군을 진정 사람이라고 불러도 좋은 것일까. 사람이라면 나쁜 짓을 하더라도 얼마간의 양심과 도리라는 것을 느끼기 마련이다. 아니 금수라 하더라도 자신이 잘못한 사실을 알기 마련인데 연산은 그 모든 것을 팽개쳐 버리고 내키는 대로 행동하였으니 금수만도 못한 자라는 표현이 가장 적절하지 않을까. 그렇게 금수도 못되는 자가 사람들 틈에 끼어 군림하고 있으니 사람들의 생활은 괴로울 수밖에 없었다. 괴로웠기에 사람들은 누구나 연산의 종말을 꿈꾸기 시작했고, 오래지 않아 그 일은 현실로 다가왔다.

어쨌든 연산은 어여쁜 휘숙 옹주를 차지할 수 있으리라는 단꿈 덕분에 하루하루 기대에 부풀기 시작했다.

연산은 지난 번 임숭재의 사저에 거동했을 때가 떠올랐다. 곱게 머리 숙여 문안 인사를 올리던 서매庶妹 휘숙 옹주. 연산군에게 그녀는 더이상 동생이 아니라 아리따운 여인일 뿐이었다.

연산은 애초부터 원하는 것을 얻기 위해 끙끙 앓는 성격이 아니었다. 그런 것이 있으면 그저 달려가 취해 버리면 그만이었고, 휘숙 옹주 또한 마찬가지였다.

연산은 임사홍에게 짐짓 엄숙한 어조로 풍원위 임숭재의 집으로 가자고 명하였다. 연산의 속내를 알 길 없는 임사홍은 그저 샐샐거리는 웃음을 날리며 길 안내를 하였다.

> "과인을 위해 미녀를 뽑아 올리느라고 수고하였는데 치하도 할 겸 매부와 술 한 잔 하려는 것뿐이오."

어가가 임숭재의 사저 앞에 도착했을 때 연산이 묻지도 않은 말을 하며 헛기침을 했다. 그 순간 임사홍은 무언가 심상치 않은 일이 벌어질 것이라는 예감에 사로잡혔다.

"수청 하인은 여쭈어라. 어가 행행이시다."

이윽고 대문 두드리는 소리가 요란하게 났다. 부마도위 임숭재의 집에서는 일대 소동이 벌어졌다. 급하긴 했지만 부마와 휘숙 옹주는 새 옷으로 갈아입고 그런대로 임금을 맞이할 준비를 마친 뒤 황망히 나가서 어가를 맞이했다. 연산이 아랫목에 좌정하자 부마와 옹주가 문안 인사를 하였다. 연산이 휘숙 옹주를 넌지시 바라보며 말했다.

"허허, 내가 남매간의 정을 못 잊어 찾았다. 나는 잠시 술을 마시다 성균관으로 갈 것이니 두 사람은 먼저 가 있으시오."

술잔이 여러 번 오고 간 후 거나해지니 연산은 임사홍과 임숭재를 물리쳤다. 왠지 떨떠름한 표정을 감추지 못하며 임사홍과 임숭재가 물러가자 연산은 휘숙 옹주에게 술을 따르게 하였다. 그리고는 곧이어 연산은 휘숙 옹주의 손을 휘어잡았다. 놀란 옹주의 태도는 완강했으나 순순히 놓아줄 연산이 아니었다.

결국 연산은 그날 밤 임숭재의 집에서 하룻밤을 지냈다. 실로 글과 말로써 표현할 수 없는 파렴치한 행각이 임숭재의 사저 안방에서 일어난 것이다. 불륜이면 다 같은 불륜이지 무겁고 가벼움이 어디 있겠느냐 싶겠지만, 배다른 제 여동생을 취해 버린 연산의 불륜은 몇 겁의 세월이 지나도 용서받지 못할 만행 바로 그것이었다.

아침이 되자 연산은 임숭재를 불러들였다. 풀이 죽은 임숭재의 얼굴을 보자 연산은 선심 쓰듯 품계 하나를 올려 주었다. 그러나 자신의 아내를 범한 사실을 뻔히 알고 있는데, 이것이 품계 하나로 해결될 일인가. 임숭재의 마음은 편치 못했다. 그간 임금의 비위를 맞추려고 남의 아내를 수도 없이 빼앗아 바쳐 그의 손에 잡혀온 여인만도 수천에 달한다고 했다. 그렇게 충성했는데도 결국 자기 부인마저 욕을 당하는구나 싶었을 것이다.

그런데 문제는 연산이 그리 둔한 인물이 아니라는 사실이었다. 대번에 임숭재의 속내를 알아차린 연산은 무섭게 을러대기 시작했다.

> "그동안 쌓은 공이 없었다면 당장에 목을 칠 일이다마는 이 정도로 하여 두노라. 임금이 너희 집에서 하루를 묵었기로서니 어찌 그런 불만스러운 얼굴을 한단 말이냐?"

이렇게 호통을 치면서 연산은 불에 달군 쇳조각을 임숭재의 입에 물려 놓았다. 임숭재는 비명을 질렀으나 연산은 끝내 그의 입을 봉해 버리고 말았다. 남의 아내들을 숱하게 끌어다가 연산에게 바치고, 끝내 자기 아내까지 본의 아니게 바쳐야 했던 임숭재는 그 며칠 후 심화병으로 세상을 떴다. 결국 연산이 서매인 휘숙 옹주를 범해 놓고 뒤따를 여론이 무서워 임숭재를 죽여 버린 것이었다.

아내를 빼앗기고 나서 흘렸을 수많은 남편들의 피눈물 따위는 생각해 본 적이 없는 임숭재였을 것이다. 그렇게 못된 짓을 저지르다가 자기 부인의 희생 앞에서 어쩔 줄 몰라 하며 맞이한 임숭재의 죽음. 이런 것을 두고 세상 사람들은 인과응보라고 표현하리라.

박원종의 복수는 시작되고

1504년(연산군 10)이었다. 부대부인 박씨가 숨을 거둔 지 1년이 되는 해요, 인수 대비가 68년 생애를 마감한 해이기도 했다. 인수 대비를 머리로 들이받아 죽음에 이르도록 만든 손자 연산 임금은 왕실의 장례 절차를 무시하고 운명한 지 27일 만에 인수 대비를 고양 땅에 장사 지냈다. 능명은 경릉敬陵이라 하였으며, 인수휘숙명의소혜왕후仁粹徽肅明懿昭惠王后라는 시호를 내렸다.

국장인 대왕대비의 장례를 27일장으로 끝냈다는 것은 아무리 생각해도 너무나 소홀한 대접이었다. 비록 연산이 자신을 미워한 할머니 인수 대비를 불구대천의 원수같이 생각하고 있었다 해도 지나친 처사가 분명했다.

그 비통한 모습을 바라보며 가장 서럽게 운 사람은 정현 왕후 윤씨였을 것이다. 정현 왕후 윤씨는 폐비 윤씨에 이어 성종의 두 번째 왕비가 된 사람이자, 후일 조선 제11대 임금이 된 중종(진성 대군)의 생모이기도 했다. 윤씨는 인수 대비가 살아 있을 적에 적잖은 사랑을 받았다. 그랬기에 법도를 무시한 채 엉터리로 치러진 시어머니의 장례 때문에 마음이 늘 무거웠다.

시어머니의 장례가 끝난 후 며칠 동안 마음을 진정시키지 못하고 좌불안석이었던 정현 왕후는 마침내 시어머니를 찾아뵐 요량으로 길을 나섰다. 그날 정현 왕후와 함께 동행한 사람은 진성 대군이었다. 진성 대군은 행여나 어머니 윤씨가 먼 길을 나섰다가 몸이 상하지나 않을까 걱정스럽기만 했다.

마침내 능소에 닿자 정현 왕후 윤씨가 망극해 하며 어쩔 줄을 몰라 했다. 진성 대군은 그런 어머니를 진정시키며 가까스로 말문을 열었다.

"어머니, 소자도 잘 아옵니다. 할마마마께서 비명에 가신 일이며, 27일의 소홀한 대접이며 또 어머니께서 슬퍼하시는 일을 왜 소자가 모르겠사옵니까? 이미 다 알고 있는 일이옵니다. 허나 어찌 하옵니까. 임금 형님께서 광포하셔서 깨닫지를 못하니 말입니다."

인수 대비의 묘소에 도착한 진성 대군도 참담한 심정을 토로하며 가슴 아파 하였다.

그런데 홀연 누군가가 두 사람 곁으로 다가와 정중히 예를 갖추어 인사를 올렸다. 참배 중이던 정현 왕후와 진성 대군은 갑작스럽게 등장한 정체불명인 남자의 출현에 깜짝 놀랐다.

"게 누구냐?"

"황공하옵니다. 신은 전 강원 감사 박원종입니다."

"박원종?"

박원종이라면 월산 대군의 부인 박씨의 아우가 아닌가. 두 사람은 용모가 준수하고 풍채가 뛰어난 박원종을 한눈에 알아볼 수 있었다. 일찍이 그 준수한 용모를 보고 한명회가 반드시 큰 그릇이 될 것이라고 칭찬한 바 있었다.

박원종은 묘소 앞으로 나아가 통곡을 하며 인수 대비 전에 절을 올렸고, 그 모습을 보며 정현 왕후와 진성 대군도 눈시울을 붉혔다.

그로부터 그리 오래지 않아서였다. 결연한 표정이 되어 몸을 일으킨 박원종이 진성 대군 앞으로 다가가며 다시 절을 올렸다.

"아니, 왜 이러시는 겁니까?"

"대군 마마, 폭군의 정치가 물경 십 년이옵니다. 정치는 파탄난 지 오래이고, 왕은 사람의 도리를 잊은 채 미쳐 돌아가고 있나이다. 이 나라 백성은 어찌해야 하옵니까? 백성이 편안해질 날은 언제이옵니까?"

박원종의 절박한 목소리는 그대로 피울음이 되어 인수 대비의 묘전을 울렸다. 박원종의 이야기에는 극형을 면치 못할 반역의 의지가 고스란히 담겨 있었다. 그런데도 진성 대군과 정현 왕후는 붉어진 눈으로 인수 대비의 묘전만을 응시할 따름이었다.

"이미 거사 계획은 완벽하게 꾸며졌습니다. 대군을 우리의 새로운 임금으로 모시고자 하오니 통촉하소서."

박원종의 표정과 태도는 굳센 바위처럼 흔들림이 없었다. 처음엔 펄쩍 뛰며 사양하던 진성 대군도 비탄에 빠진 백성과 종묘사직을 어찌할 것이냐는 박원종의 거듭된 질문에 할 말을 잃었다. 바야흐로 중종반정의 막이 오르기 시작했다.

그러나 박원종과 나라의 사직을 걱정하는 충신들이 마침내 거사를 단행한 것은 그로부터 2년이나 흐르고 나서였다. 여러 사람이 뜻을 모으고, 구체적인 계획을 짜다 보니 세월이 자연스럽게 소요되었으나, 반정에 대한 의지만큼은 결코 변함이 없었다.

심판받는 연산

성희안은 1504년(연산군 10), 왕의 횡포를 풍자한 시를 지어 바침으로써 연산에게 미움을 산 끝에 벼슬길에서 물러난 사람이었다. 초야에 묻혀 지내던 성희안은 연산을 비난하기보다 간절한 소원 한 가지를 가슴속에 품고 있었다. 연산이 일그러진 행동을 그만두고 바른 정치를 펼쳐 나갔으면 좋겠다는 바람이 바로 그것이었다. 그러나 연산은 결코 자신의 행위를 스스로 바로잡을 사람이 아니었다.

사정이 이렇다 보니 신하와 백성도 참고 지내는 데 한계가 있었다. 반정을 하지 않으면 아니 될 분명한 명분이 정해진 것이다.

이에 박원종을 중심으로 성희안, 유순정 등이 계획을 마쳤고 유자광, 신윤무, 박영문, 장정, 홍경주 등의 참여에 힘입어 거사 일정이 정해졌다. 바로 1506년(연산군 12 · 중종 1) 9월 1일이었다.

반정일이 가까워지자 박원종 등은 좌의정으로 있는 신수근을 찾아 갔다. 신수근은 연산군의 처남이자, 진성 대군의 장인이 되는 사람이었다. 신수근이라고 해서 연산군의 폐정을 모를 리 없었다. 하여 박원종은 신수근과 마주 앉자마자 대뜸 이렇게 물었다.

> "여러 신하들이 현재의 왕을 폐하고 진성 대군을 새 임금으로 추대할 뜻을 품었습니다. 대감께서는 누이와 딸 중에 어느 편이 더 중하십니까?"

누이의 편에 서서 반정을 막을 것이냐, 딸의 편에 서서 반정을 옹호할 것이냐를 돌려서 물은 것이었다. 이에 신수근은 자리를 박차고 일어서며 소리쳤다.

> "비록 임금이 포악하나 나는 총명한 세자를 믿고 살 것이오."

즉 반정을 반대한다는 뜻이었다. 그러나 박원종 등은 굳이 그를 그 자리에서 죽이지는 않았다. 자신의 딸 신씨가 연루되었기 때문에 쉽게 거사 계획을 폭로하지 못하리라는 판단에서였다.

마침내 운명의 1506년 9월 18일이 되었다. 계획에 따라 반정군의 대장 박원종이 군사들을 독려하니 삽시간에 2천 명이 모여들었다. 군사들은 출격 명령을 기다리며 병장기를 가지런히 한 채 숨을 죽였다.

오래지 않아 뒤바뀐 조선의 역사

연산은 돌이킬 수 없는 역사의 거센 물기둥이 자신의 목전에 닥쳐왔다는 사실을 아는지 모르는지 그날 밤에도 처녀 두 사람을 자신의 침전에 불러들여 해괴한 놀음을 하고 있었다.

마침내 출격 명령이 내려지고 반정군이 궁을 향해 몰려가기 시작했을 때, 공교롭게도 반정의 기운을 제일 먼저 알아차린 사람은 왕비 신씨였다. 그녀는 허겁지겁 연산의 침전으로 내달았다. 연산은 그때까지도 처녀 둘과 알몸으로 뒤엉킨 채 차마 눈뜨고 볼 수 없는 진풍경을 연출하고 있었다.

풍전등화 같은 상황에서 계집들과 해괴한 짓거리를 벌이는 남편의 모습을 발견한 왕비 신씨는 어떤 심정이었을까. 차라리 혀를 깨물고 자진하고 싶었을지도 모를 일이다. 그러나 미우나 고우나 지아비 아니던가. 신씨는 남편이 옷을 모두 챙겨 입을 때까지 기다렸다가 궁궐을 향해 덮쳐오는 검은 구름의 실체를 낱낱이 알려 주었다.

화들짝 놀란 연산은 입직 승지 윤장, 조계형, 이우를 시켜 상황을 파악하라고 지시했다. 그러나 입직 승지 세 사람은 연산을 위해 충성하는 대신 반정군에게 자리를 슬쩍 비켜 주었다. 그들 세 사람은 같은 생각을 하고 있었던 것이다. 만약에 반정군과 쟁투가 벌어진다면 수많은 인명 피해가 날 테니 어떤 식으로든 피해를 줄여야 하고, 연산은 더는 임금 자리에 있어서는 안 될 사람이라는 생각이 그것이었다.

한편 반정의 주역들은 처단을 미뤄뒀던 임사홍, 신수근, 신수영(신수근 동생) 등을 찾아내어 몰살하고, 그 기세를 몰아 노도와 같이 궁궐로 몰려들었다. 워낙 기강이 흐트러진 터라 궁궐을 수비하는 병사들은 반정군의 적수가 되지 못했다. 따라서 반정군은 별다른 저항 없이 연산 앞까지 진격해 갈 수 있었다.

박원종의 준엄한 호통

마침내 연산과 마주선 박원종은 매서운 눈길로 임금을 노려보며 준엄하게 호통을 치기 시작했다.

> "포악무도한 12년 동안의 행적을 한번 돌아보시오. 멀리 무오사화에서부터 갑자사화에 이르기까지 얼마나 많은 이 나라 선비들을 죽음으로 이끄셨소? 부왕의 후궁을 때려죽였으며, 옹주와 왕자를 귀양 보내 죽였고, 대신을 욕보이며 죽였는가 하면 그들 부자와 형제들까지도 참수와 부관참시를 마음대로 하였소. 그뿐이오? 남의 아내와 첩을 빼앗아 음욕을 마음대로 채웠고, 남의 집을 부수어 여우와 토끼들의 놀이터로 만들었고, 백성들로부터 세금을 한없이 거두니 생계를 유지하지 못하고 굶어 죽은 자가 부지기수였으며 그 참상은 차마 눈 뜨고 볼 수 없는 것이었소. 그러함에도 여색을 즐기고 광패한 놀음을 그치지 않았으며, 토목의 역사를 일으켜 용도를 함부로 하였고, 사냥에 정신이 팔려 국정을

돌보지 않고 종실 형제들의 아내와 첩까지도 핍박하여 인륜을 무너뜨리고 인도를 멸망하게 하였소. 만일 이런 것을 낱낱이 들추어내어 다스린다면 무딘 칼로 난도질해도 한이 다 풀리지가 않을 것이오."

박원종은 이렇게 호통치면서 연산으로부터 임금의 상징인 옥새를 넘겨받았다. 나이 스물에 용상에 올라 폭군 행세를 한 지 12년 만이었다. 네 살 위인 왕비 신씨와의 사이에는 세자 황과 왕자 인, 공주도 하나 있었다. 연산의 비 신씨는 정청궁으로 내쫓기었고, 당시 10세였던 폐세자 황은 강원도 정선 땅으로, 7세였던 왕자 인은 황해도 수안 땅으로 귀양 가서 그곳에서 죽었다. 그리고 공주는 능양위 구문경具文璟에게 하가하였는데, 그 무덤은 연산군과 신씨의 묘소 아래쪽에 있다.

이 밖에도 연산의 뜻을 맞추기에 골몰했던 장녹수와 요망한 신하 전동, 심금손, 강응, 김효손 등이 죽어나갔고, 전비 김귀비 등 왕이 사랑하던 궁녀들도 반정군의 성난 칼 아래 숨을 거두고 말았다. 이심 등 반정군의 장사들은 임사홍과 신수근 등을 죽인 피로 그 얼굴이 벌겋게 물들었다. 그것은 연산의 종말을 고하는 핏빛이요, 조선 백성의 견디지 못할 괴로움의 한계에 마지막을 고하는 핏빛이기도 했다.

◉ 정국공신靖國功臣

책록된 해와 공적	등급			
1506년(중종 1) 중종반정中宗反正에 세운 공	1등	2등	3등	4등
	박원종朴元宗	구수영具壽永	강혼姜渾	강윤희姜允禧
	박영문朴永文	김감金勘	고수겸高守謙	강지姜漬
	성희안成希顔	김수동金壽童	구현휘具賢暉	김극성金克成
	신윤무辛允武	덕진군德津君 세	김수경金壽卿	김선金瑄
	유순정柳順汀	변수邊脩	김우증金友曾	김임金任
	유자광柳子光	심순경沈順經	김경의金敬義	민효증閔孝曾
	장정張珽	운산군雲山君 계誡	민회발閔懷發	박이검朴而儉
	홍경주洪景舟	운수군雲水君 효성孝誠	민회창閔懷昌	박이온朴而溫
		이계남李季男	박건朴健	박영창朴永昌
		유순柳洵	백수장白壽長	박영분朴永蕡
		윤형로尹衡老	송질宋軼	변사겸邊士謙
		조계상曹繼商	신준申浚	변준卞儁
		최한홍崔漢洪	심정沈貞	성률成瑮
			심형沈亨	손동孫仝
			이극정李克正	성몽정成夢井
			이석번李碩蕃	성희옹成希雍
			이손李蓀	수안군遂安君 당
			이식李軾	신수린申壽麟
			이심李深	신은윤辛殷尹
			이함李函	신윤문辛允文
			유경劉經	안현군安賢君 성동盛同
			유계종柳繼宗	유승건柳承乾
			유세웅柳世雄	유응룡柳應龍
			윤사정尹士貞	유영柳濚
			윤상로尹湯老	유홍柳泓
			장온張溫	윤금손尹金孫
			정미수鄭眉壽	윤여필尹汝弼
			정윤겸鄭允謙	윤장尹璋
			한순韓恂	윤탄尹坦
			허상許磉	윤희평尹熙平
			황탄黃坦	윤형尹衡
				이기李夔

책록된 해와 공적	등급			
	1등	2등	3등	4등
				이맹우李孟友
				이성언李誠彦
				이세응李世應
				이우李堣
				이종의李宗義
				이창李敞
				이한원李翰元
				이희웅李希雄
				장한공張漢公
				조계은曹繼殷
				조계형曹繼衡
				조세훈趙世勳
				조원륜趙元倫
				채수蔡壽
				최유정崔有井
				한사문韓斯文
				한세창韓世昌
				한숙창韓叔昌
				허광許礦
				홍경림洪景霖
				황맹헌黃孟獻

비고

⊙ 권균權鈞 · 김계공金繼恭 · 김무金武 · 김숙손金叔孫 · 김은金銀 · 김준손金俊孫 · 문치文致 · 반우형潘友亨 · 서경생徐敬生 · 우정禹鼎 · 이곤李坤 · 임원산任元山 4등에 추록

⊙ 1519년(중종 14) 조광조趙光祖의 건의로 삭훈削된 자.

- **2등** | 구수영具壽永 · 김감金勘 · 김수동金壽童 · 덕진군德津軍 세 · 운산군雲山君 계誠 · 운수군雲水君 효성孝誠 · 유순柳洵 · 이계남李季男
- **3등** | 강혼姜渾 · 김수경金壽卿 · 박건朴健 · 송질宋軼 · 신준申浚 · 이손李蓀 · 이석번李碩蕃 · 유경劉經 · 윤상로尹湯老 · 장온張溫 · 정미수鄭眉壽 · 한순韓恂
- **4등** | 전원

⊙ 1519년 12월 전원 복작

무상한 세월에 실려 살아가는 인생

월산 대군과 박씨 부인을 만나러 가는 길

이제 연산군에 관한 필자의 낯 뜨거운 이야기는 모두 끝이 났다. 죽은 자는 말이 없다지만 필자는 한동안 월산 대군과 부대부인 박씨의 삶이 애처로워 멍한 눈길로 청명한 하늘을 올려다보고 있어야 했다. 하지만 곧 필자의 사명을 다시 생각해 내고는 훌쩍 자리를 털고 일어나 자동차에 올랐다.

행정상으로는 경기도 고양시 덕양구 신원동이 되겠다. 그러나 현지 사람들은 월산 대군과 부대부인 박씨가 쌍분 묘로 묻혀 있는 야산 자락을 능골 마을이라고 부른다. 고양 시청에 이르러 39번 국도를 따라 의정부 쪽으로 달리길 2km 남짓하면 낙타 고개라고도 불리는 야산

월산 대군 신도비

자락에 월산 대군의 사당 석광사가 자리하고 있다. 그곳에 이르니 일찍이 임사홍이 지었다는 월산 대군의 신도비가 애잔한 모습으로 필자를 맞이하였다.

잠시 감회에 젖어 신도비 명을 내리읽다가 위로 걸어 오르니 생전에 완전히 이루지 못한 사랑을 아쉬워한 탓인지 두 사람의 쌍분 묘가 애틋한 모습으로 다가왔다. 그런데 박씨 부인은 어찌하여 남편의 우람한 묘소 뒤에 몸을 숨겼는가. 월산 대군의 봉분 뒤편으로 언뜻언뜻 보이는 박씨 부인의 봉분을 발견한 순간 필자의 가슴에서 감정의 덩어리 같은 것이 울컥 치밀어 올랐다. 사후에나마 거친 세상으로부터 자신을 지켜달라고 부인은 저렇듯 남편의 등에 애절하게 매달려 있는지도 몰랐다.

월산 대군 묘소

월산대군 묘비

필자는 묘소 앞에 공손하게 서서 두 사람에게 참배했다. 그러고는 잔디밭에 말없이 앉아 새삼 두 사람의 지난날을 더듬어 보았다.

누구나 알고 있듯 월산 대군 이정李婷은 조선 제7대 임금 세조(수양대군)의 장손자이자, 추존된 덕종의 맏아들로서 1454년(단종 2) 태어났다. 일찍이 왕세자로 책봉되었던 아버지가 죽자 월산 대군은 세조의 총애를 받으며 궁중에서 자라났다.

그러던 중 왕위 찬탈의 죄를 지은 세조의 업보를 어쩌지 못하고 제8대 임금 예종이 즉위 1년 만에 죽자, 월산 대군에게도 대망의 기운이 서서히 다가오기 시작했다. 이때 성종의 장인 한명회를 필두로 한 권신들은 귀성군 이준을 제거하고 성종을 추대하려는 뜻을 분명히 하였다. 그 모습을 묵묵히 지켜보던 월산 대군은 그 누구보다 왕위를 이어받는 데 유리한 자리를 차지하고 있었으면서도 친동생 성종에게 왕위를 물려주고 양화도 북쪽에 망원정望遠亭을 지어놓고 풍류로써 여생을 보냈다. 이때 지은 그의 작품은 중국에까지 널리 알려질 정도로 뛰어난 솜씨를 보여 주고 있다. 이렇게 유유자적하며 살아가던 그가 숨을 거둔 것은 1488년(성종 19), 그의 나이 35세 때였다.

이제 한창 부부의 정을 알아갈 나이에 지아비가 죽자, 부대부인 박씨는 차라리 저승으로 지아비를 따라가고 싶다 이야기한 바 있다. 그러나 지아비의 제사가 걱정되어 차마 눈을 감지 못하고 수절 과부로 살아온 세월이 10년이었다.

누가 역사는 말이 없다고 했던가. 월산 대군과 부대부인 박씨 묘소 앞에 조아리고 선 필자는 피맺힌 역사의 함성으로 귀가 얼얼할 지경이었다.

극명하게 다른 삶을 살아온 연산과 임사홍 무리, 그리고 월산 대군과 부대부인 박씨를 포함한 연산 시기의 숱한 희생자들. 그들의 혼이 오늘까지 사라지지 않고 거대한 함성처럼 들려주는 교훈은 하나이다. 어떤 경우에든 자신의 본분을 지켜야 한다는 것이다. 죽어서 후세들에게 손가락질 받는 연산군과 임사홍의 처지를 딱하게 여기며 필자는 길을 되짚어 내려오기 시작했다.

월산 대군묘 비문月山大君墓碑文에는

경기도 고양시 덕양구 신원동 능골 마을에 자리 잡고 있는 월산 대군과 박씨 부인의 묘소 앞에는 월산 대군 신도비가 위치하고 있다. 월산 대군의 신도비문은 1489년(성종 20) 왕명을 받들어 임사홍이 지었다. 다른 사람도 아닌 임사홍, 훗날 연산군을 옆에서 보좌하며 조선의 아리따운 아녀자들을 마음껏 농락하도록 부추긴 그 임사홍 말이다. 아래는 임사홍이 지은 월산 대군 비문 일체이다. 비문을 읽어 보면 알겠지만 더러운 악행을 저지른 사람에 어울리지 않게 임사홍任士洪은 품격 있는 글을 지어 올렸다. 뛰어난 재능 조차도 현실에서 살아남는 그의 처세였을까?

유명 조선국有明朝鮮國 순성명량경제純誠明亮經濟 좌리공신佐理功臣 월산 대군月山大君 증시 효문공贈諡孝文公 신도비명神道碑銘. 서문을 아울러 짓는다. 절충 장군 행충무위 대호군 임사홍任士洪은 왕명을 받들어 짓는다.

전에 이르기를 "어진仁 사람은 오래 산다壽고 하였다. 그러나 오래 산 사람이라고 반드시 어진 것이 아니며 어진 사람이라고 해서 반드시 오래 사는 것은 아닌 듯하다. 즉 안회顔回[1]는 단명하였고, 도척盜跖[2]은 장수하였던 것이다. 나는 그 이치를 궁리하였으나 해결하지 못한 지가 오래되었다. 그런데 오늘날 월산 대군을 보니 더욱 유감스러운 바가 있어 슬퍼서 어찌할 바를 모르겠다.

우리 전하께서는 하늘이 내신 훌륭한 성인으로 요堯 임금처럼

---

1) 안회顔回: 공자의 제자로 33세라는 젊은 나이에 세상을 떠났다.
2) 도척盜跖: 중국 춘추 시대 노나라의 큰 도적. 9천 명의 부하를 거느리고 천하를 휩쓸었다.

밝으시고, 순舜 임금처럼 준철하시어, 정성과 효성으로 양궁兩宮(정희대왕대비貞熹大王大妃 · 인수대비仁粹大妃)을 받들었다. 또 지극히 어진 성품으로 모든 일가친척을 친히 대하여 덕은 아랫사람에게 미치고, 백성들은 신의로 섬겨 시옹時雍[3] 같은 태평성대가 이르게 되었다. 그런데 천륜天倫의 즐거운 일이 펴지려 할 때에 대군이 갑자기 돌아가실 줄이야 어떻게 생각이나 하였겠으며 그 슬픔을 어찌 다 말할 수가 있겠는가?

장례를 모신 달포 뒤에 전하께서 근신近臣에게 전교傳敎하기를,

"내게 형 한 분이 있을 뿐인데 홀연히 구천九泉으로 떠나 버리니 창자가 찢기는 듯하나 밖으로는 억지로 참고 지내고 있다. 부증賻贈을 아무리 많이 하고 제사祭祀를 아무리 부지런히 드린다 하여도 나의 곡진한 정情을 위안 받을 도리가 없다. 오직 형의 덕행이 사람들의 이목에 미쳤던 것이 있었을 것이니, 그것을 글로 짓고 돌에 새기어 묘도墓道에 세워 없어지지 않도록 하라."

하시고는, 신臣 사홍에게 명銘을 지으라 명하셨다. 신 사홍은 명命을 받들고는 황공하여 삼가 들은 실상을 가려 글을 짓는 바이다.

대군의 자字는 자미子美, 정婷은 이름이다. 전하의 친형同母兄으로 경태景泰 갑술년(1454) 12월 18일 갑오甲午에 출생하였다. 타

3) 시옹時雍: 『서경書經』, 『요전堯典』에 나와 있는 문장, 어변시옹於變時雍. 곧 '이에 백성들이 변하여 화和하게 되었다' 라는 말로 요 임금 시대처럼 대평성대라는 뜻이다.

고난 성품이 아름답고 총명하였으며, 세조世祖의 사랑을 독차지하여 궁중에서 길러졌다. 사어서수射御書數[4]에 이르기까지 모든 것을 친히 가르쳤고, 우리 전하께서 성장하면서는 거처도 함께 놀이도 함께하면서 크고 작은 행차에도 반드시 뒤를 따르게 하였다. 때로 궁중에서 놀이가 벌어져 서로 즐기며 노는 모습을 보시고는 얼굴이 함빡 열리곤 하였다.

천순天順 경진년(1460) 대군의 나이 7세 때에 월산군月山君에 봉해지고 정의대부正義大夫의 자급資級이 내려졌으며 임오년(1462)에는 중의대부中義大夫로, 성화成化 을유년(1465)에는 홍록대부興祿大夫로, 무자년(1468)에는 현록대부顯祿大夫로 올라 신묘년(1471)에 월산 대군에 봉해진, 바로 우리 전하께서 임금 자리에 오르신 3년째 되는 해이다. 이해에 조정 신하들은 논열論列하면서 대군을 순성명량경제좌리공신純誠明亮經濟佐理功臣에 책봉하였다.

대군은 천성이 맑아서 화려한 것을 좋아하지 아니하였고 성악聲樂과 응견鷹犬 등의 일에 마음 쓰는 일이 없이 오직 서사書史만 탐하여, 대의大義를 깨치고는 집에 가지고 있는 자집子集[5] 수백 가家의 서적을 더듬어 그 개요와 문장 구성의 특징을 터득하고도 오히려 부족하여 새로운 책이나 알려지지 않은 서적이

4) 사어서수射御書數: 선비들이 배워야 할 육례六禮. 곧 시서예악사어詩書禮樂射御인 글짓기, 글쓰기, 예법, 풍류, 활쏘기, 말타기를 말한다.
5) 자집子集: 제자백가의 책과 문집. 서적을 네 가지 항목 곧, 경사자집經史子集으로 분류하며 그중 자子 분야를 말한다.

있다는 것만 알면 반드시 구했고, 구하고 나서는 등불을 돋우고 밤을 새워 읽어 내렸다. 글을 지으면 정순精醇 청완淸婉하여 율격律格이 높아 자못 위진魏晋[6]의 문장과 엇비슷한 풍조가 있어, 그 당시의 문인과 시인들이 탄복을 금치 못하고 말하기를,

"우리 동방의 왕자와 왕손 중에는 일찍이 이런 훌륭한 솜씨는 없었던 일이다."

하였다. 여러 사람들을 차운次韻[7]한 한도십영漢都十詠[8]은 운韻은 강强[9]한데 붙이기는 온당하게 하였고, 말은 고상하고 아담하면서 뜻은 높아 풍치風致가 독특하니 하나만 들면 나머지는 가히 알 수 있는 것이다. 기타 영물詠物, 사회寫懷[10]하는 데 있어서도 스스로의 기틀을 마련하였고, 옛날 분들이 지은 법을 그대로 모방하지 않아서 읽어 보면 참신한 맛이 있었다. 저술한 시문집 약간 권은 거의가 전하와 끊임없이 주고받은 내용들이었으며, 우애의 정감이 매 편마다 넘쳐 있었다.

임금께서 자주 그 집에 납시었으며, 모든 기거起居와 접대에 반드시 가인례家人禮[11]를 따라 즐기기를 소년 시절처럼 하였고, 하사품이 수없이 쌓였었다.

일찍이 대군의 집 서쪽 뜨락에 있는 정자에 납시어 정자 이름

---

6) 위진魏晋: 중국의 위나라와 진나라. 이 시대는 중국의 고대 문학이 융성했었다.
7) 차운次韻: 먼저 지은 사람의 글에 운자韻字를 그대로 맞추어 짓는 글.
8) 한도십영漢都十詠: 한양漢陽을 읊은 100수首의 글.
9) 강强: 강운强韻을 뜻하는 말로 운자韻字가 까다로워 말 만들기가 어렵다는 뜻.
10) 영물詠物: 사물을 보고 느낌을 읊은 시./ 사회寫懷: 자신의 느낌을 읊은 시.
11) 가인례家人禮: 임금과 신하의 관계를 떠난 형제의 예禮.

을 풍월風月이라 지어주고, 친히 근체시近體詩 오언 율시를 지어주고 근신近臣들에게도 화운和韻[12]토록 하였으니 이는 특별한 은총이다. 천성이 산수山水를 좋아하여 고양高陽의 북촌北村에 별장을 두고 한가할 때면 바로 가서 구경하시고, 시도 읊으면서 홍취를 붙였는데, 임금께서는 그럴 때마다 반드시 중관中官에게 술을 보내어 즐기게 하였다.

병신년(1476)에 명나라 호부시랑戶部侍郞 기순祁順이 사신으로 우리나라에 와서 대군의 거동과 모양이 매우 한가히 여유가 있고, 또 예절이 바름을 보고 특별한 공경을 쏟았으며 시를 지어주기까지 하였다.

계묘년(1483) 봄에는 정희 대왕대비貞熹大王大妃와 인수 대비仁粹大妃, 인혜 왕대비仁惠王大妃가 함께 온양溫陽 온천에 행차하게 되자, 대군께서 그 가마를 모시고 가는데, 임금께서는 전주全州가 풍패豊沛[13]의 고장이며, 태조太祖의 영정影幀을 모신 집(진전 영정각眞殿影幀閣)이 있는 곳이니 찾아가 참배하도록 명하였다. 그리하여 남방 지역 백성들이 대군의 풍도를 멀리서나마 바라보게 되자 모두들 탄복하였다. 역대 임금부터 조정의 신하들은 길에서 왕자를 만나면 말에서 내려 공수拱手[14]하고 서서 그가 지나가기를 기다리도록 율령律令에 규정되어 있었는데, 대군은

12) 화운和韻: 앞 사람의 글에 운자를 맞추어 짓는 글. 차운과 비슷함.
13) 풍패豊沛: 한나라 고조高祖의 고향. 여기서는 한나라 고조의 고향에 비겨 이씨 왕조 곧, 전주 이씨의 발상지라는 뜻.
14) 공수拱手: 팔짱을 끼고 인사를 드리는 예법.

그들에게 미리 피해 가도록 행차를 알렸다. 또 일찍이 문소전文昭殿[15]과 종부시宗簿寺[16]의 별제別提를 맡겼으나 기어코 사양하였으니 세상에서는 그 겸양謙讓하는 미덕을 칭찬하였다. 천성이 또 정성스러워서 매일 아침마다 전하에게 문안을 드렸는데 아무리 춥고 더워도 거르는 일이 없었으니, 혹 시사侍射 연현燕見[17]할 때에나 조용히 정담을 나눌 때에도 비록 아무리 술이 많이 취했더라도 법도에 대하여 행동함이 조금도 어긋남이 없었다. 평생에 글 짓는 사람을 좋아하기는 하였으나 함부로 사귀지는 않아 집안이 조용하고 수레나 말의 왕래가 없었다.

홍치弘治 원년(1488) 9월에 인수 왕대비께서 오래도록 병이 낫지 아니하자, 궁 밖으로 나와 여러 집을 옮겨 다니면서 치료하였다. 대군께서는 밤낮으로 걱정하여 침식도 잊고 탕약 받드는 일에 힘쓰다가 결국은 자신도 병을 얻게 되니 궁궐 사람들이 놀라고 문병객이 줄을 이었다. 좌우에서 민가로 거처를 옮길 것을 청하여 민가로 나왔다가 며칠이 지난 뒤에 대군은 스스로 자기의 병이 낫지 않는 것을 알고 속히 집으로 돌아가기를 재촉하였고, 병을 치료하는 책자를 가져오라 하였으나 곁에서 모시는 자가 일부러 멈칫거리고 드리지 아니하니 대군이 말하기를,

"죽고 사는 것은 명命이 있는 법인데, 내가 어찌 의서醫書를 보

15) 문소전文昭殿: 조선 태조太祖와 신의 왕후神懿王后의 혼전魂殿. 1396년(태조 5)에 지어 신의 왕후의 위패를 모시고 인소전仁昭殿이라고 했던 것을 1408년(태종 8) 태조가 승하하자 같이 봉안하여 문소전으로 고쳤다. 명종明宗 때 없어졌다.

16) 종부시宗簿寺: 조선 시대 왕실의 계보를 만들고 왕족의 허물을 살피던 관청.

17) 시사侍射: 임금이 활을 쏠 때에 그 옆에 따라다니는 신하./ 연현燕見: 평상시 집안끼리 만남.

고 마음을 움직이겠느냐?"

하고 보기를 마친 다음에 부인 박씨에게 하는 말이

"나는 살아날 가망이 없소. 이제는 사별死別이 있을 뿐이오."

하고는 조금 있다가,

"내가 다시는 임금의 얼굴天顔을 뵙지 못하겠구나."

하고는 오래도록 오열하다가 담담하게 서거하였다.

임금께서 대군의 위태로움을 듣고 가보려고 차비를 마쳤는데 중관中官이 달려와 때가 이미 늦었음을 아뢰니 임금께서는 너무 슬퍼서 어찌할 바를 몰랐으며, 위로는 대궐의 신하에서부터 아래로는 일반 벼슬아치들과 거리의 백성들까지도 슬퍼 울지 않는 이 없었으니, 이날은 바로 그해(1488) 12월 21일이었다. 조정과 저자를 사흘간 닫았으며, 태상太常[18]에서는 효문孝文이라는 시호를 내렸고, 부의는 다른 때보다 더하였으며, 장례를 지내는 상구喪具도 필요한 대로 쓰도록 하였다. 또 대신大臣에게 장지葬地를 잡으라 명하여 고양 별장의 서쪽에다 정하였으니, 이는 비록 임금께서 슬픔이 한이 없어 영혼을 구천에서나마 위안하려는 뜻이었으나, 대군께서는 별장을 마련하고 결국은 자기의 영혼이 그 곁에서 쉬게 되었으니 이 또한 천명天命이 아니겠는가? 임금과 대비大妃께서는 길지吉地를 얻었음을 기뻐하여 특별히 청성군清城君 한치형韓致亨에게 일을 맡아 진행하

18) 태상太常: 시호諡號를 주는 것을 맡은 곳.

도록 명하여 기유년(1489) 3월 3일 경신에 모든 관리들이 회장會葬하는 가운데 장례를 치렀다.

부인 박씨는 평양군平陽君 중선仲善의 따님으로 행동이 어질었고, 묘 옆에 여막을 꾸리고 아침 저녁으로 전곡奠哭하면서 종신토록 변함없을 것을 맹세하였다. 작은 부인에게서 아들 둘을 두었으나 모두 어리다.

나는 생각건대 대군은 성품이 어질고 효성스럽고, 지혜가 밝고 총명한 천성에 학문을 갖추었기 때문에 그가 성취한 바가 남달라 귀하기로는 왕의 아들이요, 높기로는 왕의 형님임에도 한 사람(임금)만을 위하고 삼궁三宮(정희 · 인수 · 인혜 제왕대비)만을 받들었으니, 성스런 덕을 갖춘 분이 아니면 감당하기 어려운 일이다. 다만 수명이 길지 못하셨던 것이 애석할 따름이다. 그렇기 때문에 내가 하늘의 이치를 믿기 어렵다고 첫머리에서 하였던 것이다.

내가 일찍이 양한兩漢의 『제왕전』諸王傳을 읽어보니, 중위中尉 상려常麗가 하간왕河間王 유덕劉德을 칭찬하기를

"몸가짐은 단정하고 행실은 깨끗하며, 남에게 온화하고 공손하며 또 검소하였고, 독실篤實하고 공경으로 선비를 대접하고, 밝게 보고 길게 살피는 분이다."

하였고, 대행령大行令은 시법諡法을 아뢰기를

"총명하고 예지가 있는 것을 헌(聰明叡知曰獻)이라 하니 마땅히 헌獻으로 시호를 내려야 합니다."

하였으며, 반고班固[19]는 찬贊하기를

"오직 대아大雅하여 많은 사람 가운데 우뚝하게 뛰어난 이는 하간헌왕이 가장 적합할 것이다."

하였으며, 장제章帝가 동평왕東平王[20]의 왕자 창蒼에게 책策을 내리기를,

"왕은 예절을 벗어난 일이 없었고, 아래에 있는 사람들을 가까이하여 그들의 말을 귀기울여 들었는데 하늘昊天이 자애롭지 못하여 윗분上仁에게 응분의 복을 줄 줄을 몰랐다."

하였고, 범엽范曄[21]은 논하기를,

"공자는 가난하면서도 아첨하지 않고 부자이면서도 교만하지 않음이, 가난하면서도 즐길 줄 알고 부자이면서도 예를 좋아하는 것보다 못하다 하였는데, 동평헌왕東平憲王이야말로 예를 좋아한 사람이다."

하였다. 나의 소견으로는 대군은 사실 두 가지를 다 겸하여, 두 왕에게 비교하여도 별 손색이 없을 줄 안다. 나는 재주가 부족하면서도 감히 두 왕의 어진 점을 말하여 대군에게 비교함으로써 대군의 현덕顯德을 천백세千百歲토록 오래오래 드날리고저 하는 것이니, 나도 반고와 범엽을 부러워하면서 삼가 머리 숙여 비문碑文을 짓고 이어서 명銘을 붙이기는 하나, 위로 전하의 우애 돈독하심에 흡족하지 못할까 심히 두렵게 여겨지는 바이

---

19) 반고班固: 한나라 역사가歷史家.
20) 장제章帝: 후한後漢 3대 황제./ 동평왕東平王: 광무제光武帝의 왕자.
21) 범엽范曄: 『후한서後漢書』를 편찬한 인물.

다. 명銘하기를,

오직 하늘만이 조화造化를 맡아 선악善惡을 분별하는 것.

이미 덕德을 주었다면 마땅히 수명壽命도 주었어야 했다.

때로는 덕德과 수壽가 일치하지 않으니, 그 이치 또한 알기가 어렵구나.

이 나라가 개국한 이래 성자聖子와 신손神孫[22]이 계승하였다.

훌륭한 공족公族(왕족)은 많고도 끊어지지 않았으나

그 누가 대군처럼, 재주와 덕을 겸비하였더란 말인가?

진실로 대군답도다! 몸가짐이 높고 높아,

밖으로는 사치스런 것을 버리고 경적經籍만을 읽었도다.

제자백가諸子百家를 다 읽고 박약博約으로 귀결하였고

사화詞華(문장)를 때로 지으면, 옥을 꿰고 구슬을 이은 듯.

큰 솜씨라도 곁에서 보면, 손이 굳어지고 한숨만 쉬게 되니

뛰어난 묘구妙句는 한도십영漢都十詠일 것이다.

임금께서 공에게만 글[23]을 지어주었는데

우리 신하臣下들에게도 화답을 지으라 하시니,

형제의 우애를 생각함이다.

우애는 말에 나타나고, 문장을 가지고 즐기며

은혜와 대우待遇가 이미 두터워

힘으로 이기지 못할까 봐 두렵구나.

---

22) 성자聖子와 신손神孫: 성신聖神으로 모두 임금을 상징함.
23) 글: 글은 신장예조宸章睿藻를 말하는 것으로 신장과 예조 둘 다 임금의 글을 말한다.

마음에는 외경畏敬을 간직하고, 밖으로는 교만과 자랑을 끊어

밝고 밝은 아름다운 영문令聞, 온 조정朝廷에 퍼졌도다.

깨끗한 의표儀表는 옥호玉壺에 얼음을 담은 듯

돌아보니 봄바람 불어와 온화한 기운을 움킬 수가 있구나.

뉘라서 좋아하지 않으리오, 중국 사신(화사華使)도 감복하였도다.

벼슬에 나아가 일을 맡는 것을 세상에선 영화榮華로 여겼으나

공은 그렇지 않아, 진심으로 사양하였으니

덕을 겸한 아름다움은 역사[24]에 빛나리라.

아침마다 문안드리기를 추우나 더우나 그만두지 않았고

한 걸음 한 발자국도 법도法度를 따라 움직였다.

아름다운 태도와 곧은 행실은 고금에 우뚝하다.

동평왕의 착함과 하간헌왕의 어짐은

한실漢室(한나라)에 이름 높아, 뉘 감히 비기랴.

천년 뒤 우리 동방에 다시 이런 분이 계셨도다.

진심으로 우애하여 체화棣華[25]는 더욱 빛나는구나.

홀연히 돌아가시니, 이 누구가 시킨 것이냐?

성스런 정은 끝이 없는데, 어찌하여 하늘로 가셨단 말인가!

오직 은전을 생각하여 구천에서나 위로코저.

이에 대신에게 명하여 친천親阡(묘자리)을 잡게 하였도다.

저 친천은 어디메뇨? 고양高陽의 북쪽이다.

---

24) 역사: 한청汗靑·한간汗簡과 같은 말이다. 한간은 역사책이나 문서를 뜻하는 것으로 여기서는 역사의 기록을 말한다.

25) 체화棣華: 형제간의 우애.

풀은 무성하고 나무는 빽빽한데,

산 돌고 물 휘감으니, 유택幽宅을 두는 것이 마땅하도다.

전에는 들판이었는데 이제는 현궁玄宮(유택)이 되었으니

혹 미리 알았더란 말인가! 마음이 하늘과 통합하였나 보다.

영원토록 평안하소서, 마렵馬鬣(무덤)도 높다랗구나.

왕명으로 비碑를 세우니 이수螭首[26]도 빛나는구나.

살아 영광 죽어 슬픔, 천만 년토록 아름다움 전하게 될 것을.

나의 글은 볼품없어 어떻게 공의 덕德을 명銘할 건가?

힘겨웠던 여주로의 답사 기행

필자는 오늘도 쉼 없이 돌아다닌다. 겨울잠에서 깨어난 대지는 온통 푸른 옷으로 갈아입었고, 머리에는 화려한 꽃까지 이고 있었다. 오늘의 목적지는 서울에서 105킬로미터, 250리 거리를 두고 남쪽에 앉은 길지吉地 여주이다.

여주는 예로부터 어향御鄕, 묵향墨香, 문향文鄕의 고향으로 알려져 있다. 또한 여주는 경기도의 남동 지역에 자리를 잡고 있어 한강의 지류인 남한강이 여주를 풍성하게 살찌우는 역할을 하고 있다. 이와 함께 동으로는 우리나라의 등줄기인 태백산맥이 완만한 경사를 지으며 이

---

26) 이수螭首: 용의 형체를 새겨 장식한 비석의 머릿돌.

어지다 한강을 끝으로 하여 평야와 맞닿고, 남쪽으로는 차령산맥이 멀리 충청도에서 치어 올라와 강원도 치악산을 거쳐 오대산에 이르러 태백산맥과 연결되면서 여주군의 남쪽을 병풍처럼 막아준다. 가까이는 동북쪽에 용문산과 칠보산이 보이고, 말감산 너머 아득한 구름 아래에는 치악산이 둘러 있다. 서북쪽으로는 원적산과 양자봉이 아름다운 자태를 자랑하고 오감산과 강금산이 남쪽의 절경을 이룬다.

이렇듯 수려한 자연환경을 지닌 여주에는 민족의 성군聖君 세종대왕이 계시고, 오매불망 북벌을 꿈꾸다 그 뜻을 이루지 못한 채 눈을 감은 효종 임금도 계시며, 숱한 충신열사며 효자, 정절인들의 체백이 숨 쉬고 있는 곳이다. 사람이 하루를 살다 보면 좋은 일들도 있겠지만 궂은일도 있게 마련이다. 우리들의 선현들께서도 좋게 명성을 남기고 가신 분들도 많지만, 그 시대의 사정에 의하여 불명예스럽게 살다간 사람 또한 적잖이 많다.

그중 조선조 세조 때부터 중종조 때까지 살다간 명문 벌족閥族인 풍천 임씨가 낳은 임사홍을 중심으로 하여 그의 넷째 아들 임숭재와 임숭재와 결혼한 성종의 서녀庶女 휘숙 옹주의 유택을 찾아 나서는 길이다.

다음의 일화를 보면 당시의 세간에서도 임사홍 부자를 보는 눈이 곱지 않았음을 알 수 있다. 휘숙 옹주가 임숭재와 혼인하던 날, 임사홍의 집에 불이나 옹주가 이웃집으로 피신하는 소동이 벌어졌다. 이 일에 대해 당시 사신史臣이 논평하기를

'임사홍은 소인이다. 불의로써 부귀를 누렸는데 그 아들 임

광재가 이미 공주에게 장가를 가고 지금 임숭재가 또 옹주 에게 장가를 갔으니 복이 지나쳐 도리어 재앙이 발생한 것 이다. 착한 사람에게는 복을 주고 악한 사람에게는 재앙을 주니 천도는 속이지 않는 것이다.'

라고 하였다.

사후에는 부관참시까지 당하였다 하니 임숭재의 원한도 많을 것 같아 그 당시의 역사적인 상황과 억울하게 죽게 된 일이며 지금은 어떻게 지내고 있는지를 한번 알아 보고 싶었다. 필자는 마음을 다잡으며 역사의 자취를 찾아 나서는 답사의 길을 열었다.

여주로 떠나면서 필자는 생각했다.

"오늘의 발길이 여행이었다면 얼마나 좋을까!"

가벼운 마음으로만 떠날 수 없는 것이 답사 길이다. 다만 사연 많은 그들에게 상처를 드리지나 않을까 하는 것이 걱정스러웠지만 원혼의 명복을 빌고 올 수 있는 좋을 기회라 생각하기로 했다.

그의 유택은 쉽게 찾을 수가 없었다

여주군에서 발행한 『여주군사』의 기록을 이정표로 삼고 묻고 물어 찾아간 곳은 여주군 여주읍 능현리 명성 황후의 생가가 있는 동네였다. 멀지 않은 곳에 있겠지 하는 생각에 오늘 답사 기행은 쉽게 끝낼 수 있으리라는 마음이었다.

임원준의 신도비

그러던 찰나 동북 방향에 우뚝 서 있는 장군석(무관석)을 보고 놀라지 않을 수 없었다. 비록 검게 탄 모습이기는 했으나 부리부리한 눈으로 팔짱을 끼고 서 있는 석상은 금세라도 호령을 할 듯 우람하게 서 있었다. 510년의 긴 세월 동안 유택의 주인을 위해 곧게 선 신도비는 묘소를 지키고 알리는 비석이라기보다 어느 부호가의 정원에 세워놓은 석탑처럼 느껴졌다. 자세히 살펴보니 풍우에 시달려 몹시 지쳐있음을 알 수 있었다. 비석 바로 위쪽엔 유택이 조성되어 있었는데 유택의 주인은 말로만 듣던 임사홍의 아버지 임원준의 묘소였다. 배위는 고려의 절신 남을진 선생의 손녀 의령 남씨라는 사실이 반가웠다. 임숭재 부마駙馬의 묘소도 부근에 있겠거니 하면서 주위를 둘러보는데 건너편 작은 골 너머 묘소가 보였다. 혹시나 하고 급히 올라가 보았지만 오늘 필자가 목적한 부마와 옹주의 묘소는 아니었고, 임원준 선생의 아들, 한 시대를 조롱으로 일삼았던 바로 임사홍의 묘소였는데 볼품없는 문인석과 근년에 세운 빗돌이 외롭게 서 있는 모습이 순간 이상하게 느껴졌다.

그러나 고인과의 인사는 다음 기회로 미룬 채 다시 부마의 묘소를 찾았지만 발견할 수 없었다.

여주 군청 담당과에 문의를 하면 될 듯하여 전화를 하였으나 주 담당자가 없으니 내일 다시 전화를 해 달라는 말만을 남길 뿐이었다. 야속한 마음이 들었지만 어떤 일이 생겨도 피해 가지 않는 것이 정도라고 생각하는 필자는 다시 전화를 걸어 담당자의 휴대전화 번호를 물었다. 그러나 필자의 신분과 어떤 목적으로 전화를 걸었다는 설명을 자세히 하였음에도 핀잔 섞인 말만 들은 채 담당자와는 통화를 할 수 없었다.

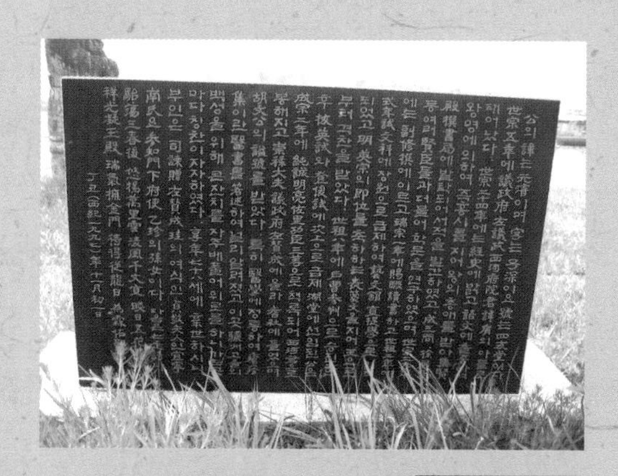

임원준의 비문 (앞)

임원준의 비문 (뒤)

차로 돌아와 세상 실태를 탄하고 있는데 라디오에서는 고위 공직자들의 연이은 검찰 소환 뉴스가 흘러나오고 있었다. 이를 보니 불친절하고 무책임한 공무원 한 사람만 나무랄 일이 아닌 듯하였다. 먼 길을 온 이상 그냥 돌아설 수가 없어 필자는 마지막으로 여주 군청의 수장인 군수를 찾았다. 기대하지 않고 걸었던 전화였지만 통화가 불가능하다는 비서의 대답에는 실망하지 않을 수 없었다.

허탈하고 씁쓸한 마음으로 발길을 돌려 사방을 직접 찾아보기로 하였다. 무려 네 시간이 지나도록 어떤 단서도 찾지 못하다가 필자는 마지막 기회라 생각하고 명성 황후 생가 터에서 근무하는 분에게 여쭈어 보았다. 그 분은 친절하게도 이곳저곳 전화를 해 보더니 필자에게 정확할지는 모르나 혹시 모르니 한 곳을 찾아가 보라고 일러 주어 가 보았으나 그곳에서 만난 한 촌로는

> "올해 내 나이 일흔여덟인에 이곳에는 부마의 묘소도 옹주의 묘소도 없네."

라고 잘라 말씀하시는 것이었다.

임숭재 묘소 전경

또다시 허사였다. 필자는 답답함을 이기지 못하고 하늘을 쳐다보았다. 화창하고 따가운 봄날 '저 멀리 떠가는 흰 구름 푸른 구름 너희에게는 무슨 걱정이 있으랴' 싶었다.

마지막으로 다시 한 번 마음을 다잡고 마을의 좁은 골목으로 들어갔을 때였다.

아! 그곳에 낯선 무덤이 하나 있었다.

그리고 우람한 문인석과 4각의 높다란 봉분이 함께 보였다. 우선 묘비를 살펴보니 조금 전 촌로의 말이 잘못이었음을 바로 알 수 있었다. 잃어버린 사람 찾기는 정말 어려운 일이지만, 무덤도 마찬가지다. 내가 여기 있느니 하며 주소를 알려 줄 수도 없는 노릇 아닌가.

필자가 묘소를 찾았을 때는 연두색 천으로 울타리를 둘러놓은 안에서 두 분의 영혼이 파란색 이불을 덮고 있었다. 모습은 보이지 않지만 혼령은 말하고 있었다.

"손님, 그대는 뉘시기에 이곳까지 날 찾아온 게요!"

오랜 세월이 지났건만 아직도 그 기세는 당당한 물음이었다.

"예, 저는 한양에 사는 백성이온데 우연히 역사 기록을 살피다 보니 부마님과 옹주님의 얘기가 있어 5백여 년이 지난 지금쯤은 어디에서 무엇을 하고 계신지 궁금하여 찾아뵈는 길입니다. 또 제가 살펴본 기록의 내용이 사실인지 잘 이해되질 않아 직접 뵙고 가는 것이 도리인 듯하여 왔습니다."

부마 임숭재에게서는 아무런 말이 없었다. 하여 필자가 이어 물었다.

"먼저 부마의 선친 임사홍 선생과 함께 임금의 사위가 된 신분으로 희대의 탕아 연산 임금에게 그렇게 충성을 하였다지요. 요즘도 서울 방학동에 살고 있는 연산 임금은 자주 알현 하십니까. 그리고 아직도 삼남三南(경상도, 충청도, 전라도)을 순찰하시는지요. 삼남 지방을 다녀오시기는 한양보다 가깝기도 하려니와 교통 여건상 참으로 편리하시겠습니다."

"손님, 그렇지 않아도 그 얘기만 나오면 나 스스로 부끄럽기 짝이 없소. 낸들 남의 집 귀한 아내나 딸을 모아오는 채홍사 역할을 하고 싶어서 한 것은 아니었소. 어쩌다 한번 시작한 일이 계속되었고 상上(임금)께서는 끝없이 요구해 왔기에 나중엔 어찌할 수 없었다오."

"필자는 이곳까지 오면서 수많은 무덤을 보았습니다. 그런데 문패를 달지 않아 어느 누구의 집인지 잘 알 수가 없었습니다. 그래도 부마와 옹주께서는 남달리 유택도 석재로 벽을 치고 땅값도 비싼 곳에 자리하지 않으셨습니까."

그러자 그때까지 말 한마디 없이 부마의 등 뒤에 얌전히 앉아있던 아름답고 정숙해 보이는 휘숙 옹주께서 한 말씀하셨다.

"우리가 이렇게 집과 문패를 단 것은 부마가 미치광이 오라비께 충성한 대가로 받은 것이 아니랍니다. 부마께서는 처남에게 아내를 내어 주고도 말 한마디 못하고 10일 만에 이곳으로 먼저 오셨고, 나도 그 후 오래지 않아 이곳으로 왔답니다. 그래도 작은 오라버님이신 진성 대군께서 임금의 자리에 오르신 후 우리 내외를 불쌍히 여기어 집과 문패를 주신다기에 말씀 드렸지요. 기왕 주시려고 하신다면 둥근 벽집보다는 각진 벽집을 지어 주고 문패는 달지 말아 달라고 말입니다. 어질고 어진 작은 오라버니께서는 우리들이 원하는 대로 모두 해 주셨습니다."

하기에 필자가 여쭈었다.

"그런데 조선 창국왕이신 이성계 건원릉健元陵도 둥근 벽이며 역대 왕릉과 귀족들의 묘소 모두가 같은 원형인데, 하필 4각의 집을 원한 이유가 있으신지요."

"손님, 그 사실은 지금으로부터 499년 전의 일입니다만 아무도 모르는 비밀입니다. 살아 있을 때에는 임금에 대한 충성이라는 미명 아래 갖은 악행을 시키는 대로 하였지만, 다음 세상에 와 보니 부마께서 말씀하시기를 「나는 조선조가 싫습니다. 옹주 당신께서도 조선조가 좋

임숭재의 묘소, 4각의 담이 묘소를 둘러싸고 있다.

휘숙 옹주 묘비

을리 없겠지요. 그러하니 우리는 무언의 항변을 해야 합니다.」 라고 하시었습니다. 그리하여 조선의 희생국이 된 고려식 무덤인 4각형의 담을 요구했답니다. 지금은 오랜 세월이 지났으니 필자께서 기록으로 남겨도 될 것 같습니다."

휘숙 옹주는 여기까지 찾아오신 분께 아무 대접이 없어 정말 미안하다며 마지막 말을 이었다.

"그때 조금 타고난 살림은 중종반정 공신들에게 모두 빼앗기고 빈손으로 겨우 오늘날까지 지탱하였지요."

나는 옹주의 상냥하고 진실한 말씀에 그간의 사정을 모두 이해할 수 있었다.

잘 계시라는 작별 인사를 하고 나와 마당과 집 그리고 문패를 자세히 살펴보았다. 양질의 석재로 벽을 쌓았고 국화꽃 무늬의 통돌을 다듬어 앞에는 숭덕대부풍원위임공지묘崇德大夫豊原尉任公之墓 그리고 옆 줄에는 휘숙옹주지묘徽淑翁主之墓라고 주인이 누구인지 분명하게 씌어 있었고, 뒷면에는 여느 비석과 달리 간단하게 정덕6년4월일正德6年4月日이라 쓰여 있었다. 정덕 6년은 1511년(중종 6)에 해당된다. 부마 임숭재가 1505년(연산군 11)에 죽었고 중종반정이 성공한 것은 다음 해 9월이며 여기에 세운 빗돌은 중종 임금 6년이라 되어 있다. 그렇다면 휘숙 옹주도 부마를 보낸 후 바로 세상을 떠난 것이 된다.

아! 무상하구나. 무상한 세월에 실려 살아가는 인생도 무상하고 먼 길 이곳까지 찾아와 골똘한 시간을 보내는 것 또한 무상할 따름이로다.

불운했던 휘숙 옹주의 유택을 뒤로 하고

고려 말 왕사 나옹 선사께서 필자의 마음을 깊이 이해하고 한 말씀해 주시는 것만 같다.

> "여보시오, 자네의 태생지가 경상도 영해(영덕군)라고 했나. 나의 집은 이곳 여주 땅 신륵사神勒寺에 있다네. 나도 1320년(고려 충숙

7), 지금으로부터 690년 전 그대와 같은 영해에서 가난했지만 청렴하셨던 아버지 아씨牙氏 집안에서 태어났다네. 21세에 출가하여 이후 57년간 국내는 물론 중국 땅까지 다니면서 '인간은 무엇이며 어디서 왔다가 어디로 가는가' 라는 화두의 답을 얻기 위해 노력하다 겨우 「무상」이라는 한 편의 글을 남기고 왔네. 승복을 입었던 내가 이곳에 온 지도 어언 633년이 되어 가는데, 지금까지도 해탈하지 못하고 정진하는 중이라네. 당신은 남은 여생을 성실히 살다가 무상이라는 말의 뜻을 알게 되면 나에게 좀 전해 주게나."

하면서 어려운 숙제를 던져 주시고 떠나버리셨다.

대사의 말씀대로 무상無常의 답을 얻기 위해 다시 한 번 대사의 「무상」을 암송하면서 서울로 접어들었다.

청산은 나를 보고 말없이 살라 하고
창공은 나를 보고 티 없이 살라 하네.
탐욕도 벗어 놓고 성냄도 벗어 놓고
물같이 바람같이 살다가 가라 하네.

세월은 나를 보고 덧없다 하지 않고
우주는 나를 보고 곳없다 하지 않네.
번뇌도 벗어 놓고 욕심도 벗어 놓고
강같이 구름같이 말없이 가라 하네.

채홍준사의 아비 임원준

현재 말바위 정상에는 여주 관아의 정문이던 영월루迎月樓가 서 있었다. 그러나 옛날에는 영월루 대신 임원준任元濬이 지은 사우당四友堂이라는 정자가 있었다. 임원준은 연산군 때 채홍준사採紅駿使로 악명을 떨친 간신 임사홍의 아비로 1423년(세종 5)에 태어나 1500년(연산군 6)까지 78년간이나 벼슬길을 걸었다. 임원준의 본관은 풍천豊川, 호는 사우당으로 의학에 밝았고 뛰어난 문장가로서 등 재주가 많기로 유명하였다. 그러한 그가 23세 되던 해 밀양으로 귀양 갈 때의 일이다.

그를 호송하던 관찰사는 임원준이 머리가 비상하다는 소문을 익히 들어서 아는 터라 한번 시험을 해보기로 했다. 무려 5백 명이나 되는 관기官妓 이름을 보여준 뒤 그 이름을 외워보도록 지시한 것이다. 그런데 놀랍게도 임원준은 관기들 이름을 모두 외운 것은 물론이요, 적혀 있는 순서조차 조금도 틀리지 않게 그 자리에서 낱낱이 외워 보였다. 이러한 그의 능력에 감탄한 관찰사는 세종께 다음과 같이 아뢰었다.

"이러한 사람은 우리나라에서 흔히 얻을 수 없는 인물이옵니다.

비록 작은 죄가 있더라도 버리지 말고 부르도록 하시옵소서."

그러자 세종은 그 재능을 몸소 시험해 보고자 임원준을 불러 동궁東宮에게 말하여 다음과 같은 명을 내렸다.

"옛 사람 중에는 바리대鉢를 쳐서 시를 재촉한 사람도 있고, 일곱 걸음 만에 시를 지은 사람도 있다. 구름으로 제목을 삼고 문자를 불러 이 선비에게 시를 짓도록 해 보거라."

그러자 임원준은 역시 그 자리에서 다음과 같은 시를 지어 올렸다.

駘蕩三春後 悠揚萬里雲　태당삼춘후 유양만리운
凌風天丈直 映日五花文　능풍천장직 영일오화문
祥光凝玉殿 瑞氣擁金門　상광응옥전 서기옹금문
待得從龍日 爲霖佐聖君　대득종용일 위림좌성군

화창한 봄이 지나간 뒤
만 리의 구름은 멀리 드날리네.
바람을 타고 천 길이나 꼿꼿이 서고
햇빛이 비추면 오색 무늬 찬란하구나.
상서로운 빛은 옥전에 어리었고
서기는 금문을 에워쌌구나.

용이 하늘로 오르는 그날을 기다려

비가 되어 성군을 도우리라.

이렇게 뛰어난 시작 능력 덕분에 임원준은 과거 시험도 치르지 않고 바로 집현전 찬서국撰書局에 발탁되었다. 그리고 그 후 식년 문과에 장원으로 급제하고 이듬해에는 문과 중시에 급제하여 1462년(세조 8)에는 호조참판에까지 이르게 된다.

이와 같은 임원준의 뛰어난 재능에 대한 일화는 『소문세록』에도 기록되어 있다. 하루는 세조가 최항이 지은 표문表文을 보고 급히 임원준을 불렀으나 마침 외출 중이어서 한참 후에야 입궐할 수 있었다. 이에 세조는 화를 내며 말했다.

"너를 부르는 것이 일정한 시간이 없는데 어찌 한가히 외출하느냐. 죄를 물을 것이니 축하의 글을 지어 올리도록 하라."

그러자 임원준은 머리를 조아리고는 급히 글을 지어 올렸다.

열여덟 해 요와 순이 덕화가 오랫동안 만 백성에 젖었고

천만년 국운이 다시금 덕 있는 대로 돌아왔도다.

넓은 하늘 아래 해가 다시 중천에 뜬 듯하구나.

임원준의 시를 보고 만족한 세조는 다른 대관들이 늦음을 탓해 다

시 죄를 물었음에도 불구하고 오히려 이렇게 칭찬하였다고 한다.

"재주가 일국에서 뛰어났으니 그 공이 죄를 덮을 만하도다."

이처럼 뛰어난 글재주와 임기응변으로 임금에게 사랑받던 임원준은 성종이 임금이 된 이후에는 좌찬성左贊成 서하군西河君에까지 봉해져 세상 모두가 부러워하는 영화를 누렸다.

여주에 선산이 있던 임원준은 성묘도 하면서 여강의 경치를 즐길 생각으로 '사우'四友라는 글자를 따서 사우당을 짓고 자신의 호로 삼았다. 사우란 들에서 밭을 갈고 마을에서 소를 기르며 물에서 고기를 잡고 숲에서 나무를 베는 것을 말한다. 부귀와 영화에 흠뻑 빠진 자신을 청빈한 선비로 위장하고 싶었던 것일까.

고금의 고상한 사람과 운치 있는 선비를 보건대, 도연명陶淵明은 국화를 벗하고 왕자유는 대竹를 벗했다. 그리고 윤화정尹和靖은 매화를 벗하고 주렴계周濂溪는 연蓮을 벗하며 모두가 그 꽃에서 향기로운 덕을 취하거나 맑은 절개에 취하여 자신을 다스리는 경계로 삼았다. 그런데 사우정을 지은 임원준은 여강을 보고 무엇을 배웠던 것일까?

풍천 임씨의 시조 및 본관과 유래

시조는 본래 중국 소흥부紹興府 자계현慈溪縣 사람인 온溫으로 전하며, 벼슬은 고려 때 은자광록대부銀紫光祿大夫에 이르렀다.

『조선씨족통보』朝鮮氏族統譜에 의하면 그는 제국 대장공주齊國大長公主를 배종陪從하고 우리나라에 들어와선 풍천豊川에 사적賜籍된 것으로 전하는데 이로 인해 후손들은 풍천을 본관으로 하여 세계世系를 이어왔다.

온의 6세손인 주澍가 고려 충렬왕 때 경상도 안찰사按察使를 거쳐 어사대부御史大夫와 감문위 대장군監門衛大將軍을 역임하였는데, 풍천 임씨는 그의 아들 대에 와서 백파伯派와 중파中派로 크게 나뉘며 두 파에서 고루 인물을 배출하여 가문을 중흥시켰다.

자송子松은 백이정白頤正의 문인으로 조적曺頔의 난 때 공을 세워 정난공신靖難功臣에 올라 서하부원군西河府院君에 봉해졌으며, 자순子順은 통정대부通政大夫로서 민부전서民部典書를 역임하였다.

자송의 6세손인 원준元濬은 당대의 명관으로 시와 문장이 뛰어나 명성을 얻었으며, 좌리공신佐理功臣에 책록되고 서하군西河君에 봉해진 후 좌찬성左贊成에 이르렀다.

그의 아들 사홍士洪은 한어漢語에 정통하고 해서楷書에 뛰어났으며 두 아들 광재光載(현숙 공주와 결혼)와 숭재崇載(휘숙 옹주와 결혼)가 각각 이조 때 예종과 성종의 부마가 되었다.

| 임원준을 중심으로 한 풍천 임씨 세계도 |

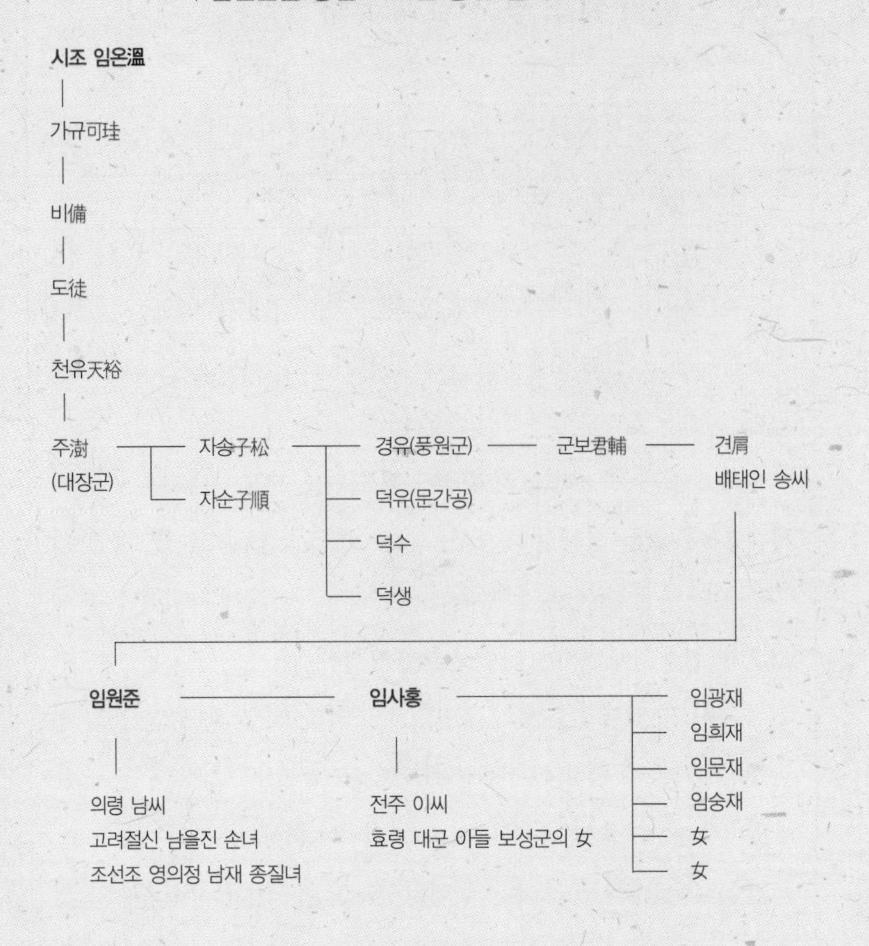

임광재 | 예종의 현숙 공주와 혼인하여 풍천위가 되었다. 예의와 염치가 없고 타락한 생활을 하였다.

임희재 | 김종직의 문인. 연산군을 조롱한 병풍 글씨로 갑자사화 때 사사되었다. 글씨를 잘 썼으며 조부 임원준의 비문과 양주에 있는 성판서 견묘비 등 유명한 글씨가 많이 남아 있다. 인성이 곧고 학식이 풍부한 선비였다고 한다.

임문재 | 형인 희재를 닮아 곧은 성품을 지녔다고 한다.

임숭재 | 성종의 후궁인 숙의 김씨 소생인 휘숙 옹주와 결혼하였으나 후에 부관참시 당한다.